装备研制工程管理与质量监督

主　编

董晟全　郭永春

副主编

孔　兵　郭俊宝　郭　勍　兰　天

编写组成员

（按姓氏笔画排序）

王　佳　王　珂　吕钊钊　朱接印

刘　晓　刘晓慧　纪新春　李振堂

张　静　陈建军　侯　军　曹美文

主　审

秦英孝　郭少荣

西北工业大学出版社

西　安

【内容简介】 本书依据《装备采购质量监督国家军用系列标准》及已颁布的相关军用标准规定,对装备产品研制工程管理及质量监督的具体要求、内容、方法等作了系统全面论述,并对装备研制相关保证大纲以及所需文件的编写进行了讨论。

本书可供装备承研单位的科技人员、管理人员、军事代表,以及"民参军"企业(公司)的相关人员参考使用,也可作为国防院校本科生、研究生相关课程的教材。

图书在版编目(CIP)数据

装备研制工程管理与质量监督 / 董晟全,郭永春主编. — 西安:西北工业大学出版社,2024.12.
ISBN 978 - 7 - 5612 - 9577 - 9

Ⅰ. E139

中国国家版本馆 CIP 数据核字第 202480ND42 号

ZHUANGBEI YANZHI GONGCHENG GUANLI YU ZHILIANG JIANDU
装 备 研 制 工 程 管 理 与 质 量 监 督
董晟全 郭永春 主编

责任编辑:陈 瑶		策划编辑:张 炜	
责任校对:万灵芝		装帧设计:高永斌 李 飞	

出版发行:西北工业大学出版社
通信地址:西安市友谊西路 127 号　　　邮编:710072
电　　话:(029)88491757,88493844
网　　址:www.nwpup.com
印　刷　者:西安五星印刷有限公司
开　　本:787 mm×1 092 mm　　　1/16
印　　张:17.25
字　　数:431 千字
版　　次:2024 年 12 月第 1 版　　　2024 年 12 月第 1 次印刷
书　　号:ISBN 978 - 7 - 5612 - 9577 - 9
定　　价:98.00 元

前　言

　　装备(亦称装备系统)研制指为发展新型军事装备系统和改进、提高现役装备作战使用性能而进行的科学研究及相关管理活动。装备研制过程指在新型装备正式投入批量生产前,有关装备论证、设计、试制和定型等工作的全部活动。装备研制工程管理与质量监督是为促使研制单位按研制合同和任务书及有关法规、标准的规定,开展武器装备研制工作,发现问题及时提出改进意见和建议,把好研制转段和定型关,保证装备研制质量满足研制总要求以及合同和任务书规定的要求的过程,实现装备研制的一次成功目标。

　　研制过程是实现产品更新换代、提高产品质量水平的重要途径。装备工作者通过对研制过程的科学管理与质量监督,可以提高装备的固有质量水平,降低装备全寿命周期费用;同时装备工作者通过参加与研制过程有关的工程管理与质量监督工作,还可以了解新型武器装备的设计思想、工作原理、基本构造和工艺特点,学习、掌握研制过程管理与质量监督的技能和方法,为开展质量保证和产品检验验收工作打下基础。

　　本书结合装备研制工程管理与质量监督的实践需要展开讨论,主要内容包括装备研制过程工程管理与质量监督有关概念、装备研制各阶段的工程管理与质量监督、装备研制管理项目的质量监督、装备研制过程技术项目管理与监督、装备"六性"管理与监督、装备研制有关顶层保证大纲的编制、研制过程有关文书编写讨论等。这些内容紧密结合研制工作需要,工程性、实用性强,便于相关人员参考使用。

　　在此特别强调,本书仅作为一本教材,对装备研制过程有关工作依据已颁布并长期使用的标准的要求和工作内容作以概念和方法讨论,而对于即将修订的有关国家军用标准的新的规定,读者在使用过程中应严格执行新标准的规定要求。

　　本书由董晟全、郭永春任主编,孔兵、郭俊宝、郭勍、兰天任副主编,参加编写人员及具体分工如下:董晟全、郭永春、孔兵(第一章),兰天、郭勍、吕钊钊(第二章),刘晓慧、朱接印(第三章),李振堂、陈建军、张静(第四章),王珂、王佳、刘晓(第五章),郭俊宝、纪新春、侯军(第六章),吕钊钊、侯军、曹美文(第七章)。秦英孝、郭少荣老师审阅了全部初稿,并提出了许多修改意见。最后,由主编、副主编统稿和修改,最终定稿。

在编写本书的过程中,还参考了相关文献、资料,在此向其作者深表谢意。

由于水平有限,对系列标准的理解,尤其是对装备研制过程有关文书写作等内容的编写,定有不妥之处,恳请读者批评指正。

编 者

2023 年 5 月

目　　录

第一章 绪 论

装备是指用于军事目的或为军事目的服务的产品,包括军事装备和保障资源。装备是一个国家国防力量的重要组成部分。装备研制指为发展新型军事装备、军需物资和改进、提高现役装备作战效能等而进行的科学研究及相关活动。做好装备研制过程的工程管理与质量监督工作,对保证装备研制的一次成功、提高装备的固有质量水平、降低装备全寿命周期费用具有重要的意义。

本章重点讨论装备与装备研制有关概念、装备研制的阶段划分以及研制过程工程管理与质量监督要求等有关内容。

第一节 装备研制工作概述

一、装备相关概念

装备包括军事装备和保障资源。军事装备指实施和保障军事行动的武器、武器系统和军事器材,包括武器装备和后勤装备;保障资源包括专用资源和通用资源。军事装备中,武器装备包括战斗装备和保障装备。其中,战斗装备包括主战装备和电子信息作战装备,保障装备包括通用、专用保障装备和阵地工程设施。后勤装备包括通用后勤装备和专用后勤装备。装备的组成如图1.1所示。

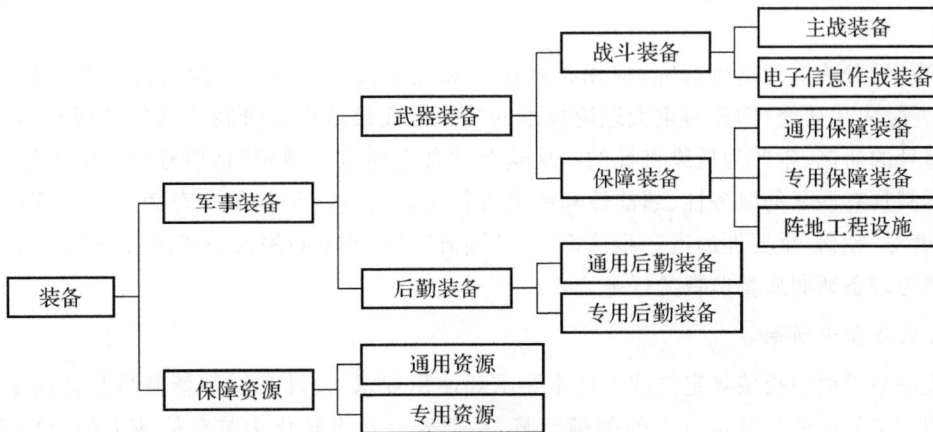

图 1.1 装备的组成框图

武器装备是所有装备中技术含量最高、质量要求最严、人机结合最关键、包括范围最广、对军事作战效能影响最直接的产品。对装备的工程管理及质量监督而言,武器装备的质量工程水平最高,而且具有很好的向下兼容性,对后勤装备、保障资源的质量工程有着非常好的通用性和指导作用。为此,中国人民解放军原总装备部先后组织国内装备承研承制及装备管理单位的专家对《武器装备订购与质量监督国家军用标准》(共 31 项)进行了修(制)订。新修(制)订的标准在原基础上进行了修改、合并、增补和完善,并于 2007 年 10 月由总装备部批准颁布实施,更名为《装备采购质量监督国家军用系列标准》(共 23 项)。23 项新标准更好地体现了装备质量建设过程中新的法规要求、装备全系统全寿命管理思想和现代质量管理理念,有利于提高新时期装备质量建设水平,促进装备采购工作适应社会主义市场经济要求,也有利于提高军事代表业务工作的科学化水平和装备承制单位的质量管理水平,为装备采购与质量监督工作提供重要的法规性依据。

针对装备研制工程管理与质量监督工作,本书主要以国家已颁布的装备采购 23 项国家军用系列标准为依据。考虑到装备研制是一个庞大的系统工程,涉及的承研单位多、配套关系复杂,而每个承研单位往往只承担一个或数个装备分系统、子系统或装备部件(一般指二级或三级、四级产品),因此,在实践中,有时应用"装备"研制这一词比用"军品"研制更为确切。从这个意义上讲,军品属于装备,而"装备"一词涵盖了"军品",广义而言"军品""装备产品""装备"属于同一概念。国家军用有关标准及文件规定的有关"军品"的标准,亦应严格贯彻执行。

二、装备研制的分类

装备研制可分为预先研究、型号研制、装备仿制、装备改型、装备改装。

1. 装备预先研究

装备预先研究简称"预研"。它是装备全寿命周期管理的第一个阶段,指装备发展过程中,验证应用研究成果用于型号发展的可能性与实用性的技术储备的研究工作。"预研"是为了给研制新型装备提供技术支撑,为改进现役装备的性能提供实用的技术成果,为国防科学技术和装备发展提供技术储备,以促进国防科技发展和创新、缩短研制周期、降低研制风险。

"预研"分为应用基础研究、应用技术研究和先期技术开发。我国国防工业领域的"预研"主要是应用研究,即任何重大理论技术的"预研"成果是型号研制的基础,"预研"是以应用于型号的研制、生产为最终目标的。从这个意义上而言,"预研"是型号研制的先导,它对型号研制具有明显的服务性、超前性和决策可行性。"预研"是装备全寿命周期管理的第一步,随着对"预研"重要性的进一步认识以及"预研"工作的不断深入,对"预研"过程进行质量监督成为装备研制质量监督的任务之一。

2. 装备型号研制

装备型号研制指按规定的战术技术要求和使用要求,设计和试制新型号装备的工程技术活动。型号研制是装备生成的关键环节,是把先进技术转化为装备战斗力的重要阶段。型号研制的目的是按照研制总要求和研制合同的规定,研制出符合要求的样机和成套技术资料,最终提供可批量生产和使用的,性能先进、质量优良、配套齐全,满足使用要求的新型武器装备。

型号研制一般耗费大量资金,而且周期长、风险高,所以进行型号研制一般要对多种方案充分论证,并严格按照武器装备建设五年计划,实行研制立项、研制总要求报批制度。

3.装备仿制

装备仿制指对进口装备进行实物测绘制造和根据引进的定型图样等技术资料进行制造的活动。装备仿制可以较快地获取性能比较先进的装备,而且能尽快掌握国外先进的设计技术、工艺技术和管理技术。

4.装备改型、改装

装备改型指在原型号基础上进行改进并给予区别标识的活动。装备改装是指对已定型生产的装备在使用过程中进行局部加装、换装的活动。装备改装、改型的特点是投资小、满足需求快,是装备发展中不可缺少的环节。

三、装备研制过程和研制程序

装备研制过程是指在新装备正式投入批量生产前有关装备论证、设计、试制和定型等工作的全部活动。或者说,研制过程就是科研成果,例如一些新原理、新结构、新技术、新材料、新工艺、新器材等应用于开发新产品的过程。它是实现产品更新换代、达到新的质量水平的重要途径。

装备研制程序是指为进行新型装备研制所规定的途径,通常规定研制新型装备应遵循的步骤、要达到的目标、工作内容、使用方与承研方之间的相互关系及审批权限等。

《常规武器装备研制程序》(总参谋部、国防科工委、国家计委、财政部〔1995〕技综字第2709号)将常规武器装备研制阶段划分为论证阶段、方案阶段、工程研制阶段、设计定型阶段、生产定型阶段。

(一)论证阶段

论证主要指对装备项目能否成立进行论证与证明并形成报批文件的活动。论证一般指武器装备型号论证,分为作战使用要求论证和战术技术指标论证两个方面。论证阶段的主要工作是完成研制立项综合论证工作,确定型号产品的作战任务、系统组成、主要性能指标要求、研制周期和进度、费用估算等。

论证阶段的主要任务是根据列入装备建设五年计划和全军装备体制中的新上型号项目,由军种兵种装备部、总部分管有关装备的部门组织进行装备研制立项综合论证。综合论证要对主要战术指标、初步总体方案等进行可行性论证,完成"立项综合论证报告",其结束标志是国务院和中央军委或总装备部批准"研制立项综合论证报告"。

(二)方案阶段

方案阶段是对装备研制多种设计方案进行论证与证明及择优的过程。该阶段主要是依据已批准的"研制立项综合论证报告"中的战术技术指标、初步总体方案等,由军兵种装备主管部门、总部分管有关装备的部门通过招标或择优方式,确定总体方案论证的承研承制单位,开展方案论证、方案设计及原理样机研制试验。在关键技术已解决、研制方案切实可行、保障条件已基本落实的基础上,由有关军兵种装备部和总部分管装备的部门组织进行"研制总要求"的论证。

方案阶段的主要成果是完成了原理样机、编制研制总要求及研制方案论证,结束标志是下达了"研制总要求",其是设计、试制、试验、定型工作的依据,也是签订装备研制合同的依据。

(三)工程研制阶段

工程研制阶段指按照批准的"研制总要求"进行具体设计、试制、试验的过程。工程研制阶段是实现工程样机设计并将设计图样、技术文件转化为产品实物的阶段。设计是否符合研制总要求和合同的要求,产品是否符合设计要求,都要通过工程研制阶段来证实。工程研制阶段的主要工作是完成工程样机(初样机和正样机或试样机)的设计和试制工作。

工程研制阶段的主要任务是研制单位根据下达的"研制任务书"和签订的研制合同进行武器装备的设计、试制、评审、试验、验证等工作。除飞机、舰船等大型武器装备平台外,一般要进行初样机和正样(试样)机的两轮研制。

工程研制阶段工作的主要成果是按照"研制总要求"完成了全套设计、工艺技术资料以及按照这些资料试制出来的可供技术鉴定或定型试验的样机。本阶段工作结束的标志是研制单位向定型委员会(简称"定委")提出设计试验申请报告。

(四)设计定型阶段

设计定型是国家装备产品定型机构按照规定的权限和程序,对完成设计的装备产品的战术技术指标和作战使用性能进行全面考核,确认其达到规定的标准和要求的活动。

产品定型的依据是研制任务书和批准的设计定型试验报告以及有关合同,定型阶段的主要工作是进行设计定型试验与设计定型(鉴定)审查,主要成果是研制单位提供了成套的标准化图纸和定型文件、设计定型样机,结束标志是通过了设计定型审查。

(五)生产定型阶段

生产定型是国家装备产品定型机构按照规定的权限和程序,对装备产品质量稳定性以及成套、大批量生产的条件进行全面考核,确认其达到规定的标准和要求的活动。

生产定型的依据是研制任务书、设计定型结论以及有关合同,主要任务是由研制单位进行生产试制和鉴定,并运送部队进行试用和基地试验,对产品批量生产条件进行考核。定型机构严格按规定的生产定型标准进行全面审查鉴定。该阶段的成果是研制单位提供了成套生产工艺资料、生产定型文件、定型考核的武器装备,结束标志是通过了生产定型审查。

装备研制一定要在各个阶段的工作达到规定要求后,方可转入下阶段工作,未经批准不得超越阶段工作。而对改型、改装、仿制或小型武器研制项目,经上级主管部门批准,可对研制阶段进行剪裁。

四、装备研制工作的特点

武器装备是一个复杂的系统,是人们运用当代最先进的科学技术和其他领域的研究成果,在严密的计划管理下设计和制造出来的,其研制过程有鲜明的特点。

1. 装备研制涉及分系统多、配套关系复杂

一种新型号武器装备的研究,是一个庞大而复杂的系统工程,具有复杂的技术体系。它包含很多分系统的同步或预先研究,这些分系统能否满足总体系统的要求,需要靠它的子系统的研制保证,而子系统能否满足分系统要求还得靠与之相配套的元器件、成品件、原材料、标准件等的研制质量来保证。若一个元器件或一个分系统的研制质量不能满足要求,则总体质量就不能满足规定的要求,造成研制工作的反复。为此,对众多的元器件分系统的质量监督将是研制过程质量监督的重要任务。

另外,当今高新装备的研制,涉及多个层次的配套、涉及很多工业部门的成百甚至上千个单位,形成了一个研制工作的配套网络系统。要使武器装备研制工作顺利开展,首先要把这些成百上千的配套网络有计划地组织起来、管理起来,这是一项庞大的系统工程。在这个系统工程中,使用部门通过批准立项、批准研制任务书、控制研制阶段转段、控制经费投入、监督研制质量、批准设计和生产定型等重要环节来对研制工作进行管理。为此,我国武器装备研制实行论证阶段、方案阶段、工程研制阶段、设计定型阶段、生产定型阶段五个节点来控制的方式,并以合同管理手段来保证研制工作质量。

2. 装备研制涉及技术复杂、专业门类多

随着科学技术的发展,武器装备系统越来越多地运用最新科学技术,而这些技术的广泛应用导致武器装备系统的复杂程度越来越高。在装备研制中,涉及许多基础学科和先进技术,就具体学科而言,涉及空气动力学、流体力学、热力学、结构力学、仿生学、自动控制学、爆炸学、金属材料学、电子工程学、机电工程学、飞行力学、光学、系统工程学、可靠性工程、维修性工程、人机工程、价值工程、安全性工程、测试性工程等。就具体技术而言,包括应用技术、试验技术、信息科学技术、新材料科学技术、生物科学技术、航天科学技术、新能源与可再生能源科学技术、海洋科学技术等。可以说,武器装备的研制是一个浩大的知识和技术工程,几乎要动员所有相关领域的人员来参加,这就给技术管理带来一定的工作难度。

3. 装备研制周期长、费用投入多

任何先进的武器装备研制,都是从设想到实践的具有复杂序列关系的连续过程,需要相当长时间才能完成。这是因为从基础技术研究、方案提出、预研、工程研制到部队形成战斗力,整个过程需要较长时间。一些世界先进航空武器研制周期的统计数据显示,一架成熟的飞机,不包括基础研究的时间,一般需8~10年,一些大型的改装型项目的完成也得5~8年。较长的研制周期,造成对研制目标实现的概率预测存在不确定性,对研制过程控制效应相对减弱,这对提高装备研制管理水平有不利影响。因此,每一项型号武器装备研制,必须强调充分论证、充分预测、方案优选,实行"全寿命周期论证,分阶段决策"的方针。

在整个武器装备研制过程中,在试验研究、设计试制、生产线建设和人员培训、设备配套等方面,都需要大量人力、财力和物力等。例如,美国20世纪90年代研制的先进战术战斗机(ATF)总费用达99亿美元,国内研制的某型歼击机,其直接费用也达数十亿人民币。为此,对研制经费的管理、核算也是军方必须重视的一项工作。

4. 装备研制技术风险大

新型装备的研制本身就是一项创造性的探索工作,需要很多创造发明,需要攻克许多难点,需要平衡和协调许多"接口",过程中也存在着种种不可预见的因素。此外,武器装备的研制还受到国际、国内环境和可能利用的技术因素的制约。随着研制工作的进展可能会出现必要的修正,随着时间的推移可能增加新技术的采用,伴随而来的是技术风险大、不确定性因素多,这就需要参加研制工作的工程技术人员具有高度责任心进行充分论证和优化方案,需要管理人员建立严密的监督机制,以便预知风险、规避风险。在方案阶段要求研制单位对产品实现"一次成功"的风险进行分析和评价,并形成风险分析报告,以便承研方和军事代表实行有针对性的风险控制和监督管理。

第二节　装备研制过程的工程管理

一、装备研制工程管理的内涵

《质量管理术语》(GJB 1405A—2006)中定义:管理是指指挥和控制组织的协调活动。工程管理是指规划、协调、评价和控制某项工程所进行的一系列活动的总称。装备工程管理则是针对装备开展工程研制,即按照批准的研制总要求进行装备的总体设计、试制、试验,并进行科学的、系统的、全面的管理。

装备研制工程管理不仅包含了对武器研制的各个阶段、维护使用全过程所涉及的文件资料、实物样品以及相关设备、相关单位、部门、人员等的管理,还包含了对承制方和使用方的决策层和执行层的管理理念、管理机制、管理机构、规划计划、管理制度、运行程序、手段方法等进行严格、科学的管理。

二、装备研制工程管理的内容

装备研制是一个复杂的系统工程,它涉及的分系统很多、配套关系复杂,专业门类多、管理难度大,研制涉及技术要求高,且研制费用多,研制周期长,因此实行严格的工程管理显得尤为重要。

为了提高装备研制工作质量,《中国人民解放军装备条例》规定了具体的管理要求,即装备研制必须实行研制计划管理、研制项目管理、研制合同管理、装备试验管理、装备定型管理、研制技术管理、装备研制经费管理及装备研制系统管理,以保证研制进度,提高研制质量,降低研制风险。

(一)研制计划管理

《中国人民解放军装备条例》规定总装备部负责依据我军装备科研的发展战略、装备建设十年规划以及经费保障能力,组织拟制全军装备研制五年计划。装备研制五年计划应当包括计划的指导思想、发展目标、分类安排、总体评估,以及研制项目的性能要求、研制周期、经费安排等内容。主要装备的研制五年计划,由总装备部报中央军委批准后下达实施;一般装备的研制五年计划,由总装备部批准下达实施。

总部分管有关装备的部门、军兵种装备部,负责根据全军装备研制五年计划、本年度经费指标、上年度计划结转项目和本年度新增加项目等情况,拟制分管装备研制年度计划。装备研制年度计划应当包括计划的编制原则、分类安排、研制项目的任务要求和承研承制单位、经费指标等内容。总装备部对各单位上报的分管装备研制的年度计划审核后,制订全军装备研制年度计划,并下达实施。

(二)研制项目管理

《中国人民解放军装备条例》规定装备研制项目实行分类管理制度。依据主要装备研制五年计划和一般装备研制五年计划,装备研制项目分为主要装备研制项目和一般装备研制项目。装备研制必须严格执行装备研制立项和装备研制总要求的报批制度。

总部分管有关装备的部门、军兵种装备部,应按规定对有关项目组织装备研制立项的综合论证。研制立项综合论证应当贯彻体系建设和系统配套的要求,注重军事需求和研制必要性的分析,加强作战使用和全寿命费用研究;按照竞争择优的原则,综合分析技术能力和研制生产条件,提出承研承制单位预选方案;需要安排配套引进的,还应进行引进必要性、可行性及经费测算。重大装备研制立项应由总装备部征求有关部门意见后报中央军委审批或会同国务院有关部门报国务院、中央军委审批。经批准的装备研制立项书,是组织研制项目招标、开展装备研制工作、制订装备研制年度计划和订立装备研制合同的依据。

总部分管有关装备的部门、军兵种装备部,在装备研制进入工程研制阶段之前,应当按照规定组织装备研制总要求的综合论证,并拟制装备研制总要求。研制总要求综合论证应当根据批准的装备主要作战使用性能,结合装备研制方案设计工作,提出完整、可行的战术技术指标和科研、定型等大型试验的方案;测算批生产试制费、装备采购价格和全寿命费用;对配套引进的关键电子元器件,还应当分析提出国内保障方案。装备研制总要求及其综合论证报告应一并报总装备部审批。经批准的装备研制总要求,是开展工程研制和组织装备定型考核的依据。

(三)研制合同管理

《中国人民解放军装备条例》规定装备研制实行合同制。

对批准立项的研制项目,总部分管有关装备的部门、军兵种装备部应当在通过承制单位资格审查的单位中,通过招标或者竞争性谈判等方式择优选定装备承研承制单位,订立装备研制合同。重大装备研制项目总(主)合同草案文本,在报总装备部确认后方可订立,并报总装备部备案。

装备研制合同订立后,不得擅自变更、中止或者解除。总部分管装备的有关部门、军兵种装备部应当根据国家和军队的有关规定,履行合同规定义务,并组织军事代表机构和军队其他单位对合同执行情况进行适时检查和最后验收。

(四)装备试验管理

按照性质,装备试验分为装备科研试验和装备定型(鉴定)试验。其中,装备科研试验为检验装备研制总体技术方案和关键技术提供依据,装备定型(鉴定)试验为装备定型(鉴定)提供依据。

根据《军工产品定型程序和要求》(GJB 1362A—2007)以及《装备试验质量监督要求》(GJB 5712A—2023),组织装备试验必须制订装备试验计划和试验大纲。装备试验计划由总部分管有关装备的部门、军兵种装备部会同有关单位制订;装备试验大纲由装备试验的实施单位拟制,并按规定履行审批手续。装备定型试验大纲由相应的二级定委审批,装备鉴定试验大纲由鉴定组织部门(单位)审批,装备科研试验大纲由提出试验任务的部门(单位)审批。

装备试验实施单位应当按照装备试验计划和装备试验大纲严密组织实施装备试验,确保装备试验质量和安全。装备试验所需的工程设施、仪器设备由试验实施单位提供保障;装备试验所需的通信、气象、航空、航海、运输、兵力、机要等保障,由组织试验的部门会同有关部门负责。

装备试验实施单位完成试验任务后,应及时拟制试验报告,报送试验大纲的组织拟制部门、审批部门(单位)和组织试验的部门,并抄送装备承研承制单位。

(五)装备定型管理

拟正式列编和配发部队的新型装备,应当按照 GJB 1362A—2007 的规定进行装备定型。装备定型包括设计定型和生产定型。

装备设计定型主要考核装备的战术技术指标和作战使用性能,判断其是否达到研制总要求的规定。装备设计定型必须进行设计定型试验。设计定型试验包括试验基地试验和部队试验,其中试验基地试验主要考核装备的战术技术指标,部队试验主要考核装备的作战使用性能和部队适用性。主要装备的设计定型由二级定委审查,报一级定委审批;一般装备的设计定型由二级定委审批,报一级定委备案。

装备生产定型主要考核装备的质量稳定性和成套、批量生产条件,以确认其是否符合批量生产的标准,必要时要组织装备生产定型试验。主要装备的生产定型由二级定委审查,报一级定委审批;一般装备的生产定型由二级定委审批,报一级定委备案。

由承研承制单位自筹经费研制或者改进的装备,符合技术体制等要求、军队需要正式列编采购的,应当按照装备定型(鉴定)的规定履行审批手续。

(六)研制技术管理

装备研制过程中,在装备研制主管部门领导下,装备论证单位负责装备研制过程的技术管理工作。主要工作包括:

(1)作战使用性能和战术技术指标论证;

(2)跟踪了解装备研制情况,为上级机关决策提供咨询意见;

(3)对装备研制过程中出现的问题提出技术方面的建议;

(4)对装备研制转阶段工作提出意见和建议;

(5)上级交办的其他工作。

(七)装备研制经费管理

根据《中国人民解放军装备科研条例》以及《装备采购合同费用监督要求》(GJB 3886B—2018),装备科研经费包括国防科研试制费、装备科学研究费和专项经费。其中:国防科研试制费主要用于装备的预先研究、研制以及与装备科研有关的技术基础工作;装备科学研究费主要用于装备军内科研和装备技术革新工作;专项经费由总装备部专项管理,用于安排专项科研任务。

(八)装备研制系统管理

装备研制系统指由担负装备研制的总体单位、分承研单位以及转承制方和供应方组成的研制系统,它是装备研制工作的主体。在装备研制过程中,为确保装备研制工作顺利进行,在上级主管部门的领导下,研制单位一般要按照职责分工,组建装备研制项目的行政指挥系统、设计师系统、质量师系统和工艺师系统(统称为装备研制的"四师系统"),其具体职责均有明确的规定。

在装备研制的组织管理过程中,军事代表应该按照《装备采购质量监督国家军用系列标准》的规定对研制过程实施有效监督,以保证装备的研制质量。

三、装备研制应贯彻系统工程的方法和要求

系统工程是为了更好地达到系统目标,而对系统的结构要素、组织结构、信息流动和控制机构等进行分析与设计的一门技术。

在装备研制过程中,应把握高新武器装备技术发展的新特点,根据系统工程的方法,按照顶层设计、系统综合的模式,按照系统论证、系统设计、系统试验、系统调试、系统测试、系统考核等系统集成的管理机制自上而下推动装备全系统、全寿命的工程管理。

武器装备研制应以实现武器装备系统作战效能和作战适应性为主要研制目的,反复进行经费、性能和进度之间的权衡,逐步确定优化的设计方案。武器装备研制项目的系统工程管理应遵循以下要求:

(1)保证设计完整性。设计应完整,使所研制的武器装备系统能够及时地投入使用或执行某种作战使命。所设计的系统除主装备外,还应包括支持主装备作战的其他保障要素(保障设备、设施、人员、备件等),并使二者相匹配。

(2)开展系统工程过程工作。应进行顶层设计,随着研制工作的深入,自上而下(由系统级到分系统级、设备级)逐级分配要求,逐级进行各种分析、权衡研究、系统综合,产生各种类型的研制项目(型号)专用规范,并将其作为研制工作的具体技术依据。

(3)保证接口设计的兼容性。应指定武器装备系统内部和系统之间的接口控制要求(这些要求可在研制项目专用规范的适当章条中规定,亦可通过专门的接口控制文件或图样来规定),进行接口控制,以保证接口设计的兼容性和接口信息及时有效的传输。

(4)贯彻"三化"原则。设计应贯彻通用化、系统化、组合化(模块化)原则,最大限度地采用成熟的技术和现有的项目来满足装备的研制要求。

(5)开展工程专门综合工作。应将"装备六性"、电磁兼容性、运输性、人机工程等要求综合应用到武器装备的设计中。

(6)开展工艺设计。应及早开展工艺设计,拟订工艺总方案等工艺文件,并按《工艺评审》(GJB 1269A—2021)的要求,保证工艺设计的正确性、可行性、先进性、经济性和可检验性。

(7)实施技术状态管理。按照《技术状态管理》(GJB 3206B—2022)的要求,实施技术状态管理。

(8)保证研制质量。按照《武器装备质量管理条例》和《质量管理体系要求》(GJB 9001C—2017),进行武器装备研制的质量管理。

(9)控制研制风险。按照《武器装备研制项目管理》(GJB 2993—1997)附录 A 的风险管理要求和《装备研制风险分析要求》(GJB 5852—2006),进行研制风险分析和控制,降低研

制风险。

(10)技术资料应完备,并具有可追溯性。

(11)规范软件的开发。计算机软件应作为武器装备系统的一个重要组成部分,按《军用软件开发通用要求》(GJB 2786A—2009)予以开发管理,按《军用软件开发文档通用要求》(GJB 438C—2021)编制技术文件。

使用方、承制方应明确项目的管理机构,代表使用部门和研制部门对武器装备研制项目进行归口管理。研制项目管理机构应包括熟悉工程技术、经费管理、进度安排、技术状态管理、合同管理、综合保障、实验和质量保证等方面工作的人员。

承制方还应根据《武器装备研制设计师系统和行政指挥系统工作条例》,建立研制装备项目的设计师系统、行政指挥系统、质量师系统(简称"三师系统"),负责完成国家指令性计划并履行研制合同。

第三节　装备研制过程的质量监督

质量监督是指为了满足规定的要求,对组织过程和产品的状况进行监督、验证、分析和督促的活动。装备研制过程质量监督,就是要促使装备研制单位按研制合同、任务书以及有关法规、标准的规定,开展武器装备的研制工作,发现问题、及时提出意见和建议,把好研制阶段转段和定型关,保证研制质量满足研制总要求、合同及任务书的规定。同时,订购方委派的军事代表通过参加研制过程的有关工作,了解新型号武器装备的设计思想、工作原理、基本构造和工艺特点,学习掌握质量监督技能和方法,为开展产品检验验收工作打下基础。应该强调,本书所讲的质量监督,泛指装备研制的工作质量、过程质量、产品质量的监督。同时,装备质量监督不仅是军事代表的职责(外部监督),也是承研单位的一项工作(内部管理监督)。

一、装备研制过程质量监督的目的

装备研制过程质量监督的目的如下。

1. 提高武器装备的固有质量水平

产品是设计出来的,设计质量是决定产品质量的首要环节。其原因是:

(1)产品的功能、性能、寿命、可靠性、维修性、保障性、安全性、测试性、经济性要靠设计来确定;

(2)产品的结构形式和采用的元器件、原材料要靠设计选定;

(3)产品的可检验性、可生产性以及使用维修和技术保障的可能性要靠设计解决。

可见,产品的固有质量水平是由设计确定的。抓好研制质量,就抓住了形成产品质量的关键环节,否则,"先天不足",必然"后患无穷"。据国外对武器装备质量问题产生的主要原因的统计分析和对我国装备质量现状的调查统计,装备的质量问题中有50%～70%属于设计失误。随着高新武器装备和专项工程研制的展开,现代质量意识及质量观已广泛被承制单位所接受,因此必须从研制阶段开始,军事代表和承研单位都要从设计过程入手,开展全面、系统、有效的质量监督工作。

2. 保证武器装备研制一次成功

现代武器装备大都具有系统工程的特征,其质量是分层次的相互关联的许多分系统、元器件、原材料质量的综合体现。任何一个环节出现质量问题,都会不同程度地影响整个装备质量。由于产品的研制属于创造性、探索性劳动,未知因素多,更改协调多、风险大,某一个具体环节上的疏漏,就可能会在研制中埋下严重质量隐患,引起大的反复,甚至造成整个系统研制的失败,造成时间上、经济上的极大浪费,影响装备计划的落实和部队战斗力的形成。因此,为避免因设计问题而引发的重大反复,保证武器装备研制的一次成功,军事代表必须从源头抓起,进行贯穿全过程、分阶段的质量监督,以促使装备研制单位确保设计、试制、试验质量全面处于受控状态,真正实现预防为主,一次成功。

3. 降低武器装备全寿命周期费用

当代质量观着眼于武器装备长期保持良好的性能和最佳全寿命周期费用,强调全系统、全过程质量管理,强调预防为主,强调通过系统考虑和综合平衡性能、可靠性、维修性、安全性、保障性等质量特性的设计、制造,以提高武器装备的整体效能。国外对武器装备全寿命周期的分析研究表明,在武器装备论证阶段,虽花费不足总研制费的10%,但该阶段的工作却决定了武器装备全寿命周期费用的80%左右,到设计定型结束时,可决定全寿命周期费用的90%。

二、装备研制过程质量监督的基本原则

装备研制过程质量监督的基本原则如下。

(1)坚持"装备产品质量第一"的方针。

(2)坚持"三不"和"三不放过"原则。"三不"指不合格的材料不投产、不合格的零件不装配、不合格的产品不出厂;"三不放过"指原因找不出不放过、责任查不清不放过、纠正措施不落实不放过。

(3)坚持"五成套"原则,即坚持成套论证、成套设计、成套生产、成套定型、成套交付。"五成套"原则是军事代表长期工作实践的经验总结,是确保装备尽快形成战斗力的重要环节和途径。军事代表在研制过程质量监督工作中,必须贯彻"五成套"原则,在装备研制立项和论证中就要监督承制单位充分考虑成套性,特别是重点考虑装备保障问题,从源头做到真正"五成套",确保装备交付部队后尽快形成战斗力。

(4)坚持"三化"原则,即通用化、系列化、组合化原则。

三、装备研制过程质量监督的任务

军事代表是订购方派驻装备承研承制方的代表,军事代表对研制过程进行质量监督,就是要促使研制单位按研制合同和任务书及有关法规、标准的规定,开展装备研制工作,发现问题要及时提出意见和建议,把好研制过程转段和定型关,保证研制质量满足研制总要求、合同及任务书的规定。同时,通过参加研制过程的有关工作,军事代表可了解新型号武器装备的设计思想、工作原理、基本构造和工艺特点,学习掌握质量监督技能和方法,为顺利开展检验验收工作打下基础。

军事代表在装备研制过程中质量监督的主要任务如下：

(1)了解装备预研项目的技术和进展情况,特别是关键课题的攻关情况。

(2)参加装备的战术技术指标、总体技术方案论证和研制经费、保障条件、研制周期的预测工作。

(3)参加方案设计审查工作,并对研制方案的可行性、合理性提出评价意见。

(4)参加型号主要研制阶段的设计评审、工艺评审、产品质量评审,掌握装备研制技术质量,监督研制单位保证研制装备满足战术技术指标和作战使用要求。

(5)按规定审查试验大纲,参加鉴定、定型试验。

(6)会同型号研制单位提出定型申请,并对定型文件签署意见。

需要指出的是,研制质量的保证,主要是依靠全体研制人员的技术水平、质量意识和研制单位质量管理体系的正常有效运转来实现的。在研制过程中,研制单位和军事代表有着各自的任务和责任。军事代表应明确自己的任务,履行自己的职责,按规定的要求、程序、内容和方法,做好自己的质量监督工作,而不能越俎代庖,去参加或干涉具体的设计、计算、试制等工作,更不能把自己的意见强加给设计、研制人员。另外,军事代表要正确处理与工程设计人员及质量管理人员的关系,在尊重和维护行政指挥系统、总设计师系统和总质量师系统正常行使职权的前提下开展工作,充分发挥军事代表对保证研制质量的监督作用。

四、装备研制过程质量监督的基本要求

研制过程质量监督的具体实施应符合《装备研制过程质量监督要求》(GJB 3885A—2006)的规定,主要如下：

(1)按照《装备试验质量监督要求》(GJB 5712A—2023)参加鉴定性试验和重要的验证性试验,并会签试验结论；

(2)按照《大型复杂装备军事代表质量监督体系工作要求》(GJB 3899A—2006)的规定,建立大型复杂装备研制监督体系并开展质量监督工作；

(3)按照《装备技术状态管理监督要求》(GJB 5709A—2023)的规定监督产品技术状态管理；

(4)按照《军用软件质量监督要求》(GJB 4072A—2006)监督军用软件质量；

(5)按照《军事代表参加装备定型工作程序》(GJB 3887A—2006)的要求,参加产品定型工作；

(6)对于研制、生产交叉进行的装备,投产前应进行必要的风险评估。

至于各项目监督的详细要求,可查阅《装备采购质量监督国家军用系列标准》,即23项国家军用标准的规定。

五、装备研制过程质量监督的时机

在装备研制过程质量监督中,军事代表应重点把握以下时机：

(1)装备承制单位资格审查时；

(2)质量管理体系认证审核时；

(3)质量管理体系认定注册审核时；

(4)签订装备研制合同前的质量管理体系评定审核时；

(5)签订合同后的质量管理体系复审时；

(6)质量管理体系的组织结构发生重大变化时；

(7)分系统、设备研制任务书审查时；

(8)设计、工艺和产品质量评审时；

(9)技术状态更改时；

(10)阶段转移评审及军方预先审查时；

(11)产品设计验证时；

(12)研制经费付款时；

(13)产品图样、技术文件、工艺文件审查认可和签署时；

(14)研制过程中出现严重和重大质量问题时；

(15)产品定型(鉴定)时；

(16)合同检查和验收终止时；

(17)关键、特殊过程确认时；

(18)首件鉴定时。

第四节　装备研制过程质量监督的形式与方法

装备研制过程是装备采购的一个重要过程，对其工程管理与质量监督应按照装备采购有关标准规定进行。以下讨论研制过程质量监督的形式和方法。

一、装备研制过程质量监督的形式

装备研制过程质量监督的形式一般包括资格审查、质量管理体系审核、体系监督、过程监督和样机定型试验检验验收五种，装备研制工作者以及军事代表可根据实际情况选择适当的质量监督形式。

1.资格审查

资格审查是指在统一组织下，按照有关规定和要求，对装备承研单位承制资格的符合性进行逐一审查，给出明确资质结论。凡承担装备承研任务的单位必须通过承制资格审查，证实其具备相应的承研资质。

2.质量管理体系审核

质量管理体系审核是指在统一组织下，按照有关规定的要求，对承研单位质量管理体系及其运行情况进行检查，给出明确的认定结论的活动。质量管理体系审核应在资格审查时进行，必要时军事代表及其装备主管机关(部门)也可以单独组织审核。

单独组织质量管理体系审核的时机是：

(1)签订合同前；

(2)产品研制阶段转移前；

(3)产品定型和转(复)产鉴定前；

(4)出现重大质量问题时；

(5)质量管理体系的组织结构发生重大变化时；

(6)军方认为有必要时。

3.体系监督

根据组织、协调质量监督工作的需要，可在装备主管业务部门的组织下，以装备总体承研单位的军事代表室为负责单位、配套产品承研单位的驻厂（所）军事代表室为成员单位组成质量监督体系，实施以型号管理为主要任务的全面、系统的监督。

体系监督通常分为型号研制体系监督和装备生产体系监督。

4.过程监督

产品形成中，军事代表应针对产品各个实现过程的特点实施专项质量监督。产品实现过程一般包括合同落实过程、研制过程、生产过程和售后服务过程。

5.样机定型试验检验验收

样机定型试验检验验收是军事代表对承研单位提交试验的产品进行质量合格与否的判定认可，凡需进行试验的样品都必须经过军事代表检验验收，检验不合格的产品不能进行试验，以确保装备质量符合规定的要求。

二、装备研制过程质量监督的方法

装备研制过程的质量监督方法主要包括以下 14 种。

1.审签文件

审签文件是对产品质量保证文件、各种试验与鉴定报告、结论、大纲、规范等实施的审查和会签。重点是：审查认可产品质量计划（质量保证大纲）并监督执行；监督研制工作网络计划的编制和明确节点要求，实施分阶段质量控制的情况，以及有关文件的成套性、准确性、合理性、可行性等。

2.参加论证

军事代表通过论证阶段和方案阶段技术论证，可以：

(1)了解新研制装备作战任务、作战要求和研制途径等内容并对其完成情况进行监督。

(2)当上级业务部门有要求时，加强对承制单位的资格审查。

(3)参加论证评审会，对型号的战术技术指标、初步总体方案和主要配套产品的可行性、研制周期及经费估算等提出意见和建议。

(4)参加方案阶段的论证，可对研制方案的可行性及合理性提出评价。其中，主要监督研制中拟采用的新技术有无应用基础和供应单位，研制单位是否考虑了可靠性、维修性、保障性、测试性、安全性要求的实现，是否考虑了使用环境、强度、电磁兼容性、人机工程等，软件方案能否满足规定要求，关键技术和关键设备有无解决途径等，以保证研制质量和研制进度。

3.参加评审

参加评审是军事代表实施质量监督的重要手段，一般是军事代表参加研制过程阶段转移前的设计评审、工艺评审、产品质量评审(含可靠性、维修性、保障性、测试性、安全性、环境适应性评审)。

4.参加试验

参加试验是军事代表参加涉及产品关键技术和重大、严重质量问题的有关试验,以及参加鉴定和定型试验。按照《装备试验质量监督要求》(GJB 5712A—2023)的规定,对装备研制生产和使用过程中有关试验的质量实施监督,并会同承制方解决试验中出现的有关问题。

5.参加产品定型或鉴定工作

军事代表通过参加产品定型或鉴定工作,可以检查定型试验样品的质量状况,以保证试验结果的准确性;通过审查产品质量定型文件、生产条件判断其是否满足装备定型要求,可以发现定型或鉴定中出现的质量问题,监督承制单位予以解决。

6.参加并组织质量审核

质量审核是指"确定质量活动和有关结果是否符合计划的安排,以及这些安排是否有效的实施并适合于达到预定目标的系统的、独立的检查",一般包括质量管理体系审核、过程质量审核、产品质量审核和售后服务质量审核,通过质量审核可以评价是否需要采取改进或纠正措施。质量审核一般分为内部审核和外部审核(第二方、第三方审核),内容包括装备质量活动的符合性、有效性、适合性三个关键部分。

7.参加质量会议

军事代表通过参加研制生产过程中的质量问题通报会、质量问题分析会和处理会以及不合格品审理会等,可以有效地解决各种产品质量问题,并对落实解决措施实行监督,以保证装备质量的符合性。

8.现场巡回检查

现场巡回检查是军事代表根据产品质量情况对研制(生产)过程所进行的一种有计划有重点的质量检查活动。其目的是及时了解质量动态,及时发现质量问题,做好产品质量的预测和预防工作。现场巡回检查常用的手段较多,例如进行现场调查,找有关人员了解情况,通过召开现场会议了解情况。对大型复杂武器装备的研制,军事代表可通过对各分系统产品的现场巡回检查(如查找档案记录、产品验收记录、产品质量随同卡等文件资料),了解和掌握产品质量动态。

巡回检查可以分为以下几种类型:

(1)围绕质量问题多发地点和工序实施综合性检查;

(2)以质量问题为线索实施跟踪的追溯性检查;

(3)以检查质量保证措施落实的符合性检查。

对巡回检查目标的选择,有以下方法:

(1)以某个承研承试单位为目标,如项目组等;

(2)以某个要素为目标,如图纸、工具等;

(3)以某项工作为目标,如质量管理等。

9.节点控制

加强对节点的控制是保证产品研制一次成功的基本条件。在加强对关键节点的监督实施中,尤其要注重做好把关性的工作,重点把好研制阶段转移点、定型试验关、资料审查关、产品试生产关以及生产过程零部件生产关、分机或整机装配关等。节点工作没有完成或结果不符合要求的,不能转入下一阶段。

10.收集并处理质量信息

装备质量信息是反映装备质量要求、状态、变化和相关要素及相互关系的信息,包括数据、资料、文件等。装备质量信息是评价产品质量最直接、最确切、最及时、最客观的依据。军事代表对装备的质量监督是通过收集、处理产品质量信息实施的。同时,就承制单位而言,有效地利用质量信息,有助于产品质量的改进和提高,有助于工作质量的提高,有助于做好售后技术服务工作。

(1)质量信息的来源。装备质量信息的来源主要包括:

1)装备论证中提出的装备质量信息;

2)装备研制、试验、定型与生产过程的质量信息;

3)装备交付与验收中的质量信息;

4)装备使用、维修、保管、运输、退役等过程的质量信息;

5)装备质量监督过程中的质量信息;

6)装备引进过程中的质量信息。

(2)质量信息的收集。质量信息的收集渠道主要是军事代表系统内部的信息渠道和军事代表与承制单位以及使用部队之间的信息渠道。在收集时,应拟订信息收集计划并提出具体要求。其步骤可概括为以下几步:

1)确定收集信息的内容、范围和来源;

2)确定信息获取的方法和时限;

3)对信息进行审核和提炼。

(3)质量信息的处理。质量信息的处理是指,采用科学的方法,按照一定的程序对已收集到的比较分散的原始信息进行审查、筛选、分类、统计和分析处理,使之系统化、条理化。

信息加工处理的一般程序如下:

1)信息的识别和筛选;

2)信息的分类和排序;

3)信息的统计和分析;

4)信息的上报、反馈与交换。

军事代表在对质量信息的收集和处理中,应进一步建立质量信息系统,编制信息流程图,制订质量信息收集、传递、处理、加工、储存和使用管理方法,并实施有效控制;做好研制、生产、检验、试验、使用、服务等全过程的质量记录;对信息进行综合分析;建立质量信息库;以对产品质量实施有效监督。

11.验证产品

验证是指通过提供客观数据证明规定要求已得到满足的认定。验证产品是对产品质量进行判定的最主要手段。军事代表对产品的验收是在工厂内对产品进行必要的检查、测试、试验,认为产品合格并提交以后实施验证。

验证的方式通常如下：

(1)符合性验证：对产品性能和"六性"指标，或者对承制方提交的认为合格的产品实施验证，以证实产品质量与技术要求的符合性。产品质量状态与承制方合格结论的符合性验证也称为产品的符合性论证。这种方式多用于生产阶段。

(2)可行性验证：在产品研制中，对一些准备采用的新技术、新工艺、新材料或者新设计方案进行确认，判定其是否可行和能否采用。这种验证是一种预先验证，主要用于研制过程中判断设计思想、设计方案、设计结构的可行性、正确性、完整性和可靠性等。

(3)再现性验证：在产品失效或出现故障后，经过机理分析，并通过试验验证，使故障再现；或者采取措施证实排故方案有效。再现性验证是质量监督中经常采用的一种验证方式。

符合性验证主要是在生产过程中，军事代表对产品的实际状态是否符合已经定型（鉴定）批准的技术条件进行求证，以最终判断承制方检验结论的正确性，对其检验质量进行综合性的复核。

可行性验证和再现性验证主要由承制方实施。军事代表一般应参加并会签有关结论。验证常用的手段主要有对照核实、测试和试验。军事代表一般使用的验证方法有：产品的交付、验收试验、例行试验、鉴定试验和可靠性、维修性、保障性试验等。

12.处理质量问题

产品质量问题是指由于特性未满足规定要求或造成一定损失的事件。处理质量问题是指对产品质量问题进行调查核实、分析查找原因，制定并采取纠正措施等一系列的工作和活动。处理质量问题的目的是纠正存在的产品质量问题并防止问题的重复发生。

处理质量问题是军事代表的一项重要工作，它关系到军事代表对产品质量的严格把关和军事代表的直接责任，关系到能否向部队提供质量满足使用要求的产品。因此，军事代表要十分重视产品质量问题处理工作。

13.质量评价

质量评价是对经过统计处理的产品质量信息进行计算分析，从而定量描述产品质量水平的一种方法。其目的是评价产品质量。

通过产品质量评价可以掌握产品实际达到的质量水平和产品质量的变化趋势，找出带有倾向性的问题，查明产品质量问题的原因，从而采取针对性措施，防止问题的重复发生，消除潜在的质量隐患，预防其他产品同类型质量问题的发生。此外，通过产品质量评价还可以为军事代表确定质量工作的重点、调整零部件的检验品种和项目、评价承制单位质量管理体系和各项质量管理工作的有效性提供依据。

14.风险评估

随着高新武器装备研制任务的增多，特别是随着武器装备边研制、边生产、边交付政策的实施，风险分析方法应用越来越多，作用越来越明显。

风险评估是对特定的不希望事件发生的可能性（概率）以及发生后果综合影响的分析活动。它是项目风险管理的重要环节，对装备研制生产过程可能遇到的技术、经济、进度等重大风险进行分析，找出风险的致因，预测可能对预期目标偏离的程度，确定每一个风险事件发生的概率和后果，从而评价风险的大小。

风险评估的方法通常有以下方面：

(1)故障树分析法（FTA）；

(2)故障模式影响及危害度分析（FMECA）；

(3)建模和仿真；

(4)可靠性预测；

(5)专业的技术评估。

这些方法不是彼此孤立的,对一个项目进行风险分析时可能同时用到 2 种及 2 种以上方法。

以上介绍的 5 种质量监督形式和 14 种质量监督方法在实施质量监督工作中应用比较普遍,各单位和承研单位在具体实施中可以根据实际情况选用其中的方法。

第二章 研制各阶段的工程管理与质量监督

前已述及,根据《常规武器装备研制程序》规定,各类武器装备的研制程序为:论证阶段、方案阶段、工程研制阶段、设计定型阶段和生产定型阶段。本章重点介绍装备研制各阶段工程管理与质量监督的一般要求、组织实施质量监督等内容。

第一节 论证阶段的工程管理与质量监督

论证是对装备项目能否成立进行论述与证明,并形成报批文件的活动。新型武器装备的研制,必须先进行装备研制立项论证,其目的是通过论证证明武器装备型号研制的必要性和可行性。

一、论证阶段的工作要求

论证阶段是根据国家批准的武器装备研制中长期计划和主要战术技术性能,对装备项目进行战术技术指标和总体技术方案论证,以及研制经费、保障条件、研制周期等的可行性分析,并形成"武器装备研制总要求"的过程。

根据列入装备建设五年计划和全军装备体制中的新上项目,由军兵种装备部、总部分管有关装备的部门进行装备研制的立项论证工作。

1. 论证阶段的主要工作内容

论证阶段主要对以下内容进行论证:

(1)武器装备的主要作战使命、任务;

(2)主要作战使用性能(含主要战术技术指标);

(3)初步总体方案;

(4)研制周期、经费概算;

(5)预研关键技术突破及经济可行性分析;

(6)作战效能分析;

(7)订购价格与数量预测;

(8)装备命名建议等。

2. 论证阶段的要求

论证阶段的结果应满足以下要求:

（1）装备初步总体技术方案经评审在技术上可行；

（2）经预测，研制经费、保障条件和研制周期可行，并充分考虑了风险；

（3）关键部件原理样机或试验装置经试验验证在技术上可行；

（4）承制单位资料、质量保证能力等能满足研制任务书要求；

（5）批准下达了"武器装备研制总要求"（含战术技术指标）。

经批准的装备研制立项论证是组织研制项目招标、开展装备研制工作、制订装备研制计划和订立装备研制合同的依据。

二、论证阶段工作的组织实施程序

装备研制论证工作由有关军兵种装备部和总部分管有关装备的使用部门组织实施。其主要工作程序如下：

1.战术技术指标论证

按照使用部门根据国家批准的武器装备研制中长期计划和武器装备的主要作战使用性能要求进行。

主要战术技术指标初步确定后，即可进行总体技术方案论证。

2.总体技术方案论证

（1）由有关军兵种装备部通过招标或择优的方式，邀请一个或数个持有该类武器装备研制许可证的单位进行多方案论证。承研单位应根据使用部门的要求，组织技术、经济可行性研究及必要的验证试验，向使用部门提出初步总体技术方案和对研制经费、保障条件、研制周期预测的报告。

（2）由使用部门会同研制主管部门对各方案进行评审，通过对技术方案、研制经费、研制周期、保障条件等各种因素的综合权衡，选出或优化组合出一个最佳的总体技术方案。

3.编报"武器系统研制总要求"

由使用部门根据论证的战术技术指标和初步总体技术方案，编制"武器系统研制总要求"，并附"论证工作报告"，上报总装备部和国家相关主管部门。

（1）"武器系统研制总要求"主要内容。

1）装备的作战使命任务及作战对象；

2）主要战术技术指标及使用要求；

3）初步的总体技术方案；

4）研制周期要求及各研制阶段的计划安排；

5）总经费预测及方案阶段经费预算；

6）研制分工建议。

（2）"论证工作报告"主要内容。

1）装备在未来作战中的地位、作用、使命任务和作战对象分析；

2）国内外同类武器装备的现状、发展趋势及对比分析；

3）主要战术技术指标要求确定的原则和主要指标计算及实现的可能性分析；

4）初步总体方案论证情况；

5）继承技术和新技术采用比例，关键技术的成熟程度；

6）研制周期及经费概算；

7）初步的保障条件要求装备编配设想及目标成本；

8）任务组织实施的措施和建议。

4."武器系统研制总要求"的审批下达

"武器系统研制总要求"由国家主管部门会同军队主管部门审批，下达给有关军兵种装备部及研制主管部门，并抄送有关装备主管部门。

论证阶段研制工作的主要成果是使用部门批准了装备研制立项，结束的标志是选定研制主管部门或研制单位，并下达了"武器系统研制总要求"。

三、论证阶段质量监督的主要内容

论证阶段的质量监督应重点做好以下工作：

（1）按《装备承制单位资格审查要求》(GJB 5713—2006)、《军事代表参与装备采购招标工作要求》(GJB 3898A—2006)的规定，参与对承制单位资格的审查和装备招标工作。

（2）了解和掌握新研制装备的主要作战使命任务、作战使用性能（含主要战术技术指标）、初步总体方案、研制周期和途径等研制立项综合论证的主要内容。

（3）了解考察承制单位对新上项目的研制能力以及解决有关技术问题的主要措施和途径，并按要求及时上报有关情况。考察的内容一般包括以下方面：

1）主要研制人员的能力和水平；

2）研制单位对关键技术的掌握程度，以及解决有关技术问题的主要措施和途径；

3）研制项目成熟技术的应用程度；

4）研制的保障条件等。

（4）按上级机关的要求，参与装备研制立项综合论证有关工作，并参加论证评审会，就以下方面提出意见和建议：

1）研制型号战术技术指标的合理性；

2）初步总体方案和主要配套产品的可行性；

3）研制周期的可行性和经费估算的合理性等。

（5）根据装备主管机关部门的要求综合论证有关工作，并参加论证评审会，对研制型号的战术技术指标、初步总体方案和主要配套产品的可行性、研制周期及经费估算等提出意见或建议。

第二节　方案阶段的工程管理与质量监督

方案阶段是根据上级下达的"武器装备研制总要求"，对通过招标选定的装备研制单位的装备研制多种设计方案进行论证与证明及择优的过程。一般经方案设计、技术攻关、原理样机试制试验、评审，在关键技术已解决、研制方案切实可行的基础上，编制"研制任务书"并附研制方案论证报告，报使用部门和主管研制的上级部门批准后，作为设计、试制、试验、定型工作的依据，这些同时也是签订合同的依据。

一、方案阶段的工作内容与要求

1. 方案阶段的工作内容

在方案阶段,研制单位应根据武器装备研制合同进行研制方案论证、验证,内容包括:

(1)根据战术技术指标要求,就装备先进性、继承性、可靠性、维修性、安全性、经济性、保障性、配套性、生存期、研制周期等对多种研制方案进行对比;

(2)论证新技术、新器材采用的必要性、可能性;

(3)确定新装备的原理、结构、总体布局、系统配置以及主要技术参数;

(4)对一次成功的风险进行分析、评估,形成风险分析报告;

(5)对系统配套设备、软件方案以及保障设备方案进行论证;

(6)进行初步设计,即技术设计工作,如:编制武器系统研制工作网络计划,起草各种规范和质量保证大纲(可靠性、维修性、保障性、安全性、标准化、软件管理保证大纲等);

(7)对将采用的新技术、新器材和关键技术进行验证和攻关;

(8)进行必要的设计计算和模拟试验;

(9)根据装备特点和需要进行模型样机或原理样机的研制与试验等。

2. 方案阶段的要求

(1)满足战术技术指标的设计措施,关键技术问题已经解决,或有控制措施;

(2)原理样机或模型样机经试验验证,原理正确,满足可靠性、维修性要求,在工程上可行;

(3)落实了分系统、配套产品承研单位,满足安全性、勤务性的措施要求;

(4)通过了方案评审;

(5)批准了"研制任务书"。

二、方案阶段的工作组织实施程序

方案阶段的主要工作是装备研制方案论证、验证工作,由研制主管部门或研制单位组织实施。其主要工作程序如下:

(1)根据选择的最佳方案,进行武器系统的方案设计;

(2)组织进行关键技术攻关和新部件、分系统试制与试验;

(3)根据装备特点和需要,进行模型样机或原理样机的研制与试验;

(4)组织进行方案设计评审;

(5)在关键技术已经解决、研制方案切实可行、保障条件基本落实的基础上,由研制单位编报"研制任务书"(附"研制方案论证报告"),报送装备研制主管部门和使用部门。

1. "研制任务书"的主要内容

(1)主要战术技术指标和使用要求;

(2)总体技术方案;

(3)研制总进度及分阶段进度安排意见;

(4)样机试制数量;

（5）研制经费概算（附成本核算依据和方法说明）；

（6）需要补充的主要保障条件及资金来源；

（7）试制、试验任务分工和生产定点及配套产品的安排意见；

（8）需试验基地和部队提供供特殊试验的补充条件。

2.“研制方案论证报告”的主要内容

（1）总体技术方案及系统组成；

（2）主要战术技术指标和使用要求以及调整的说明；

（3）质量、可靠性及标准化控制措施；

（4）关键技术解决的情况及进一步解决措施；

（5）武器装备性能、成本、进度、风险分析说明；

（6）产品成本及价格估算。

3.“研制任务书”的报批

（1）属于一级定型委员会审批的定型项目，“研制任务书”由使用部门会同研制主管部门联合上报总装备部、国家发展和改革委员会（简称“国家发展改革委”）、国家相关主管部门，审批工作由国家相关主管部门承办，总装备部、国家计委会签。其中，重大项目报请国务院、中央军委批准下达。

（2）属于二级定型委员会审批定型的项目，“研制任务书”由使用部门和研制主管部门审查后，联合审批下达，同时上报总装备部、国家相关主管部门、国家发展改革委备案。

方案阶段研制工作结束的成果性标志是定型委员会批准下达了“研制任务书”，使用部门与研制主管部门或研制单位签订了装备研制合同。

三、方案阶段质量监督的主要内容

在方案阶段的质量监督工作中，军事代表应重点做好以下工作：

（1）了解和掌握作战使用要求、研制总体方案、系统和设备及软件方案、保障方案、研制经费预算和装备成本概算等装备研制总要求的综合论证内容。

（2）根据装备主管机关（部门）的要求，参与总体方案的论证、审查和评审工作，对研制方案的可行性和合理性提出评价意见。

（3）参与装备研制总要求的综合论证并参加审查和评审，提出评价意见和建议。

（4）根据研制装备的复杂程度，对承制单位提出的研制方案适时组织进行军方预先审查，并向装备主管机关（部门）报告审查意见和建议。评审内容包括：

1）不同研制方案优选的依据和优选的结果；

2）所选方案的正确性、先进性、通用性、可行性和经济性；

3）方案的各项技术性能指标和要求满足合同或协议书的情况；

4）系统分解结构和功能原理图；

5）系统可靠性、安全性、维修性、保障性大纲，质量保证大纲，标准化大纲；

6）重大技术、关键新技术、新材料、新工艺攻关项目的进展和采用情况；

7）元器件的选用情况；

8)设计的继承性及采用新技术的比例;

9)可生产性分析;

10)系统验证试验方案;

11)系统对分系统可靠性、维修性、保障性、安全性、测试性及耐久性分析试验要求;

12)研制程序和计划;

13)全寿命周期费用预算及技术风险分析;

14)工程研制技术状态或初步设计任务书。

在研制方案评审后,军事代表应督促承研单位落实会议提出的要求,认真分析评审过程专家提出的意见与建议,制定相应的措施。

(5)了解和掌握初步设计和原理样机的研制情况、关键技术问题的解决情况,参加原理样机的试验和评审工作,提出评价意见和建议。

(6)参加对质量保证工作有关文件的审查工作,主要包括:质量保证大纲,可靠性、维修性、保障性、测试性、安全性、环境适应性大纲,产品标准化大纲等文件的审查。

第三节 工程研制阶段的工程管理与质量监督

工程研制阶段的主要任务是根据批准的"研制任务书"(或"研制合同")进行武器装备的设计、试制和试验。为装备的设计鉴定或定型提供的样机,在设计过程中应根据设计需要,进行必要的科研试验。一般工程研制阶段要进行初样机和正样机两轮研制。对于简单产品或当有特殊要求时,也可只进行一轮工程样机的研制。

一、工程研制阶段的工作要求

工程研制阶段是实现工程样机设计并将设计图样和技术文件转化为产品实物的阶段,设计能否满足研制总要求和合同要求,产品是否符合设计都要通过工程研制阶段来验证。工程研制阶段的主要工作是完成工程样机(初样机和正样机)的设计和试制工作。

(一)初样机研制工作

初样机研制阶段开始的标志是装备主管部门与研制主管部门或承研单位根据上级批准下达的"研制任务书"签订了"研制合同"。初样机研制阶段结束的标志是经过鉴定性试验和评审,证明初样机基本达到"研制任务书"规定的战术技术指标要求,试制、试验中暴露的技术问题已经解决或有切实可行的解决措施。初样机研制工作包括初样机设计、试制和试验工作。

1.初样机初步设计工作

初样机初步设计工作应满足以下要求:

1)初样机图样、技术文件及质量保证文件应齐全,能指导初样机试制试验;

2)关键新技术、新器材得到落实,并有可靠的控制措施;

3)初样机设计符合研制任务书、设计准则、设计规范和有关标准要求;

4)经初样机鉴定试验,产品质量达到或接近研制任务书要求;

5)通过初样机评审、改进后,能形成正样机图样和技术文件。

(1)完善初样机初步设计工作。初样机详细设计主要包括完成全套工程图样的设计、产品技术规范和其他技术文件的编制,并使文件达到完整、准确、统一,为正样机试制的生产技术准备、采购等提供依据。对软件产品,应形成软件产品规范和厂(所)级鉴定测评软件运行程序及源程序、软件设计、使用、维护文档。在完成全部图样和技术文件后,研制单位申请或组织设计评审,重点对分系统和关键、重要部件进行评审。工艺技术准备完成后应进行工艺评审。详细设计评审通过后,方可下发生产图样和技术文件,使研制工作转入初样机的试制和试验阶段。

(2)初样机设计评审。设计评审是为确定设计达到规定目标的能力,对设计所做的综合的、有系统的并形成文件的审查。设计评审在产品研制过程决策的关键时刻,全面系统地检查设计输出是否满足设计输入的要求,发现设计中存在的缺陷和薄弱环节,提出改进措施建议,加速设计成熟,降低决策风险等方面有重要的作用。

初样机设计评审的主要内容包括:

1)产品的设计功能、理化特性、生物特性满足研制任务书和(或)合同要求的程度。

2)产品功能、性能分析、计算的依据和结果。

3)系统与各分系统、各分系统之间、分系统与设备之间的接口协调性。

4)可靠性、维修性、安全性、保障性、测试性大纲和质量保证及标准化大纲的执行情况。

5)采用的设计准则、设计规范和标准的合理性及执行情况。

6)FMECA确定的关键件(特性)和重要件(特性)清单。

7)安全性分析确定的残余危险清单。

8)人机工程和生物医学等方面的分析。

9)系列化、通用化、组合化设计情况。

10)设计验证情况及结果。

11)计算机软件的测试清单。

12)初样机初步设计评审遗留问题的解决情况。

13)元器件、原材料、零部件的控制情况及结果。

14)设计的可生产性,工艺的合理性、稳定性。

15)多余物的预防和控制措施执行情况。

16)环境适应性分析的依据及结果。

17)质量问题归零的执行情况。

18)价值工程分析。

19)设计定型技术状态及技术风险分析和采取的措施。

20)制定的定型(鉴定)试验方案。

(3)进行初样机工艺评审。工艺评审是为了评价工艺设计满足设计要求及合理性与经济性、可生产性与可检验性的能力,对工艺设计所做的正式、全面和系统的并形成文件的审查。工艺评审的依据包括产品设计资料、研制任务书和合同、有关的法规、标准、规范、技术管理文件和质量管理体系的程序,以及上一阶段的评审结论报告。评审重点是工艺总方案、工艺说明书等指令性工艺文件,以及关键件、重要点、关键工序的工艺规程和特殊过程的工艺文件。

初样机工艺评审的内容包括：

1)工艺方案的评审。

①对产品的特点、结构、特性要求的工艺分析及说明；

②满足产品设计要求和保证制造质量的分析；

③对产品制造分工路线的说明；

④工艺薄弱环节及技术措施计划；

⑤对工艺装备、试验和检测设备，以及产品数控加工和检测计算机软件的选择、鉴定原则和方案；

⑥材料消耗定额的确定及控制原则；

⑦制造过程中产品技术状态的控制要求；

⑧产品研制的工艺准备周期和网络计划，以及实施过程的费用预算和分配原则；

⑨对工艺总方案的正确性、先进性、可行性、可检验性、经济性和制造能力的评价；

⑩工艺、文件、要素、装备、术语、符号等标准化程度的说明；

⑪工艺总方案的动态管理情况(应根据研制阶段和生产阶段的工作进展情况适时修订、完善，以能在工程项目的寿命周期内连续使用)。

2)工艺说明书的评审。

①产品制造过程的工艺流程、工艺参数和工艺控制要求的正确性、合理性、可行性；

②对资源、环境条件目前尚不能适应工艺说明书要求的情况，所采取的相应措施的可行性、有效性；

③对从事操作、检验人员的资格控制要求；

④文件的完整、正确、统一、协调性；

⑤文件及其更改是否严格履行审批程序，更改是否通过充分试验、验证。

3)关键件、重要件、关键工序的工艺文件评审。

①特殊过程工艺文件与工艺说明书、质量体系程序的协调一致性；

②特殊过程工艺试验和检测的项目、要求及方法的正确性；

③特殊过程技术难点攻关措施的可行性、有效性；

④特殊过程工艺参数的更改是否经过充分试验、验证，并严格履行审批程序。

4)采用新工艺、新技术、新设备的评审。

①采用新工艺、新技术的必要性和可行性，新材料加工方法的可行性，以及所选用新设备的适用性；

②所采用的新工艺、新技术、新设备是否经鉴定认为合格，是否有合格证据；

③新工艺、新技术、新材料、新设备采用前，是否经过检测、试验、验证，表明符合规定要求，有完整的原始记录；

④是否有采用新工艺、新技术、新材料、新设备的措施计划和质量控制要求；

⑤对操作、检验人员的资格控制要求。

2.初样机试制与试验

(1)初样机试制的主要工作。初样机试制以初样机设计评审后的全套工程图样为依据；

初样机试制出后,主要进行以验证设计为目的的初样机鉴定试验。主要进行的工作如下:

1)根据工程设计文件进行零件制造、部件装配、主机总装和调试以及性能检测;

2)进行初样机配套试验和模拟试验;

3)进行强度、疲劳、兼容性试验;

4)进行功能试验、环境试验;

5)进行可靠性及环境应力筛选试验和对初样机的安全性评价等。

(2)初样机试制的质量控制内容。初样机试制阶段是实现和验证研制质量的关键阶段,要进行严格的质量控制,重点控制内容有:

1)试制工艺总方案、技术协调方案和试制计划网络图;

2)产品质量保证大纲和其他质量保证文件;

3)工艺文件、工艺装备制造质量;

4)试制过程质量等。

(3)初样机试制试验的质量监督。

1)初样机试制试验质量监督的范围。初样机研制阶段试验质量监督一般包括:

①验证战术技术性能的试验;

②验证可靠性、维修性、安全性、保障性设计的试验;

③验证新技术、新材料、新工艺可行性的试验;

④关键技术攻关试验;

⑤初样机鉴定试验。

2)初样机试制试验质量监督的内容。

①对试验大纲或试验方案进行审查;

②对试验前准备状态进行检查;

③对试验过程进行监督;

④对试验过程的工作质量和试验信息的准确性进行评价,并提出意见或建议。

3)初样机试制试验监督的方法。

①对试验大纲、试验规范及其相关文件进行审查、提出建议、签署意见;

②对试验设施、设备、器材、环境条件和试验产品进行检查或验证;

③对试验操作人员资格进行审核或确认;

④对试验过程进行现场观察并记录有关情况;

⑤对试验出现的异常情况提出处理意见或建议;

⑥参与收集、处理试验数据,对试验结果的准确性提出意见;

⑦参加技术、质量问题的分析与处理,并按规定程序上报情况;

⑧有要求时,参加试验大纲的论证或拟制,参与试验的相关组织与协调工作,对试验报告进行审核。

军事代表对装备试验的监督应当会同质量师系统共同进行,并注意充分支持和发挥质量师系统的监督作用。

3.初样机技术质量评审

产品技术质量(指设计质量、工艺质量、产品质量)评审是为了评价产品的技术质量是否满足规定要求,对产品技术质量及其质量保证工作所做的正式、全面与系统的并形成文件的审查。产品技术质量评审应通过设计评审、工艺评审及首件鉴定,产品必须经检验验证符合研制规定要求。

(1)初样机技术质量评审的依据。

1)产品研制任务书或研制合同;

2)研制用的技术文件,包括设计图样、标准、规范等;

3)检验、试验及验收文件;

4)通过与认可的设计评审、工艺评审及鉴定结论报告;

5)质量保证文件;

6)有关质量的检验、测试、试验的原始记录和质量报告;

7)质量凭证(合格证明和标记等);

8)研制用的计算机软件。

(2)初样机技术质量评审的内容。

1)产品性能、可靠性、维修性和安全性的符合性;

2)产品对环境适应性的符合性;

3)产品性能的一致性和稳定性的符合性;

4)产品工程设计更改控制;

5)产品的超差使用和处理;

6)产品借用材料(包括元器件等)处理;

7)缺陷、故障的分析和处理;

8)器材质量的管理;

9)新工艺、新技术、新器材、新设备及技术攻关成果的采用;

10)设计评审、工艺评审及鉴定遗留、遗漏问题的处理;

11)执行质量保证文件的情况;

12)质量凭证、原始记录和产品档案的完整性;

13)必要的产品经济性分析。

在初样机研制阶段,研制单位要适时安排试制、试验前准备状态的检查,初样机提交试验前的产品质量评审,试验后对试验结果进行评价等质量管理活动。在完成对初样机的鉴定试验工作后,由研制主管部门会同军事代表组织鉴定性试验和评审,以证明基本达到研制总要求规定的战术技术指标要求,试制、试验中暴露的技术问题基本解决或有切实可行的解决措施后,方可进入正样机的研制阶段。

(二)正样机研制工作

在初样机通过鉴定评审后,即可转入正样机研制阶段。

1.正样机研制阶段的主要任务

正样机研制阶段的主要任务是对初样机设计进行完善和改进,提高样机的质量和可靠性、维修性等,以全面达到"研制任务书"规定的战术技术指标要求。主要工作有:

(1)承制单位编制正样机研制工作计划和节点要求。

(2)对初样机鉴定评审时的专家意见进行落实和整改。

(3)进一步完善产品可靠性、维修性、安全性、保障性等设计。

(4)对正样机研制阶段的技术状态管理和关键(重要)件特性及工序进行控制,并按规定进行首件鉴定。

(5)制定正样机研制过程各类试验大纲,并进行试验。试验主要包括:

1)验证战术技术性能的试验;

2)验证可靠性、维修性、保障性、安全性的试验;

3)验证新技术、新材料、新工艺的可行性试验;

4)关键技术攻关试验;

5)正样机鉴定试验。

2.正样机的鉴定评审

完成正样机试制试验后,由装备的研制主管部门会同使用部门组织正样机鉴定评审。评审内容与初样机评审内容基本相同,鉴定评审按《设计评审》(GJB 1310A—2004)、《工艺评审》(GJB 1269A—2021)、《产品质量评审》(GJB 907A—2006)的规定进行。

在鉴定评审通过,并对评审中提出的建议和意见进行完善,具备设计定型试验条件后,可向定型委员会提出设计定型试验申请。

(三)初样机与正样机评审的区别

初、正样机的设计、工艺和质量评审程序基本相同,两者区别如下:

(1)评审组织。初样机评审由研制主管部门或研制单位会同使用部门组织,而正样机评审则必须由研制主管部门会同使用部门组织。

(2)评审标准。初样机要求基本达到"研制任务书"规定的战术技术指标要求,正样机要求全面达到"研制任务书"规定的战术技术指标要求。

(3)评审时机。工艺评审在初样机阶段可以随设计评审一并进行,而正样机阶段一般应独立设置评审点。

(4)评审重点。正样机技术质量评审,要重点审查对初样机设计和工艺的完善和改进情况以及样机质量的提高情况。

二、工程研制阶段工作的组织实施程序

工程研制阶段的工作由研制单位组织实施。其主要工作程序如下:

(1)依据批准的"研制任务书"进行武器系统的设计与评审。

(2)进行样机的试制、试验(除飞机、舰船等大型武器装备平台外,一般进行初样机和正样机两轮研制)。

(3)研制主管部门或研制单位会同使用部门对初样机进行鉴定试验和评审,证明初样机基本达到"研制任务书"规定的战术技术指标要求,试制、试验中暴露的技术问题已经解决或有切实可行的解决措施后,方可转入正样机的研制。

(4)进行正样机的研制。主要对初样机设计进行完善和改进,提高样机的质量和可靠性、维修性,以全面满足"研制任务书"规定的战术技术指标要求,使其具备设计定型试验条件。

(5)研制主管部门会同使用部门组织对正样机进行鉴定审查。

工程研制阶段结束的成果性标志是正样机(工程样机)通过鉴定审查。

三、工程研制阶段的主要质量监督内容

在工程研制阶段的质量监督中,应重点做好以下工作:

(1)合同签订前,应根据《质量管理体系要求》(GJB 9001C—2017)及产品的特殊要求,参加对承制单位质量管理体系的评定审核;

(2)根据上级批复的装备研制总要求及下达的研制计划,按《合同中质量保证要求》(GJB 2102—1994)等有关规定参与(或起草)合同草案,与(参与)承制单位进行协商谈判,监督承制单位按规定进行产品有关要求的评审;

(3)根据上级的授权和委托,与承制单位签订研制合同,并协调驻分承制单位军事代表室参加分合同签订工作;

(4)合同签订后,具有监督承制单位严格履行合同规定的权利和义务,应适时对承制单位的质量管理体系进行审核和日常性的监督检查,促进其持续有效运行;

(5)监督承制单位制订研制工作网络计划,划分研制阶段,明确节点要求,实施分阶段质量监督与控制;

(6)监督承制单位根据研制总要求、合同和《质量管理体系要求》(GJB 9001C—2017)的要求,结合产品特点制定并实施经军事代表审查认可的产品质量保证大纲;

(7)监督承制单位做好分系统、设备研制任务书的制定工作,应与总体研制总要求协调一致,试验项目齐全,选用标准恰当;

(8)监督承制单位根据有关标准,结合产品特点,制定设计规范、过程控制文件和试验规范,参加相应的设计评审会,对设计规范、过程控制文件和试验规范是否符合要求提出意见和建议;

(9)对直接交付的研制样机,应监督承制单位严格履行有关报批手续,经验收合格后方可交付。

第四节　定型阶段的工程管理与质量监督

前已述及,定型是国家装备产品定型机构按照规定的权限和程序,对装备产品进行考核、确认其达到研制总要求和规定标准的活动。《军事代表参加装备定型工作程序》(GJB 3887A—2006)、《军工产品定型程序和要求》(GJB 1362A—2007)规定了产品定型(鉴定)工作的内容、要求和程序,是装备设计定型、生产定型管理与质量监督的依据。

一、装备产品定型有关概念

装备产品的定型分为设计定型和生产定型。

设计定型是国家装备产品定型机构对装备产品的战术技术指标和作战使用性能进行全面考核,确认其达到批准的研制总要求和规定标准的活动。生产定型是国家装备产品定型

机构对装备产品批量生产的质量稳定性和成套、批量生产条件进行全面考核,确认其达到批量生产要求的活动。

(一)产品定型的原则

装备产品定型应遵循以下原则:

(1)装备产品先进行设计定型,后进行生产定型。

(2)生产量很小且关键工艺、生产条件与设计定型试验样品相同的装备产品,可以只进行设计定型。

(3)只进行设计定型或设计定型后短期内不能进行生产定型的装备产品,在设计定型时,应对承研承制单位的关键性生产工艺进行考核,并在设计定型后进行部队试用。

(4)装备产品设计定型时,涉及战术技术指标调整的,在按照规定的权限审批后方可重新申请办理定型。

(5)按照引进图样、资料制造的装备产品,可以只进行生产定型。

(6)装备产品应配套齐全,凡能够独立进行考核的分系统、配套设备、部件、器件、原材料、软件,均应在装备产品定型前进行定型或鉴定。

(7)拟正式装备军队的技术简单的装备产品,经改进、改型、技术革新后未改变原有主要战术技术性能和结构的装备,以及一般装备研制项目的配套设备、配套软件及其相关部件、器件、原材料等装备产品,可以鉴定方式考核。

(8)由国外购买(引进)的产品配套于国内已定型装备产品使用时,凡影响主产品基本性能的,在正式列装前均应组织试验和鉴定。

(二)装备产品定型的分级

装备产品按级别一般分为一级产品、二级产品、三级产品、四级产品。

(1)一级装备产品是指被列为军队主要装备研制项目的装备产品。定型由国务院、中央军委产品定型委员会组织定型。

(2)二级装备产品是指被列为军队一般装备研制项目的装备产品和主要装备研制项目的配套设备、配套软件等装备产品。

(3)在一二级装备产品中有独立功能的、未列为二级的配套产品列为三级装备产品。

(4)一级、二级、三级装备产品以外的技术简单的基础性产品,列为四级装备产品。

对一级、二级装备产品要进行设计定型和生产定型,规定由一级、二级定委组织实施。

对三级(含)以下装备产品要进行设计鉴定和生产鉴定,由定委组织或定委授权,由总部分管有关装备的部门、军兵种装备部或承研承制单位,参照装备产品定型工作有关规定对装备产品组织实施试验考核,确认其达到规定的标准要求,并办理审批手续。

以上分类是我军普遍的分法,如陆航产品的一级至四级分类:

(1)一级产品主要指各种直升机、发动机、空空导弹系统、空地导弹系统等。定型由陆航装备产品定委组织审查,并报国务院、中央军委装备产品定型委员会审批;试验、试飞大纲由陆航定委组织评审和审批。

(2)二级产品主要指各种原型机、航空发动机的专门用途改型机和供一级产品配套用的主要辅机,以及航空救生设备、机场拦阻装置和主要航空专用车辆。由陆航定委(二级定委)

组织定型审查和审批,由陆航定委组织试验、试飞大纲评审和审批。

(3)三级产品主要指供一级、二级产品配套用的一般辅机。由使用部门会同研制单位按设计或生产定型要求组织评审、审批试验、试飞大纲,组织相应的定型鉴定并办理批文,抄送陆航定办备案。

(4)四级产品指未列入一级至三级的其他产品,主要指:通常比三级产品简单、独立使用的产品,外购小型产品,有寿命限制的低于三级的部件,需先独立考核的机械组件、电子插件板,机械标准件,小型外场可互换件等。

二、装备产品定型标准和要求

(一)设计定型的标准和要求

设计定型应符合下列标准和要求:

(1)达到批准的研制总要求和规定的标准;

(2)符合全军装备体制、装备技术体制和通用化、系列化、组合化的要求;

(3)设计图样(含软件源程序)和相关文件资料完整、准确,软件文档符合《军用软件开发文档通用要求》(GJB 438C—2021)的规定;

(4)产品配套齐全,能独立考核的配套设备、部件、器件、原材料、软件已完成逐级考核,关键工艺已通过考核;

(5)配套产品质量可靠并有稳定的供货来源;

(6)承研承制单位具备国家认可的装备科研、生产资质。

(二)生产定型的标准和要求

(1)具备成套批量生产条件,工艺、工装、设备、检测工具和仪器等齐全,符合批量生产的要求,产品质量稳定;

(2)经工艺和生产条件考核、部队试用、生产定型试验,未发现重大质量问题,出现的质量问题已得到解决,相关技术资料已修改完善,产品性能符合批准设计定型时的要求和部队作战使用要求;

(3)生产和验收的技术文件和图样齐备,符合生产定型要求;

(4)配套设备和零部件、元器件、原材料、软件等质量可靠,并有稳定的供货来源;

(5)承研承制单位具备有效的质量管理体系和国家认可的装备生产资质。

三、装备产品定型工作程序

(一)设计定型的工作程序

设计定型工作的组织由相关级别定型委员会按《装备产品定型工作规定》和《装备产品定型程序和要求》(GJB 1362A—2007)进行。设计定型一般按以下工作程序进行:

(1)申请设计定型试验;

(2)制定设计定型试验大纲;

(3)组织设计定型试验;

(4)申请设计定型;

(5)组织设计定型审查；

(6)审批设计定型。

(二)生产定型的条件与程序

1. 生产定型的条件

需要生产定型的装备产品，在完成设计定型并经小批量试生产后正式批量生产前，应进行生产定型。装备产品生产定型的条件和时间，由定委在批准设计定型时明确。

生产定型时部队试用产品是试生产并交付部队使用的装备，一般选择已经通过工艺和生产条件考核的产品。试用产品综合产品的特点，以及列装编制规模等，由二级定委与有关部门协商确定。

生产定型试验产品应从试生产批军检合格的产品中抽取。试验产品包括试验生产品、备用产品和配套设备，其数量应满足生产定型试验的要求。

2. 生产定型程序

生产定型一般按照下列工作程序进行：

(1)组织工艺和生产条件考核；

(2)申请部队试用；

(3)制定部队试用大纲；

(4)组织部队试用；

(5)申请生产定型试验；

(6)制定生产定型试验大纲；

(7)组织生产定型试验；

(8)申请生产定型；

(9)组织生产定型审查；

(10)审批生产定型。

至于设计定型和生产定型程序的详细工作内容，将在本章第五节详细讨论。

四、军事代表参加定型工作程序

(一)军事代表参加设计定型工作程序

1. 检查设计定型样品

(1)军事代表应按《装备产品定型工作规定》和《军工产品定型程序和要求》(GJB 1362A—2007)检查设计定型样品；

(2)设计图样(含软件源程序)和相关文件资料应齐全，能够满足设计定型试验需要；

(3)应按研制合同规定，在设计定型样品的质量证明文件上签署意见；

(4)应检查设计定型试验条件，认为不具备设计定型试验条件时应督促承制单位解决存在的问题。

2. 提出设计定型试验申请

(1)军事代表应根据装备研制总要求、装备研制合同的要求及《装备产品定型工作规

定》、《军工产品定型程序和要求》(GJB 1362A—2007)中规定的内容,参加试验大纲的审查工作;

(2)军事代表确认装备产品满足《装备产品定型工作规定》的要求时,会同承制单位向定型委员会提出申请设计定型试验。

3. 参加设计定型试验

当试验在承制单位进行时,军事代表应监督承制单位按审批的试验大纲完成规定的试验考核项目。当试验在试验基地、部队进行时,军事代表应按装备主管机关(部门)的要求派人参加试验,了解掌握试验情况,并根据试验情况提出意见和建议。

4. 参加设计定型申请

(1)产品通过设计定型试验后,军事代表按《装备产品定型工作规定》确认其是否符合设计定型条件;

(2)试验或检验证明设计定型产品能够达到研制总要求后,与承制单位联合向定型委员会申请设计定型,申请设计定型报告应符合《军工产品定型程序和要求》(GJB 1362A—2007)的要求。

5. 参加设计定型审查

军事代表应参加定型委员会组织的设计定型审查会议,并向审查会提出是否同意设计定型的书面意见,其内容一般包括:

(1)达到批准的研制总要求和规定的标准情况;

(2)符合通用化、系列化、组合化的要求情况;

(3)设计图样(含软件源程序)和相关的文件资料完整、准确情况;

(4)产品配套齐全,能独立考核的配套产品已完成逐级考核情况;

(5)配套的设备、部件、器件、原材料、软件质量可靠,并有稳定的供货来源情况;

(6)承研、承制单位具备国家认可的装备科研、生产资质情况;

(7)对于在设计定型审查会中确定的遗留问题,军事代表负责监督解决和验证效果。

6. 上报设计定型文件

产品通过设计定型审查后,军事代表应联合承制单位按《装备产品定型工作规定》和《军工产品定型程序和要求》(GJB 1362A—2007)中的要求,将设计定型文件上报定型委员会。

(二)军事代表参加生产定型工作程序

1. 考核承制单位生产条件

军事代表应依据生产定型的标准和要求,对承制单位试生产的装备产品生产条件进行考核、鉴定。主要工作有:

(1)审查上报生产条件鉴定试验大纲。生产条件鉴定试验大纲由承制单位编制,经军事代表同意后上报装备主管部门。生产定型试验大纲的主要内容包括:

1)编制大纲的依据;

2)鉴定目的;

3)鉴定试验所需试样准备,包括数量、试验任务区分及样品抽取等;

4)鉴定试验项目、内容和方法；

5)试验器材准备和要求；

6)试验时间安排和保障；

7)试验结果判定。

(2)参加生产条件鉴定试验和鉴定审查。军事代表根据批复的生产条件鉴定试验大纲，参加生产条件鉴定试验，了解掌握产品试验条件，并对承制单位的人、机、料、法、环、检等是否满足批量生产要求情况进行全面检查，重点审查图样和技术文件是否齐全、准确、完善，工艺和工装等能否满足批量生产要求。

(3)提出生产条件鉴定意见。根据生产条件鉴定试验和参加生产条件检查情况，军事代表应填写"生产条件检查表"，并提出对产品生产条件鉴定的意见。其主要内容包括：

1)产品试生产概况；

2)质量监督和检验验收情况；

3)设计定型遗留问题解决情况；

4)试生产中发现的问题及解决情况；

5)存在的问题和建议；

6)对生产条件鉴定的意见。

2.检查生产定型试验产品

军事代表应按批准的产品图样和产品技术规范对生产定型批的产品进行考核，试用和试验产品应在经过军检合格的产品中抽取，抽取数量应按定型主管部门意见执行，并应符合部队试用大纲要求。

3.了解部队试用情况

试用是指在部队训练条件下，针对生产条件鉴定后小批量试制军检合格并装备部队的成套、成建制产品，由一个或几个列装部队承担的实际使用武器装备的活动，目的在于考核产品的可用性。

部队试用的产品必须满足以下要求：

(1)关键工艺、工装固化、图样资料和工艺资料完整、准确，满足批量生产要求；

(2)设计定型遗留问题已解决，产品质量稳定；

(3)生产条件通过鉴定审查；

(4)根据生产条件鉴定的工艺、工装生产的产品已正式列装部队。

军事代表应按照装备主管机关(部门)的安排参与部队装备试用，督促承制单位派出技术人员到现场服务，帮助部队掌握使用维护技术，指导试用工作，并了解部队对试用装备的意见。

4.会同承研单位申请生产定型试验

生产定型试验是按照批准的研制总要求(或研制任务书、产品技术要求)对生产工艺变化较大或重要工艺发生改变的产品进行部分战术技术指标及使用要求考核的活动，其目的是验证工艺的正确性。它一般在部队试用之后进行。

生产定型试验一般针对批量生产工艺与设计定型批工艺有较大变化，并可能影响产品战术技术性能的情况,对部队及生产条件和工艺考核发现存在技术、质量问题的,经改进后需进行生产定型试验验证的情况,或者不进行部队试用,需进行生产定型的产品也应进行生产条件定型试验。

军事代表确认承制单位在试生产期间产品符合《装备产品定型工作规定》要求时,会同承制单位共同向定型委员会申请生产定型试验。

5. 对生产定型试验大纲提出意见

生产定型试验大纲应依据批准的产品研制总要求(或研制任务书)、设计定型相关技术文件以及国家、军队有关标准编制。其试验项目应侧重于考核因工艺改变而引起或可能引起的产品战术技术指标和使用性能变化的项目。

生产定型试验大纲内容主要有:

(1)大纲编制的规范性;

(2)试用产品状态(指试用产品状态与生产品状态的一致性)及数量能否满足试验要求;

(3)试验条件和要求的合理性;

(4)试验项目是否涵盖了工艺变化所引起或可能引起的产品战术技术指标及使用要求变化情况;

(5)引用的试验规范或标准的合理性;

(6)试验方法、数据处理方法和评价方法的科学性。

6. 参加生产定型试验

军事代表应参加生产定型试验工作,并对试验中出现的问题及时记录,参加协同解决会议,督促承制单位,抓好解决措施的落实,并做好试验记录,向生产定型审查会提出报告。

当试验在承制单位进行时,军事代表应监督承制单位按审批的试验大纲完成规定的试验考核项目;当试验在试验基地、部队进行时,军事代表应按装备主管机关(部门)的要求派人参加试验,了解掌握试验情况,并根据试验情况提出意见和建议。

7. 申请生产定型

(1)在产品通过部队试用和生产定型试验后,军事代表应按《装备产品定型工作规定》和《军工产品定型程序和要求》(GJB 1362A—2007)的规定,审查是否符合生产规定条件,确认产品已达到生产定型标准,经装备主管机关(部门)审查同意后,与承制单位联合向定型委员会申请生产定型。

(2)申请生产定型报告应符合《装备产品定型工作规定》和《军工产品定型程序和要求》(GJB 1362A—2007)的规定。

8. 参加生产定型审查

(1)军事代表应参加定型委员会组织的生产定型审查会议。

(2)军事代表应向审查会议提出是否同意生产定型的书面意见,其内容一般包括:

1)具备成套、批量生产条件,生产工艺和质量符合规定的标准的情况;

2)达到设计定型要求和满足部队作战使用与保障要求的情况;

3)生产与验收的图样(含软件源程序)和相关文件资料完整、准确的情况;

4)配套设备、配套软件及相关部件、器件、原材料质量可靠,并有稳定的供货来源的情况。

（3）督促承制单位对生产定型审查会议提出的问题采取纠正措施并验证。

9.上报生产定型文件

产品通过生产定型审查后，军事代表应联合承制单位按《装备产品定型工作规定》和《军工产品定型程序和要求》（GJB 1362A—2007）的要求，将生产定型文件上报定型委员会。

五、定型阶段质量监督的主要工作

在定型（鉴定）阶段质量监督中，军事代表应重点做好以下工作。

（1）参加对定型（鉴定）试验大纲的审查，提出评价意见；

（1）参加并监督承制单位对定型样机进行的性能试验，并按《装备试验质量监督要求》（GJB 5712A—2023）规定进行装备试验过程中的质量监督工作；

（2）参加定型（鉴定）试验工作，并按《装备试验质量监督要求》（GJB 5712A—2023）的规定进行装备试验过程中的质量监督工作；

（3）参加厂、所级鉴定，并提出评价意见；

（4）按规定参加定型筹备工作，会同承制单位联合上报定型（鉴定）申请报告；

（5）对提供定型（鉴定）的成套技术资料、定型（鉴定）文件进行审查认可；

（6）按规定参加定型（鉴定）检查、定型（鉴定）审查有关工作；

（7）对不进行生产定型的产品，在设计定型（鉴定）时，应监督承制单位有关设计、定型文件中明确生产时的工艺、生产条件要求；

（8）监督承制单位对定型（鉴定）遗留问题的处理，并验证其有效性。

这里顺便指出的是，在装备研制各阶段出现的质量问题，应按《装备质量问题处理通用要求》（GJB 5711—2006）的规定具体进行质量问题的处理。而研制过程质量问题的性质判定与处理，以设计师系统为主。

第五节 装备产品设计定型的具体要求

一、设计定型的程序和要求

前已述及，产品设计定型一般要按申请设计定型试验、制定设计定型试验大纲、组织设计定型试验、申请设计定型、组织设计定型审查、审批设计定型 6 个程序进行。

（一）申请设计定型试验

设计定型试验是指在正样机完成后，由国家认可或指定的试验单位，根据批准的试验大纲，按有关规定和标准，对申请定型装备的战术技术指标、作战使用性能和部队适应性进行考核的活动。

设计定型试验是设计定型考核的基本手段，也是定型工作中最重要的工作。通过验证产品的战术技术指标性能、作战使用性能和部队适应性，可为产品能否通过设计定型提供依据；通过对试验中出现问题的分析，可及早消除产品缺陷或隐患，降低技术风险和采购费用。

设计定型试验通常包括:基地试验、部队试验和软件测评。承试承测单位由定型机构指定。试验的程序是:通常先进行基地试验,后进行部队试验。需要两者结合或交叉进行时,必须先通过基地试验的安全性考核。软件测评可以和基地试验、部队试验同步进行。

1.申请设计定型试验的条件

当装备产品符合下列要求时,承研承制单位可以申请设计定型试验。

(1)通过规定的试验,软件通过测试,证明产品的关键技术问题已经解决,主要战术技术指标能够达到研制总要求。

(2)产品的技术状态已确定。

(3)试验样品经军事代表机构检验合格。

(4)样品数量满足设计定型试验的要求。

(5)配套的保障资源已通过技术审查,保障资源主要有保障设施、设备、维修设备和工具,必需的备件等。

(6)具备设计定型试验所必需的技术文件主要有:产品研制总要求、承研承制单位技术负责人签署批准并经总军事代表签署同意的产品规范、产品研制验收(鉴定)试验报告、工程研制阶段标准化工作报告、技术说明书、使用维护说明书、软件使用文件、图实一致的产品图样、软件源程序及试验分析评定所需的文件资料等。

2.申请设计定型试验的程序

按照规定的研制程序,产品满足设计定型试验条件要求时,承研承制单位应会同军事代表机构或军队其他有关单位向二级定委提出设计定型试验书面申请,内容一般包括:研制工作概况、样品数量、技术状态、研制试验或工厂鉴定试验情况、对设计定型试验的要求和建议等。

二级定委经审查认为产品已符合要求后,批准转入设计定型试验阶段,并确定承试单位。不符合规定要求的,将申请报告退回申请单位并说明理由。

(二) 制定设计定型试验大纲

1.试验大纲的概念

设计定型试验大纲由承试单位依据研制总要求规定的战术技术指标、作战使用要求、维修保障要求和有关试验规范拟制,并征求总部分管有关装备的部门、军兵种部、研制总要求论证单位、军事代表机构或军队其他有关单位、承研承制单位的意见。承试单位将附有编制说明的试验大纲呈报二级定委审批,并抄送有关部门。二级定委组织对试验大纲进行审查,通过后批复实施。一级装备产品设计定型试验大纲批复时应报一级定委备案。

2.试验大纲内容和要求

设计定型试验大纲应满足考核产品的战术技术指标、作战使用要求和维修保障要求,保证试验的质量和安全,贯彻有关标准的规定,内容通常应包括:

(1)编制大纲的依据;

(2)试验目的和性质;

(3)被试品、陪试品、配套设备的数量和技术状态;

(4)试验项目、内容和方法(含可靠性、维修性、测试性、保障性、安全性实施方案和统计评估方案);

(5)主要测试、测量设备的名称、精度、数量;

(6)试验数据处理原则、方法和合格与否判定准则;

(7)试验组织、参试单位及试验任务分工;

(8)试验网络图和试验的保障措施及要求;

(9)试验安全保证要求。

3.试验大纲编制说明

试验大纲编制说明应详细说明试验项目能否全面考核研制总要求规定的战术技术指标和作战使用要求,以及有关试验规范的引用情况和剪裁理由等。

4.试验大纲变更

试验大纲内容如需变更,承试单位应征得总部分管的有关装备部门、军兵种装备部同意,并征求研制总要求论证单位、承研承制单位、军事代表机构或军队其他有关单位等的意见,报二级定委审批。批复变更一级装备产品设计定型试验大纲时应报一级定委备案。

(三)组织设计定型试验

1.设计定型试验的要求和实施

设计定型试验包括试验基地(含装备部授权或二级定委认可的试验场、试验中心及其他单位)试验和部队试验。试验基地试验主要考核产品是否达到研制总要求规定的战术技术指标。部队试验主要考核产品作战使用性能和部队适应性,并对编配方案、训练要求等提出建议。部队试验一般在试验基地试验合格后进行。两种试验内容应避免重复。当试验基地不具备试验条件时,经一级定委批准,试验基地试验内容应在部队试验中进行。

设计定型试验由承试单位严格按照批准的试验大纲组织实施。

2.设计定型试验顺序

设计定型试验顺序一般如下:

(1)先静态试验,后动态试验;

(2)先室内试验,后外场试验;

(3)先技术性能试验,后战术性能试验;

(4)先单项、单台(站)试验,后综合、网系试验,只有单项、单台(站)试验合格后方可转入综合、网系试验;

(5)先部件试验,后整机试验,只有部件试验合格后方可转入整机试验;

(6)先地面试验或系泊试验,后飞行或航行试验,只有地面试验或系泊试验合格后方可转入飞行或航行试验。

3.试验中断与恢复的处理

试验过程中出现下列情况之一时,承试单位应中断试验并及时报告二级定委,同时通知有关单位:

(1)出现安全、保密事故征兆;

(2)由试验结果已可判定关键战术技术指标达不到要求;

(3)出现影响性能和使用的重大技术问题;

(4)出现短期内难以排除的故障。

当承研承制单位对试验中暴露的问题采取改进措施,并经试验验证和军事代表机构或军队其他有关单位确认问题已解决时,承试单位应向二级定委提出恢复或重新试验的申请,经批准后,由原承试单位实施试验。

4.试验中承研承制单位的责任

承研承制单位应负责以下工作:

(1)向承试单位提供设计定型试验样品和试验所需的技术文件;

(2)派专人参加试验并负责解决试验中有关的技术问题,保证试验样品处于良好的技术状态;

(3)向承试单位提供技术保障。

5.试验记录与试验报告

承试单位应做好试验的原始记录,包括方案数据记录、电子数据记录和图像记录等,并及时对其进行整理,建立档案,妥善保管,以备查用。承试单位应向承研承制单位和使用部队提供相关试验数据。

试验结束后,承试单位应在30个工作日内完成设计定型试验报告,上报二级定委,并抄送总部分管的有关部门、军兵种部、研制总要求论证单位、军事代表机构或军队其他有关单位、承研承制单位等。一级装备产品的设计定型试验报告应同时报一级定委。

设计定型试验报告通常包括以下内容:

(1)试验概况;

(2)试验项目、步骤和方法;

(3)试验数据;

(4)试验中出现的主要技术问题及处理情况;

(5)试验结果、结论;

(6)存在的问题和改进建议;

(7)试验样品的全貌、主要侧面、主要试验项目照片,试验中发生的重大技术问题的特写照片;

(8)主要试验项目的实时音像资料;

(9)关于编制、训练、作战使用和技术保障等方面的意见和建议。

(四)申请设计定型

产品通过设计定型试验且符合规定的标准和要求时,由承研承制单位会同军事代表机构或军队其他有关单位向二级定委提出设计定型书面申请。承研承制单位与军事代表机构或军队其他有关单位意见不统一时,经二级定委同意,承研承制单位可以单独提出装备产品设计定型申请,军事代表机构或军队其他有关单位应对装备产品设计定型提出意见。

1.申请设计定型报告内容

申请设计定型报告通常包括以下内容:

(1)产品研制任务的由来；

(2)产品简介和研制、设计定型试验概况；

(3)符合研制总要求和规定标准的程度；

(4)存在的问题和解决措施；

(5)设计定型意见。

2.申请设计定型报告附件

(1)产品研制总要求(或研制任务书)；

(2)产品研制总结；

(3)军事代表机构质量监督报告；

(4)质量分析报告；

(5)价值工程和成本分析报告；

(6)标准化工作报告；

(7)可靠性、维修性、测试性、保障性、安全性、环境适应性评估报告；

(8)设计定型文件清单；

(9)二级定委规定的其他文件。

当条件具备时，承研承制单位应向定委提交产品模型。

(五)组织设计定型审查

1.设计定型审查组和检查组

产品设计定型审查由二级定委组织，通常采取派出设计定型审查组以调查、抽查、审查等方式进行。审查组由定委成员单位、相关单位、承试单位、研制总要求论证单位、承研承制单位(含其上级集团公司)、军事代表机构或军队其他有关单位的专家和代表，以及本行业和相关领域的专家组成。审查组组长由二级定委指定，一般由军方专家担任。

设计定型审查组的职责包括：

(1)全面审查产品研制、设计定型试验情况；

(2)审查设计定型文件；

(3)必要时抽查或测试产品性能；

(4)对产品重大技术问题的解决情况进行评审；

(5)对产品达到设计定型标准和要求的程度进行评审；

(6)研究存在问题的处理意见；

(7)向二级定委提出设计定型审查意见书。

在设计定型审查前，必要时二级定委可以派出设计定型工作检查组，检查设计定型工作准备情况、研制和试验出现问题的解决措施落实情况，协调处理设计定型工作的有关问题。

2.设计定型审查意见书

产品设计定型审查意见书由审查组讨论通过，审查组全体成员签署。通常包括以下内容：

(1)审查工作概况；

(2)产品简介；

（3）产品研制、设计定型试验概况；

（4）实际达到的性能和批准要求的对比表；

（5）存在问题的处理意见；

（6）对生产定型条件和时间的建议；

（7）产品达到设计定型标准和要求的程度，审查结论意见。

当审查组成员有不同意见时，可以书面形式附在审查结论意见后。

（六）审批设计定型

1. 审批一级装备产品设计定型

（1）一级定委根据产品设计定型审查意见，审议一级装备产品设计定型有关事宜，符合设计定型标准和要求的，向一级定委呈报批准设计定型的请示，不符合设计定型标准和要求的，提出处理意见，连同原提交的装备产品设计定型申请文件一并退回申请单位。

向一级定委呈报批准设计定型的请求文件内容主要有：任务来源、承研承制单位、产品组成、研制情况，定型考核情况和主要战术技术指标达到程度、存在问题及解决措施、申请定型的结论意见等。

（2）一级定委专家咨询委员会对二级定委报送的装备产品设计定型进行审核，审核后向一级定委提出定型咨询意见，专家咨询委员会可参加二级定委组织的试验大纲评审、试验试用、定型审查意见工作。

（3）一级定委对符合标准和要求的产品，按照规定的权限批准设计定型或报国务院、中央军委审批，下发批复；对不符合规定标准和要求的产品，提出处理意见，连同原报送的有关文件一并退回报送的二级定委。

（4）产品批准设计定型后，由一级定委颁发产品设计定型证书，由二级定委对有关设计定型文件加盖设计定型专用章。

2. 审批二级装备产品设计定型

二级定委根据产品设计定型审查意见，对二级装备产品设计定型进行审议并作出是否批准设计定型的决定，下发批复。

产品批准设计定型后，由二级定委颁发产品设计定型证书，并对有关设计定型文件加盖设计定型专用章。

二、生产定型的条件与程序

需要生产定型的装备产品，在完成设计定型并经小批量试生产后正式批量生产前，应按以下 10 个程序进行生产定型。

（一）组织工艺和生产条件考核

工艺和生产条件主要指生产工艺、设备、人员、材料、环境条件。进行工艺和生产条件考核的目的是鉴定由这些资源所形成的过程能力试制出来的产品能否达到规定的要求。

总部分管有关装备的部门、军兵种装备部应会同国务院有关部门和有关单位，按照生产定型的标准和要求，对承制单位的生产工艺和条件组织考核，并向二级定委提交考核报告。

工艺和生产条件考核工作一般结合产品试生产进行，主要包括以下内容：

(1)生产工艺流程;

(2)工艺指令性文件和全套工艺规定;

(3)工艺装置设计图样;

(4)工序、特殊工艺考核报告及工艺装置一览表;

(5)关键和重要零部件的工艺说明;

(6)产品检验记录;

(7)承研承制单位质量管理体系和产品质量保证的有关文件;

(8)元器件、原材料等生产准备的有关文件。

(二)申请部队试用

产品工艺和生产条件基本稳定、满足批量生产条件时,承研承制单位应会同军事代表机构或军队其他有关单位向二级定委提出部队试用书面申请,内容一般包括:试生产工作概况、产品技术状态和质量情况、工艺和生产条件基本情况、检查验收情况、对部队试用的要求和建议等。

二级定委经审查认为已符合要求,批准转入部队试用阶段,并协商有关部门确定试用部队;不符合规定要求的,将申请报告退回申请单位并说明理由。

试用部队一般为试生产产品的列装部队,确定试用部队时应考核地理、气象条件和试用期限等方面的需要和可能。

(三)制定部队试用大纲

部队试用大纲由试用部队根据部队试用年度计划,结合部队训练、装备管理和维修工作的实际拟制,并征求研制总要求论证单位、承研承制单位、军事代表机构或军队其他有关单位等的意见,报二级定委审查批准后实施。必要时,也可以由二级定委指定试用大纲拟制单位。

部队试用大纲应按照部队接装、训练、作战、保障等任务剖面安排试用项目,应能够全面考核产品的作战使用要求和部队适应性,以及产品对自然环境、诱发环境、电磁环境的适应性,并贯彻相关标准。部队试用大纲基本内容包括:

(1)试用目的和性质;

(2)试用内容、项目、方法;

(3)试用条件与要求;

(4)试用产品的数量、质量、批号、代号和技术状态;

(5)试用应收集的资料、数据及处理的原则和方法;

(6)试用产品的评价指标、评价模型、评价方法及说明;

(7)试用部队、保障分队的编制和要求;

(8)试用的其他要求及有关说明。

部队试用大纲内容如需变更,试用部队应征得有关部门同意,并征求研制总要求论证单位、承研承制单位、军事代表机构或军队其他有关单位等的意见,报二级定委审批。批复变更一级装备产品部队试用大纲时应报一级定委备案。

(四)组织部队试用

1.部队试用的实施

试用部队应按照批准的部队试用大纲组织实施装备产品部队试用。

有关部门应向试用部队提供与试用产品相适应的作战训练、维修等资料。承研承制单位应参与对试用部队的技术培训,提供必要的技术资料、设备、备附件,派专业技术人员参与试用工作。

部队试用工作应按照以下要求组织实施:

(1)参试指挥员、操作人员、技术保障人员的技能、体能、文化程度、军龄、作战训练经历,对同类装备的使用经验等应具有代表性,达到与试用产品相适应的程度;

(2)应确定能充分验证试用产品作战使用性能的作业周期和强度,大型复杂产品的试用周期不应少于春、夏、秋、冬四个季节;

(3)对试用周期较长的试用产品,应建立试用情况信息反馈制度。

2.编写部队试用报告

试用报告由试用部队提出,在试用结束后30个工作日内完成。试用报告应由试用部队报二级定委,并抄送有关部门、研制总要求论证单位、军事代表机构或军队其他有关单位、承研承制单位等,其中,一级装备产品的试用报告同时报一级定委备案。试用报告主要内容包括:

(1)试用工作概况;

(2)主要试用项目及试用结果;

(3)试用中出现的主要问题;

(4)试用结论及建议。

(五)申请生产定型试验

对于批量生产工艺与设计定型试验样品工艺有较大变化,并可能影响产品主要战术技术指标的,应进行生产定型试验;对于产品在部队试用中暴露出影响使用的技术、质量问题的,经改进后应进行生产定型试验。

生产定型试验申请由承研承制单位会同军事代表机构或军队其他有关单位向二级定委以书面形式提出。申请报告内容通常包括:

(1)试生产情况;

(2)产品质量情况;

(3)对设计定型提出的有关问题、设计定型阶段尚存问题和部队试用中发现问题的改进及解决情况;

(4)产品检验验收情况;

(5)对试验的要求和建议。

(六)制定生产定型试验大纲

生产定型试验大纲参照设计定型试验大纲的规定拟制和上报。

(七)组织生产定型试验

生产定型试验参照设计定型试验的规定组织实施。

生产定型试验通常在原设计定型试验单位进行,必要时也可以在二级定委指定的试验单位进行。生产定型试验由承试单位严格按照试验大纲组织实施,在试验结束后30个工作日内出具试验报告。

(八)申请生产定型

1. 提出生产定型申请报告

产品通过工艺和生产条件考核、部队试用、生产定型试验后,承研承制单位认为已达到生产定型的标准和要求时,即可向二级定委申请生产定型。申请报告由承研承制单位会同军事代表机构或军队其他有关单位联合提出,并抄送有关单位。

2. 申请生产定型报告内容

生产定型申请报告应包括下列内容:

(1)产品试生产概况及生产纲领;

(2)试生产产品质量情况;

(3)试生产过程中解决的主要生产技术问题;

(4)工艺和生产条件考核、部队试用、生产定型试验情况;

(5)设计定型和部队试用提出的技术问题的解决程度;

(6)产品批量生产条件形成的程度;

(7)生产定型意见。

3. 申请生产定型报告附件

生产定型申请报告附件一般包括:

(1)产品试生产总结;

(2)军事代表机构质量监督报告;

(3)质量分析报告;

(4)价值工程分析和成本核算报告;

(5)工艺标准化工作报告;

(6)可靠性、维修性、测试性、保障性、安全性、环境适应性评估报告;

(7)生产定型文件清单;

(8)二级定委规定的其他文件。

(九)组织生产定型审查

1. 生产定型审查组

生产定型审查应成立生产定型审查组。审查组成员由有关领域的专家和定委成员单位、试用部队、承试单位、研制总要求论证单位、承研承制单位(含其上级集团公司)、军事代表机构或军队其他有关单位的专家和代表组成。审查组组长由二级定委指定,一般由军方专家担任。

生产定型审查组的职责如下:

(1)审查产品试生产、工艺和生产条件考核、部队试用、生产定型试验、标准化工作的全面情况;

(2)审查生产定型文件及图样；

(3)必要时抽检或测试产品性能指标；

(4)对产品重大技术问题的解决进行评定；

(5)对批量生产条件进行评定；

(6)对产品是否达到生产定型条件进行评定；

(7)向二级定委提交产品生产定型审查意见书。

2.编写生产定型审查意见书

产品生产定型审查意见书由生产定型审查组讨论通过，审查组全体成员签署。通常包括以下内容：

(1)审查工作概况；

(2)生产定型产品简介；

(3)试生产工作概况；

(4)工艺和生产条件考核、部队试用、生产定型试验、标准化工作概况；

(5)达到生产定型标准和符合部队作战使用要求的程度；

(6)审查结论意见。

当审查组成员有不同意见时，可以书面形式附在审查结论意见后。

(十)审批生产定型

生产定型审批参照审批设计定型的规定。

三、有关其他定型事项的处理

(1)只进行设计定型或者短期内不能进行生产定型的装备产品，在设计定型时军事代表应对承制单位的关键性生产工艺条件进行考核。

(2)只进行生产定型而不进行设计定型的装备产品，在进行生产定型时，军事代表按上述要求参加生产定型工作程序执行。

(3)已批准定型的装备产品转厂生产，或者长期停产的装备产品恢复生产时，军事代表应在装备主管机关(部门)指导下，按照《装备转厂、复产鉴定质量监督要求》(GJB 3920A—2006)监督承制单位进行转厂或复产鉴定，并办理相关手续。

第三章 装备研制过程管理
项目的管理与监督

在装备研制过程中,一些具体工作项目贯穿研制全过程,这些工作项目的质量将在很大程度上影响装备研制工作质量和产品研制质量。为此,研制单位以及军事代表必须对其实施有效管理与监督。

涉及装备研制过程质量监督的项目有:装备研制招标工作,研制合同的管理与监督,装备研制过程网络计划与质量监督计划管理,装备承制单位资格审查,质量管理体系监督,承制单位型号研制费使用的监督,装备质量信息管理监督,装备技术状态管理监督,研制过程技术质量评审,装备试验质量监督,军用软件质量监督,研制过程标准化工作,装备"六性"管理监督等。限于篇幅安排,本书将其分为管理项目与技术项目进行讨论,同时考虑到"六性"管理与监督是当前高新装备研制中值得重视的一项重要工作,故将其单列(第五章)讨论。

第一节 装备研制的招标工作

装备研制招标是指装备机关、有关部门依照国家法律和军队有关规定在装备科研和采购项目确定后,公布标准和条件,招承研单位的活动。

装备研制招标工作可以保证装备研制的质量,可以保证军队按时获得新装备,也可以让有限的军费发挥最大效益。作为订购方委派的军事代表应参与装备研制招标工作,并对其予以监督。

一、军事代表参与装备研制招标工作要求

军事代表参与装备研制招标工作基本要求可概括为以下四点:
(1)遵循适度公开、竞争择优、公平公正和保密原则。
(2)按照《中国人民解放军装备采购方式与程序管理规定》的要求参与装备研制招标工作。
(3)按照装备采购主管机关部门确定的招标方式组织招标。
(4)在参与装备研制招标过程中,与投标方存在利害关系的军事代表应回避。

二、装备研制招标工作管理职责

1. 军事代表局职责
(1)在装备采购主管机关(部门)授权下,承办具体项目的招标工作。

（2）参与招标工作时,应做好下列工作:

1）向有关军事代表室提出参与招标工作的具体要求。

2）参与或按招标小组的要求组织对投标方履约信誉、科研生产和服务能力、质量管理体系等的评价活动。

3）监督、管理本局有关军事代表室承办的招标工作。

4）向装备采购主管机关(部门)报告招标工作情况。

2.军事代表室职责

（1）经授权,在军事代表局领导下,承办具体项目的招标工作。

（2）参与招标工作时,应做好下列工作:

1）落实上级机关关于招标工作的各项指示;

2）参加对投标方履约信誉、科研生产和服务能力、质量管理体系等基本情况的评价活动。

（3）监督所驻承制单位选定供方的招标工作。

（4）向上级机关报告招标工作情况。

三、装备研制招标工作程序

装备研制招标工作程序分为承办招标和参与招标两个步骤。

(一)承办招标

承办招标的程序如下:

1.成立招标小组

（1）依据《中国人民解放军装备采购方式与程序管理规定》第十四条第一款的规定成立招标小组,招标小组的组成人员名单需报请有关装备采购主管机关(部门)核准。

（2）招标小组负责拟制招标文件、组建评标委员会、组织实施装备采购招标等工作。

2.组建评标委员会

评标委员会由有关装备技术、价格、法律等方面的专家组成。成员数为 5 人以上单数。

3.选择招标方式

装备研制的招标,根据不同情况可以分别采用一般(或公开)招标方式、邀请招标方式或协商招标方式。

（1）一般招标方式:指具有资格的单位均可参加投标竞争,招标按规定的程序进行。

（2）邀请招标方式:指在具备资格的单位范畴,招标方邀请经过预选的几个被认为最有能力和信誉的单位参加投标竞争。招标按规定的程序进行。

（3）协商招标方式:指在具备资格的单位范围内,招标方邀请经过预选的被认为最有能力和信誉的单位,并通过一定的协商方式(包括连续协调方式、对比协调方式,分析协调方式)择优选定中标方。招标可参照规定的程序进行。

4.制定并发出招标书

承办研制项目的招标时,招标方应按研制项目的任务要求制定招标书并发给投标方。

研制招标书的内容一般应包括：

(1)研制项目名称；

(2)研制内容要求；

(3)研制进度要求；

(4)成果形式、数量；

(5)技术方案要求；

(6)投标报价的构成细目及制定原则；

(7)递标要求；

(8)投标有效期；

(9)开标方式、时间；

(10)评标原则及形式、时间；

(11)保密规定；

(12)投标担保规定；

(13)其他。

在招标书发出之后至规定的投标截止时间之前，允许对招标书进行修改和补充，但必须给投标方留有修改和补充投标书的时间。招标书修改和补充的内容必须以书面形式，经法定代表或其代理人签字和加盖单位公章后发给各投标方。

5.报批招标文件

招标文件需报请有关装备主管机关(部门)审定。

6.发标

(1)采用公开招标方式的，在招标文件审定后，由招标小组通过一定方式公开发布招标公告，从招标公告发出之日起至投标人提交投标文件截止之日止，不得少于 20 个工作日。

(2)采用邀请招标方式的，在招标文件审定后，由招标小组向选定的符合资格条件的两家以上承制单位发出投标邀请书。

7.接受投标

投标方收到招标书后，必须以书面形式向招标方表明应标意向，需要时可向招标方提出咨询，招标方应以书面形式向各投标方做出答复。无意应标者应完整无损地退回招标书，并不得泄露其内容。有意应标者应按招标书规定向招标方递交投标书。

投标书的内容一般应包括：

(1)投标申请书；

(2)有关资质证书；

(3)技术和质量以及承诺；

(4)报价等投标人提交的投标书文件应加盖单位公章并在其负责人手签后密封。

8.开标

开标应按招标书规定的时间、地点和方式，由招标方主持并在各投标方代表参加的情况下进行，投标书经投标方代表检查无误并签字后方可开启。

开标主持人除宣布明显无效的投标外，只宣读投标单位名称、投标项目和报价金额，记录备案。

开标中,招标方对投标书提出质询,投标方应如实作出解释和澄清,但不得改变投标书的内容。解释和澄清的内容应以书面形式记录,经投标方代表检查无误并签字后备案。

采用协商招标方式进行的招标一般不进行公开开标。

9. 评标

采用一般招标方式或邀请招标方式,招标方应组织由技术、生产、经济、管理、法律等方面专家参加的评标组。

招标方应对招标书的内容和标底进行分解并分别制定评价标准和规范,供评标组作为公正评价的依据。

评标组可以分别约见投标方,请其解释和澄清投标书技术、经济评审中不明确的问题。解释和澄清的内容应以书面形式记录,经投标方代表检查无误并签字后备案。评标组人员在评标过程中不得透露任何评标情况,也不能讨论标价的变更问题。

评价报告为定标提供重要依据,一般应包括:

(1)投标书评价;

(2)对投标方的技术、经济和风险情况分析;

(3)中标推荐意见;

(4)需要进一步商谈的问题。

招标方在投标书中规定的有效期内不能完成评标工作时,可要求投标方将投标书有效期延长,投标方有权决定是否延长。

10. 定标

定标前的议标谈判由招标方组织进行,谈判形成最后文件由各方主谈代表在每页文件上签字。

招标方选定中标方的主要依据是:投标方案先进、可行、技术风险小,报价合理,能保证装备质量和进度。

采用一般招标方式或邀请招标方式时,招标方一般应在评标组评价报告的中标推荐意见和议标谈判的最后文件基础上,全面衡量、择优定标。采用协商招标方式时,招标方应按议标合同准备最后的文件定标谈判。

定标结束后,招标方应在七天之内发出中标通知书并通报中标方的主管部门。同时,招标方应通知未中标的投标方,并完整无损地退回招标书。一类项目的招标,招标方应同时将评标情况和定标结果报发标单位备案。

11. 合同准备

定标后,招标方和中标方应按定标方案、有关规定订立装备合同。装备合同一经订立,装备项目招标工作即全部结束。

(二)参与招标

1. 成立招标小组

根据招标承办单位的要求,派员参加招标小组。

2.组建评标委员会

根据招标小组的要求,派员参加评标委员会。

3.拟制招标文件

按照招标小组的要求提供有关情况,协助招标小组拟制招标文件。

4.接受投标

按照招标小组的要求督促投标方如实拟定投标文件。

5.评标

按照评标委员会的要求对投标方回答问询的真实性进行评定,并客观、公正地反映投标方的科研、生产、服务保障和质量保证能力等方面的情况。

6.定标

按照招标小组的要求协助定标。

第二节 装备研制合同的管理与监督

装备研制合同是指由装备主管机关(部门)授权的军事代表室或其他机构与确定的装备承研承制单位以书面形式订立的承研承制武器、武器系统和军事技术器材等装备的权利、义务关系的协议。

质量保证要求是装备采购合同的一个重要组成部分。通常,依据上级下达的研制计划和授权,研制合同中的质量保证要求内容由军事代表与承制单位在合同谈判前或合同准备时拟制,并将结果上报主管机关(部门)。

一、装备研制合同的管理

前已述及,装备研制工作是指为发展新型装备和改进、提高现役装备的作战使用性能而进行的科学研究及相关管理活动,包括装备预先研究、装备研制、装备试验、装备定型、装备军内科研,装备技术革新、技术引进等。装备研制工作必须以新时期军事战略方针为指导,以军事需求为牵引,以科技进步为动力,按照装备全系统、全寿命管理的要求,遵循统一领导、统筹规划、突出重点、自主创新、注重效益、依法管理的原则。总装备部主管全军装备科研工作,总部分管有关装备的部门、军兵种装备部主管、分管装备科研工作。装备研制实行合同制管理。

(一)装备型号研制合同的管理

1.型号研制合同的签订与审批

(1)研制合同签订的依据。

订立合同要以国家武器装备研制中长期计划或计划程序批准的项目为依据。项目的合同总价款不得超过国家批准的该项目经费总概算,各部门的合同年度付款总额不得超过本部门年度经费总指标。

合同必须按照规定的程序订立。签订的合同按规定程序审批或备案并登记后,方可列入国家武器装备研制年度计划。

武器装备研制实行资格审查制度。经资格审查并取得武器装备研制许可证的单位可承担武器装备研制任务。

(2)研制合同的等级、类型。

武器装备型号研制项目分为两类:一类项目指国家武器装备研制计划主要武器装备研制项目中的重点项目,二类项目指国家武器装备研制计划主要武器装备研制项目中的其他项目以及一般武器装备研制项目。

武器装备型号研制项目类别和合同签订方式分为三级:一级合同系指使用部门与研制单位就一类项目所签订的合同,二级合同系指使用部门与研制单位就二类项目所签订的合同和研制单位之间就一类项目的分系统所签订的合同,三级合同系指一级、二级合同以外的其他合同。

(3)型号研制合同的订立程序。

1)由当事人双方根据武器装备研制项目实际情况,协商确定合同类型。

①对技术、配套关系复杂的项目,一般应签订总(主)承包合同。当总(主)承包合同价格难以确定时,可在订立分承包合同之后,正式订立总(主)承包合同。订立分承包合同时,合同价格应经使用部门认可。

②对风险大、研制周期长的项目,应当按研制阶段签订阶段合同。在上一研制阶段合同约定任务完成并通过评审后,再签订下一研制阶段的合同。

③对技术和配套关系复杂、风险大、研制周期长的项目,应采用成本补偿合同,对其他项目可采用固定价格合同。

2)由使用方根据规定的合同内容与文本格式编写合同文本草案。

3)当事人对合同条款、附件不能达成协议时,应报请当事人主管部门协调,主管部门协调不一致时,可报请总装备部协调。

4)当事人对合同条款、附件达成协议后,由其法定代表人签字并加盖公章。

5)分级办理合同的审批、备案、登记手续。

①一级合同,经当事人主管部门审核部门审核并由使用方报总装备部审批后生效。

②二级合同,经当事人主管部门审核部门审批后生效,并由使用方的主管部门报总装备部备案。

③三级合同,当事人签字后生效,报当事人主管部门备案。其中需主管部门提供保障条件的合同,报当事人主管部门审批后生效。

合同审批或备案后,由合同审批、备案部门统一登记。

当事人可以委托代理人订立合同。代理人接受委托签订合同时,必须持有被代理人出具的委托书,写明代理人的姓名或名称、代理事项、代理权限、有效期和委托日期等内容。委托书应作为合同附件。

2.型号研制合同的主要内容

(1)标的。合同标的是合同的最终成果,阶段性合同标的是阶段性的最终成果。

最终成果的主要形式可以是产品项目(原理样机、初样机、正样机或模型样机、初步工程样机、试验工程样机等)、资料项目(论证资料、工程资料、操作使用和保障资料等)和要求提供的服务项目(试验、鉴定、培训、维修设备等)。

合同标的的详细说明在合同文本附件"技术规范(技术规格书)"和"工作说明"中给出,内容应具体明确、措辞准确。

(2)数量和质量。方案阶段合同的科研样机数量以满足方案验证需要为准;工程研制和设计定型阶段合同的设计定型样机数量,以满足设计定型试验的最低数量要求为准;资料项目和服务项目要约定具体范围、内容和数量。

应按《装备产品质量管理条例》和有关国家标准、国家军用标准,在合同中明确约定产品质量和相应的管理目标。

(3)研制进度和交付期限。研制进度包括总进度、阶段进度及年度进度。交付期限即合同要求约定完成或交付最终成果的期限。

(4)交付方式和验收条件(含定型验收标准)。合同要约定最终成果交付方式和地点、包装运输方式及交付中各方的责任。验收条件包括验收试验方式、所使用的设备仪器和手段、最终成果交付状态(包括相应的备件及资料)等。

(5)合同价格、付款进度及支付结算方式。合同价格由计价成本、收益和不可预见费组成,由合同当事人根据《国防科研项目计价管理办法》在合同中约定。

固定价格合同价款由承研方在国家规定的开支范围内自主使用,超支不补,节余经费归承研方。

成本补偿合同的补偿办法由当事人在合同中具体约定。合同价款的结算,按合同约定的补偿办法执行。

合同实行分期付款制度。合同当事人应在合同中按进度约定分期付款的计划及合同完成后财务结算的期限。

对固定价格合同,使用方分期付款时,承制方应向使用方提交上一期任务完成情况,对按合同约定进度完成任务的应予拨付一期经费;否则,不予拨付下一期经费。

对成本补偿合同,使用方分期付款时,承研方应向使用方提交上一期任务完成、经费开支情况和下一期经费开支计划,对符合进度要求和开支规定并且认可经费开支计划的,应拨付下一期经费;对未按合同约定进度完成的,不予付经费;对不符合开支规定或合同当事人对经费开支计划意见不一致的,应予纠正或取得一致意见后,再拨付下一期经费。合同完成后,应对成本逐项结算,按合同约定进行补偿。

合同约定提供的各项产品项目、资料项目和服务项目,实行分项计价。在执行过程中,使用方提出合同约定以外的要求时,由当事人协商补充签订合同。

(6)合同的违约责任和鼓励。合同的违约责任和鼓励按前述(1)~(5)条办法处理。

(7)研制成果约定。武器装备研制由国家拨款完成,其研制成果属国家所有。

(8)合同纠纷的处理方式。合同纠纷的处理方式按前述(1)~(5)条办法处理。

(9)合同配套项目及其研制分工协作关系。合同中要约定为本项目配套的分系统、设备、资料项目和服务项目等内容及其承担的单位,并明确各单位应负的责任。

(10)密级和保密事项。根据保密规定,由当事人约定相应的保密条款。

(11)当事人约定的其他条款。合同必须采用标准的书面形式。具有附件的合同,其附件是合同的组成部分。

3.型号研制合同的履行和验收

(1)合同履行。武器装备研制合同一旦签订,承研方和使用方都应依法履行合同。各军兵种主管部门应经常督促检查合同的履行情况,研究解决合同履行中的问题。军事代表应掌握合同项目的技术、质量、进度和经费使用情况。

在合同项目执行过程中要加强信息反馈工作,对重要合同节点的执行情况及有关问题要及时向上级机关报告。在项目论证、方案、工程研制、设计定型和生产定型的各研制阶段及项目研制工作完成后,军事代表和军兵种主管业务部门要及时总结,提出阶段研制情况报告和研制工作情况总结报告。

合同履行是实施合同管理的重要内容,对合同履行实施监督也是军事代表的重要职责,因此,军事代表局和军事代表室应代表使用方监督承研方认真履行合同。

(2)合同验收。严格合同节点考核和验收制度。合同节点考核和验收应主要检查研制进度、技术状态、质量、经费使用是否符合合同约定和有关文件要求以及对出现问题所采取的措施。军事代表应参加合同节点考核和验收,并以文字形式经双方签字后存入合同档案。合同付款应在合同节点考核和验收后进行。对在合同执行过程中,未达到预期要求,或出现重大技术反复时,应及时查明问题、分清责任,提出处理意见并按级上报。

(3)合同付款。武器装备研制合同实行质量、进度、付款同步管理。承研方提出付款申请时,军事代表室应严格审核把关,凡质量目标和进度未达到合同节点要求时,不得办理付款手续。

合同付款中,固定价格合同分期付款时,应根据承研方提交的研制进度、质量及上一期经费使用情况进行节点考核,对符合合同约定要求的应及时拨付下一期经费;对未完成合同约定要求的按节点考核结论缓拨、停拨部分或全款项。对成本补偿合同分期付款时,承研方应提交上一期任务完成情况、经费开支情况和下一期经费开支计划,对符合进度要求和开支规定并且双方认可经费开支计划的,应拨付下一期经费;对未按合同约定进度完成的,不予拨付经费;对不符合开支规定或双方对经费开支计划意见不一致的应予纠正或取得一致意见后,再拨付下一期经费。

1)项目经费支付书的编写。研制合同签字盖章后,军事代表室应将合同的付款节点安排表摘出,与价款计算书一并组成项目经费支付书,加盖军事代表室公章,随合同一并报使用方法人单位。法人单位审核并加盖财务专用章后随合同一并上报主管业务部门。

2)有关事项的处理原则。当项目的计划指标多于年度合同价格时,应按合同价款支付,如根据项目实际进展情况需增加年度付款数额时,在合同总价款额度内,经军兵种主管业务部门与综合计划部门同意后,可超合同年度价格支付。超过合同总价款的,应与承研方另行签订合同,报批后才能付款。

当项目的计划指标少于合同年度价款时,应按年度计划指标付款,对于少付的年度合同价款可采用调整计划、调整付款强度或暂时欠款的办法解决。

(4)合同档案。合同档案主要包括:合同文本、合同审批单、变更或解除的合同,以及变更、解除合同,合同违约等情况报告;合同纠纷处理的有关资料;合同的技术资料以及阶段评审的有关资料;合同付款情况以及其他与合同签订、履行有关的全部资料。

(二)预研、仿研和改装合同的管理

1. 预研合同管理

当前,预研管理步入双轨制,即规划、计划由总装备部制定下达,军兵种与地方工业主管部门协商后组织实施,军事代表按下达的计划与承制方洽谈预研项目并签订预研合同,当前预研合同已纳入科研合同制渠道管理,军队的三级管理体制已初步形成。在预研合同管理中,应重点做好以下工作:

(1)预研项目开题论证。对五年计划确定的预研项目,由军兵种主管业务部门牵头,会同综合计划部门组织专家进行开题论证。论证工作依据五年计划,在综合有关单位编报的单位题目论证报告的基础上,按课题(或专题)研究编写论证报告,通过审查并经审批后,课题(或专题)列入年度计划安排。

(2)预研合同的订立。预研合同应由具有法人资格的单位订立,负责签订合同的法人单位应经总装授权,合同文本应符合预研合同文本要求;合同各方签字盖章并报军兵种业务主管部门审批后生效。

(3)预研合同履行。预研合同实施过程中,军事代表应掌握项目进展情况,协商处理技术、质量、进度等问题,重大问题按渠道及时上报;合同重大节点和合同完成后,应全面总结进展情况,并将总结报告报军兵种主管业务部门,抄报综合计划部。合同明确的研究内容和目标、技术方案和途径、进度及最终成果形式等,不得随意更改。如需进行必要的计划调整和技术状态更改,应按程序报批。综合计划部门和主管业务部门负责合同执行情况的检查和指导协调处理有关技术、进度和经费问题。

(4)预研合同验收。合同约定的研究内容全部完成后,由承研方提出合同验收申请,军内责任单位组织合同验收。

(5)预研项目评审。预研项目重大节点经军兵种主管业务部门组织评审通过后,转入下阶段工作。项目全部内容完成后,承研方提出结题申请,由主管业务部门按管理制度组织专家评审,通过后方可结题。

(6)经费管理。预研经费由军兵种归口管理。预研项目经阶段评审和节点考核确认达到约定的进度和指标要求后,由军事代表向军兵种主管业务部门办理申请付款手续。承研方应对项目经费进行独立核算,专款专用,军事代表应定期对经费使用情况进行检查,及时向主管业务部门汇报经费使用情况、管理中存在的问题和建议。

2. 仿研合同管理

为缩短研制周期,提高研制起点,仿制国外先进武器装备的研究工作也逐步为人们所重视。在我国,仿研工作无单独的固化的管理模式。当前,我军仿研合同已并入科研合同渠道管理。

3. 改装合同管理

改装是对现役装备总体、系统和设备的性能、功能、指标、型号和技术状态的改进。总装备部成立后,改装合同的报批正式纳入武器装备科研合同渠道管理。

改装立项审批实行总装备部、军兵种、军兵种装备部三级按权限审批制度,其他任何机关、单位和业务部门都无权批准武器装备改装立项。属一级定型产品的武器装备,其重大改装立项由军兵种上报总装备部批准,一般性改装立项由各军兵种批准;属二级定型产品的武器装备,其重大改装立项由各军兵种装备部上报军兵种批准,一般性改装立项由各军兵种装备部批准。

武器装备改装立项经批准后,改装工作按装备订货程序办理。

二、军事代表在履行研制合同中的主要监督工作

军事代表应对承研单位的研制进度、经费使用、技术质量状态、科研试验等进行监督,督促承研承制单位保证装备研制合同的履行,军事代表是装备科研计划、合同管理与监督的重要力量之一。

军事代表在履行型号研制、仿研、改装等合同中,一般进行以下主要工作:

(1)参与研制合同(协议)的签订工作。

(2)根据要求,参加对承研、承制单位的质量体系审核和合同履行过程中的审核工作。

(3)对承研、承制单位编制的"合格分承制方名单"进行审查认可,必要时对主要分承制单位的质量保证能力进行评价或确认。

(4)对承研、承制单位质量管理体系运行情况进行监督,发现问题,监督承研、承制单位采取纠正措施。

(5)根据要求,参加武器装备的战术技术指标、总体技术方案论证和研制经费、保障条件、研制周期的预测,以及研制方案的审查、验证工作。

(6)根据要求,参加技术设计审查,设计图样和技术文件应符合"研制任务书"和标准、规范的要求。

(7)监督承研、承制单位制订研制工作网络计划,划分研制阶段,明确节点要求。进行关键节点检查评审的风险控制,严格控制转阶段条件。

(8)了解新技术、新工艺、新材料应用的论证、试验和鉴定情况,掌握研制过程包括产品成本在内的质量信息。

(9)监督承研、承制单位按研制合同和"研制任务书"的要求,制订"产品质量保证大纲"并审查认可。应结合研制产品的特点,实施研制过程的质量监督。

(10)根据要求,参加设计评审、工艺评审和产品质量评审。

(11)参加试验试飞大纲审查,并监督承研、承制单位是否严格按照试验试飞大纲进行试验。

(12)全面了解和掌握研制过程的技术状态,严格控制定型(鉴定)阶段产品的技术状态更改。全面测试、检查参加定型(鉴定)试验产品的性能,确认技术状态。

(13)参加产品定型(鉴定)筹备和审查工作,按有关要求办理定型(鉴定)手续。监督承研、承制单位采取措施妥善处理遗留问题,并跟踪验证其有效性。

(14)按要求,参加或组织里程碑节点的检查和评价工作,上报"检查意见书",对拨付下阶段经费提出意见。

(15)按要求,了解和掌握承研、承制单位其他方面的合同履约情况,并及时上报有关情况。

三、装备研制合同中质量保证要求

装备研制合同中的质量保证要求应符合以下原则：

(1)合同中质量保证要求应符合《中国人民解放军装备采购条例》及其有关法规、标准的规定和要求。

(2)合同中要求承制单位开展的质量保证活动,应是明确、具体、可证实的。

(3)纳入合同中的质量保证要求,应确保双方理解一致。

(4)提出合同中质量保证要求时,应考虑经济性、合理性。

(5)与承制单位签订采购合同时,应对承制单位与分承制单位签订的相关合同中的质量保证要求作出原则性规定。

(一)装备研制合同中质量保证要求的内容

1. 质量保证要求内容的确定

《装备采购合同中质量保证要求的提出》(GJB 3900A—2006)附录 A 提供了合同中质量保证要求的具体内容,如表 3.1 所示,可供选择使用。

表 3.1　质量保证要求内容

合同编号				
装备名称		乙方(签字):		年　　月　　日
装备型号		甲方(签字):		年　　月　　日

序号	乙方应开展的质量保证活动	证实方式和证实程度
□1	质量管理体系持续有效的运行	□(1)乙方持证期间质量管理体系经认证机构监督检查和复评合格。 □(2)装备主管机关(部门)审核质量管理体系时,提供体系有效运行的证据。 □(3)甲方代表按 GJB 9001C 对质量管理体系实施监督时,乙方提供体系有效运行的证据
□2	GJB 1406 编制产品质量保证大纲并付诸实施	□(1)经甲方会签认可。 □(2)定期向甲方提供执行质量保证大纲的记录或报告
□3	编制装备交付试验(试飞、试航、试车等)大纲或规程	□(1)通过由装备主管机关(部门)、承制单位、试验单位及军事代表机构参加的试验大纲评审。 □(2)提请甲方审签。 □(3)向甲方代表提供装备交付试验(试飞、试航、试车)大纲或规程
□4	对复杂的、从国外及合资企业采购的产品进行风险分析和评估	□按规定将风险分析和评估报告提供给甲方代表

续 表

序号	乙方应开展的质量保证活动	证实方式和证实程度
□5	按 GJB 1404 评定分承制单位的质量保证能力,编制合格器材供应单位名单	□(1)必要时,甲方代表参加对主要分承制单位质量保证能力的评定。 □(2)合格器材供应单位名单提请甲方代表认可,并提供分承制单位评定证据
□6	在与主要分承制单位签订采购合同时,由承制单位和军事代表提出质量保证要求。分承制单位驻有军事代表的,应与驻分承制单位军事代表协商一致或委托驻分承制单位军事代表提出质量保证要求	□(1)双方军事代表参加采购合同评审和签订工作。 □(2)签订主要配套产品采购合同前,提请甲方代表认可
□7	驻有军事代表的分承制单位提供的成品,未经驻分承制单位军事代表检验合格,不得装机使用	□经军事代表检查成品合格证明文件符合要求
□8	按 GJB 939 对外购器材进行质量控制	□(1)甲方代表按 GJB 5714 实施监督。 □(2)关键类、重要类、软件产品、质量不稳定器材经甲方代表复验。 □(3)一般类外购器材经甲方代表检查复验记录,必要时对某些项目重新复验
□9	承制单位提出偏离许可或让步申请时,应履行审批手续	□经甲方或甲方代表审签
□10	原材料、元器件代用必须按规定办理审批手续	□按甲乙双方商定的范围,提请甲方代表审签
□11	产品图样、产品规范、试验规范等设计文件的更改,应履行审批手续	□(1)向甲方提供设计更改报告。 □(2)向甲方提供设计更改试验报告。 □(3)履行审批(会签、评审)手续
□12	经甲方代表审签过的工艺文件的更改,应经甲方代表认可	□提请甲方代表审签
□13	按 GJB 908 进行首件鉴定	□甲方代表参加首件鉴定,并按规定会签
□14	按 GJB 467 和 GJB 909 要求,对关键件、重要件、关键工序及特殊过程进行控制	□(1)定期向甲方代表通报关键件、重要件、关键工序及特殊过程质量控制情况。 □(2)经甲方代表检查符合要求
□15	按 GJB 467 对生产所需设备、工艺装备、计量器具进行质量控制	□向甲方代表提供设备、工艺装备、计量器具(含产品实样)合格的证据
□16	按 GJB 571 设置不合格品审理委员会,制定并执行不合格品控制程序	□(1)不合格品审理人员须经甲方代表确认。 □(2)不合格品审理应履行规定程序

续表

序号	乙方应开展的质量保证活动	证实方式和证实程度
□17	按 GJB 8471 和装备质量问题处理要求,乙方应建立并运行故障报告、分析和纠正措施系统	□(1)将与生产、使用、维护有关问题的处理、纠正方案提请甲方认可。 □(2)甲方代表按 GJB 5711 实施监督
□18	应确定预防措施,以消除潜在不合格原因,防止不合格的发生	□向甲方代表提供采取预防措施的结果的记录
□19	对交付出厂的装备进行检验和试验,合格后方可提交甲方代表	□(1)提交产品时提供检验和试验的记录或报告。 □(2)交付出厂的产品必须经使用方代表检验合格
□20	应落实合同和技术文件规定的综合保障要求	□产品交付前,甲方代表检查综合保障要求完成情况
□21	按 GJB /Z3 结合实际制定售后技术服务工作细则,开展售后技术服务活动	□(1)售后技术服务工作细则经甲方认可。 □(2)甲方代表按 GJB 5707 进行质量监督。 □(3)向甲方提供售后技术服务报告
□22	按 GJB 1443 对产品包装、装卸、运输、贮存的质量实施控制	□按 GJB 3916 检查
□23	按 GJB 1686 对装备质量与可靠性信息进行管理	□按 GJB 1686 或按甲方提出的项目要求,向甲方提供与装备生产、使用和维护有关的质量、进度、费用等装备质量信息
□24	应按 GJB /Z2 建立健全厂际质量保证体系	□(1)向甲方提供厂际质量保证体系有效运行的证据。 □(2)甲方按 GJB 3899 进行质量监督
□25	按 GJB 439 的要求对军用软件进行质量控制	□(1)按 GJB 439 向甲方提供软件质量保证计划,并经审签认可。 □(2)甲方按 GJB 4072 进行质量监督

必要时,针对采购装备的质量要求和承制单位质量管理体系的薄弱环节,提出补充要求,并应明确其证实方式和程度。

2.合同中质量保证要求内容的表达

合同中质量保证要求的内容,可以下列两种方式表达:

(1) 写入合同文本;

(2) 将经过选择的《装备采购合同中质量保证要求的提出》(GJB 3900A—2006)附录 A(或者表 3.1)(在选中条款和证实方式前的□中打"√")和补充的内容,作为合同附件,并在合同正文中规定的位置写明:"质量保证要求,见合同附件"。

(二)合同中质量保证要求提出的工作程序

(1)根据上级下达的研制计划和授权,在合同谈判前或合同准备时拟制质量保证要求。

(2)必要时,对承制单位的质量管理体系进行审核。

(3)将拟制的合同中的质量保证要求条款与承制单位进行协商或谈判,并将结果上报装备采购业务部门。

(4)必要时,参加承制单位的合同评审,以确保双方对质量保证要求理解一致。

(5)将双方确认的质量保证要求,按《装备采购合同中质量保证要求的提出》(GJB 3900A—2006)提供的方式纳入合同文本。

(三)装备研制合同中质量保证要求提出时应强调的问题

(1)质量保证要求由使用方提出,承制方承诺,协商后纳入合同。

(2)实施合同中质量保证要求的主体是承制方。

(3)合同中质量保证要求分为一般要求和详细要求,其基本内容有:

1)应规定承制方应保持其质量管理体系持续有效运行,并向使用方提供证实材料。

2)应规定使用方对承制方质量管理体系进行监督的具体要求。

3)应规定承制方应执行的法规、标准及有关文件。

4)应规定承制方按规定产品质量保证大纲及使用方会签确认的要求。

5)应规定技术状态管理要求及使用方明确的技术状态项目。

6)应规定使用方主持或参加的审查活动和要求。明确产品转阶段或节点转移时使用方参与的方式及凡提交使用方主持审查的工作项目,承制方都应事先确认合格等。

7)应规定承制方与使用方相互交换的质量信息的要求。

8)应按规定提出成套技术资料的质量控制要求,明确承制方向使用方提供的技术资料项目及交接办法。

9)应规定标的完成的标志,包括评定标准、规定的试验和批准的要求。

10)应提出对分承制方的质量控制要求。

其他要求可根据装备特点及实际情况协商确定。

第三节　装备研制过程网络计划与质量监督计划管理

一、研制过程网络计划

(一)研制过程网络计划管理

网络计划是从系统工程管理的观点出发,把武器装备的研制任务看成一个有机的整体,把若干个工作项目之间的协调关系、质量和进度要求,用网络的形式表达出来。运用网络计划实施管理,能使研制人员建立全局概念,清楚地看到自己承担的工作在整个系统中所处的地位和作用,能明确研制阶段的质量控制和进度要求,便于主持研制项目的人员抓住关键环节,实施主动有效的控制,在规定的期限内,按规定的要求,完成研制计划。

研制单位通过研制工作网络计划,建立分阶段实施质量控制的控制点,通过评审、鉴定、试验、检查、检测等手段,控制各阶段的研制质量,从而保证上一阶段工作未达到规定要求,不得转入下一阶段工作。为了保证分阶段的质量控制的实施,在研制计划的网络节点上,这些工作都要有明确的安排,并在时间、人员、经费方面予以切实保障。

(二)研制过程网络计划监督

在研制过程质量监督中,军事代表要按照研制总要求和研制合同的要求,监督研制单位认真编制各级网络计划图,并根据网络计划图,及时检查研制计划执行情况,了解掌握研制工作进展情况,参加各项研制质量控制活动,按规定要求严格把关。武器装备的研制过程是技术状态逐步完善并固化的过程,而每个研制阶段的工作流程均可纳入网络计划之中。这些流程中有许多关键节点,抓住这些关键节点的质量监督,也就抓住了研制阶段的主要质量监督工作。关键节点的工作没有完成或工作结果不符合规定要求就不能转入下一步工作。实践证明,在关键节点把住研制质量关,是一种极有效的质量监督方式。因此,承研单位与军事代表要根据型号产品的特点,运用网络计划,以研制过程中每个阶段的关键节点监督为主,并与全过程的监督相结合,实施分阶段的质量监督。

军事代表还要根据研制单位的研制工作网络计划确定研制过程质量监督的重点工作项目,明确工作内容、工作方法和责任人,并纳入产品研制过程质量监督工作计划。

二、研制过程质量监督计划

(一)质量监督计划概述

计划是为了实现工作目标而对未来一定时期内的工作作出的安排。为了保证研制过程质量监督的各项工作落到实处,必须加强质量监督工作的计划性。

研制过程的质量监督工作,尤其是大型复杂产品的研制,不仅技术性强,而且工作头绪多,工作难度大。军事代表只有努力做好质量监督工作计划的制订和组织实施工作,才能做到忙而不乱,保证各项工作高效、有序、协调地开展。

承研单位与军事代表在接到上级关于产品研制工作的指令后,就应该制订产品研制过程质量监督工作计划。通常,计划应包括产品各研制阶段的所有工作,研制周期长的,也可按年度制订或按研制程序划分的研制阶段分阶段制订。计划的制订工作应在年初或各研制阶段的初期完成。上级要求制订研制过程质量监督细则时,应制订细则。

研制过程质量监督工作计划主要用来明确工作项目、工作时机、责任人等。工作项目是指在开展质量监督中的某项具体工作,如参加设计定型试验,对单组件的特性分类工作实施监督等。通常,工作项目根据承制单位的研制过程网络计划或工作安排来确定。因此,工作计划应与承制单位的网络计划或工作安排相协调。当网络计划或工作安排发生变化时,工作计划应随之调整。

研制过程的质量监督,应是全过程的全面监督,同时应是有针对性的重点监督。因此,工作计划既要兼顾监督工作的全面性又要突出重点。通常,对承制单位的一般性工作,采取了解情况,从整体上把握工作的开展情况的方法进行监督。而对那些对产品研制质量有着至关重要的作用的重点工作,则要明确具体的工作项目和工作内容。

研制工作的质量监督工作计划中的重点工作项目包括两类。一类是针对型号研制单位研制过程共性的重点工作的工作项目,主要有:对质量管理体系的审核,质量计划(质量保证大纲)的审查、认可和监督执行,研制工作网络计划的编制和实施,研制阶段转移的技术质量评审,产品关键技术和重大质量问题的有关试验,产品鉴定、定型工作,对设计、试验规范的执行,可靠性、维修性、保障性、安全性及优化设计工作,单组件特性分类工作,新技术、新器材的论证、试验、鉴定工作,标准化工作的监督。上述工作一般应作为具体产品的研制过程的重点工作项目。对其中属于关键节点把关性的工作,更应确定工作项目。还有一类则要根据产品的专业特点以及研制单位研制的主要薄弱环节确定。如果具有产品专业特点的工作或承制单位工作中的主要薄弱环节对产品研制质量有重大影响,相关单位就应该把对这些工作的监督列为重点工作项目。

研制质量监督工作计划应明确各个工作项目的工作时机,也就是各项工作的时间安排。对于承制单位研制过程网络计划明确时间节点的工作,工作时机应与网络计划相协调对应。明确工作时机,有利于管理与监督工作有计划地开展。

(二)研制过程质量监督重点工作项目的确定

研制过程质量监督的重点工作项目,应明确具体的工作内容、方法和要求。这是为了规范监督工作,增强监督工作的针对性、有效性以及可操作性。

以审查产品规范(技术条件)为例。一般,对产品规范(技术条件)审查时,应重点审查以下内容:规范规定的各项性能指标要求是否齐全完整且与研制总要求、合同相符;检验程序是否符合有关规定;检验方法是否合理可行;编写格式和产品提交规定、检验分组、缺陷分类、抽样检验方案、合格判定标准、不合格的处置规定等是否符合有关标准或规定等。相类似地,对审查方法和要求,也应予以明确。有了明确的工作内容、方法和要求,可以减少工作的盲目性和随意性,避免疏漏,防止失误,提高监督工作的质量和工作效率。

当上级要求编写产品研制过程质量监督细则时,可在细则中对重点工作项目的内容、方法、要求作出规定。如果不编写细则,则应以其他形式予以明确。

(三)研制过程质量监督工作的实施

军事代表室在接到上级关于参与产品研制工作的指示后,应指定专人负责产品的研制过程质量监督工作。当参与人员较多时,还应指定负责人。对各项重点工作项目,要做到责任到人。

军事代表室应组织参与产品研制的军事代表人员认真学习、正确理解产品的战术技术指标和使用要求;相关人员努力熟悉产品原理、结构和检验方法,掌握产品有关理论知识和关键技术,提高业务素质和技术水平,尽快适应工作需要。

由于研制的不确定因素较多,军事代表应对监督工作实施动态管理。除了当研制单位的网络计划发生变化时,军事代表应对工作计划进行调整外,当研制中出现影响研制产品质量或严重影响研制进度的问题时,军事代表应加强对承制单位的有关工作的监督,并把该项监督工作列为重点工作项目。

军事代表依据研制过程质量监督工作计划,切实做好各项工作,工作中要严格执行各项规定,严格内部管理,不断提高工作质量和工作效率,促使承制单位为部队研制出性能先进、质量优良、价格合理、配套齐全、满足使用要求的新型装备。

第四节　装备承制单位资格审查

装备承制单位资格是承担装备及成套产品研制、生产、修理及技术服务等任务的单位应当具备的基本条件。对装备承制单位资格审查是军方为确定申请承担装备承制任务的单位是否持续满足要求所进行的系统的、独立的、客观的检查和资格评价并形成文件的过程。对承制单位进行资格审查，实质上就是一个装备市场准入的问题。正是装备的特殊性质决定了其承制单位必须具备一定的条件。通过对承制单位的资格审查，可积极引入竞争机制，使装备采购在更广的范围内择优订货，同时对取得装备承制资格的单位实施动态管理，打破垄断，以鼓励竞争。

一、装备承制单位资格审查的内容

装备承制单位资格审查的内容，可按《装备承制单位资格审查要求》（GJB 5713—2006）及其附录 C 下列要求的项目审查。

1. 法人资格

法人资格重点审查如下内容：

(1)法人证明文件的真实性、有效性；

(2)申请承制装备的技术领域及其经营（业务）范围的符合性。

2. 专业技术资格

专业技术资格方面重点审查如下内容：

(1)专业技术能力或专业技术资格证明文件的符合性；

(2)专业技术能力是否满足需求。

3. 质量管理水平和质量保证能力

质量管理水平和质量保证能力方面重点审查以下内容：

(1)质量管理体系文件的充分性、有效性；

(2)质量管理运行状况。

4. 财务资金状况

财务资金状况方面主要审查以下内容：

(1)财务资金状况证明文件的真实性；

(2)财务制度是否健全；

(3)财务运营状况是否良好；

(4)资金规模能否满足要求。

5. 经营信誉

经营信誉方面重点审查以下内容：

(1)经营信誉证明文件的真实性；

(2)近三年来装备研制、生产、修理、技术服务或业务经营中是否严格履行合同；

（3）近三年申请单位是否有违纪、违法的不良记录。

6.保密资格审查

保密资格重点审查以下内容：

（1）保密资格证书的有效性；

（2）保密资格等级能否满足申请承制装备的保密要求。

7.其他内容的审查

审查是否满足军方提出的其他特殊要求（例如：装备科研、生产、维修及技术服务的文件、指示、通知以及合同中的条款要求）。

二、审查的分类

装备承制单位资格审查分初审、续审、复审三种类型。

1.初审

一般在下列时机对申请列入"装备承制单位名录"注册的单位进行初审：

（1）申请单位提出承制装备研制、生产、修理、技术服务的申请后；

（2）装备研制、采购、修理、技术服务招标前；

（3）合同签订前；

（4）其他需要时。

2.续审

续审指装备承制单位在注册资格有效期满，提出继续保留注册资格申请后，对该单位的装备承制资格进行的审查。

3.复审

复审指申请单位初审或续审未通过或在注册有效期内资质发生重大变化，经整改完善，提出申请后，对该单位的装备承制单位资格进行的审查。复审内容、程序可按审查程序视情况裁减。

三、审查的方式

审查的方式分为文件审查与现场审查两种。

1.文件审查

文件审查是对申请单位提供的法人资格、财务资金状况、企业经营信誉和保密资格等有关证明材料进行的确认活动。进行文件审查时，还应对申请单位的专业技术资格证明材料、质量管理体系文件进行审查。

2.现场审查

现场审查是在必要时到申请单位对其专业技术能力、质量管理水平和质量保证能力、落实军方特殊要求的实际情况进行的确认活动。

四、审查程序

审查程序分为审查准备、实施审查、综合评议、通报审查结论、整改验证与上报 5 个阶段。

(一)审查准备

1.受理申请

军事代表机构或被授权单位受理申请单位的装备承制单位资格审查申请,对申请单位的下列材料进行确认并上报:

(1)"装备承制单位资格审查申请表"(见《装备承制单位资格审查要求》(GJB 5713—2006)附录 A);

(2)法人资格证明材料;

(3)专业技术资格证明材料;

(4)质量管理水平和质量保证能力证明材料;

(5)财务资金状况证明材料;

(6)企业经营信誉证明材料;

(7)保密资格证明材料;

(8)其他有关证明材料。

在确认所有材料符合要求后,军事代表室在申请表上填写"同意受理"并盖章,上报军事代表局,军事代表局汇总后,按上级要求填写审查计划建议表,报装备业务主管机关(部门)。

2.组织审查组

上级下达审查工作计划后,在装备业务主管部门或其授权的单位组织审查组。审查组一般由 5~9 人组成,其中至少 1/3 应为本行业技术专家。审查组设组长 1 人。

3.制订审查实施计划

审查组根据审查任务和要求制订文件(现场)审查实施计划(见 GJB 5713—2006 附录 B),一般包括审查目的、依据、范围(涉及的装备类型、职能部门和场所)、方式、人员分工、日程安排等。

4.通报审查实施计划

审查实施计划报装备业务主管部门批准后,将审查实施计划通知相关军事代表室和申请单位。

(二)实施审查

1.文件审查

审查组对申请单位上报的"装备承制单位资格审查申请表"及其所附材料的完整性、符合性、真实性和有效性等进行审查。

2.现场审查

当文件审查不足以确认申请单位的资格时,到申请单位进行现场审查。

(1)审查组长应主持召开审查组内部预备会,明确审查实施计划、人员分工和审查要求。

(2)审查组长应组织召开会议,向申请单位管理层及有关人员通报下列内容:

1)介绍审查目的、依据和范围;

2)介绍审查程序和审查实施计划;

3)介绍审查员分工;

4)做出保密承诺;

5)对申请单位提出配合要求。

(3)审查组根据审查实施计划,按分工对申请单位进行实地审查。

3.审查意见

(1)审查员按审查内容的每一个项目实施审查时,应根据收集的客观证据,对照审查依据,提出审查意见并在关键、重要和一般项目中分别填写审查意见。

1)审查内容完全符合要求时填写"合格";

2)审查内容主要方面符合要求,次要方面不完全符合要求时填写"基本合格";

3)审查内容不符合要求或主要方面不符合要求时填写"不合格"。

(2)审查员对审查情况进行记录并按"审查记录表"(见 GJB 5713—2006 附录 D)的要求填写"审查记录单""改进建议单"。

(三)综合评议

(1)审查组应及时召开内部会议,讨论审查过程中了解的信息和发现的问题,对审查中客观证明不足的问题,应进一步调查、核实。

(2)审查组长应组织审查组对审查情况进行汇总分析,并对照审查目的、依据,形成审查结论。审查结论包括:

1)关键项目、重要项目、一般项目全部合格,判定为"具备资格,推荐注册"。

2)出现下列情况中的一种,判定为"不具备资格,不推荐注册":

①关键项目有 1 项(含 1 项)以上不合格;

②重要项目有 3 项(含 3 项)以上不合格;

③重要项目与一般项目之和 10 项(含 10 项)以上不合格。

3)处于 1)、2)之间,判定为"基本具备资格,经整改并验证合格后推荐注册"。

(3)审查组长向申请单位通报审查情况后,编制"装备承制单位资格审查报告"(见 GJB 5713—2006 附录 C),并在该报告上签字确认。

(四)通报审查结论

审查组长应在审查工作结束时组织召开会议,向申请单位管理层和有关人员通报审查综合情况和审查结论。通报的内容通常包括:

(1)审查基本情况;

(2)基本合格、不合格项说明;

(3)审查结论;

(4)整改验证及要求。

（五）整改验证与上报

（1）审查组应对基本具备资格的申请单位存在的问题提出整改期限和要求。

（2）整改期限一般控制在 1～3 个月以内，对逾期未完成整改或整改未达到合格要求的申请单位，可视其为不具备装备承制单位资格。

（3）军事代表室应对申请单位的整改情况进行监督、验证，验证结果填写"基本合格/不合格项报告"（见 GJB 5713—2006 附录 D），并经申请单位、审查组长确认。

（4）审查和整改、验证结束后，审查组应当及时向下达任务的装备主管机关（部门）提交"装备承制单位资格审查报告"。

五、资格注册、变更与注销

（1）申请单位经过装备承制资格审查达到要求，并经装备主管机关（部门）审查同意后，被注册编入"装备承制单位名录"。

（2）企业名称、法定代表人、驻地发生变化的，装备承制单位应及时向资格审查主管机关（部门）提出资格证书变更申请。

（3）在注册有效期内，装备承制单位出现下列情形之一，军事代表机构或被授权单位应及时向有关装备主管机关（部门）上报情况，提出资格注销意见：

1）泄露国家和军方机密，严重危害国家军事利益的；

2）提供的有关资料严重失实的；

3）注册的基本条件发生重大变化，导致装备承制能力严重下降的；

4）产品、服务及质量管理体系出现重大问题的；

5）出现虚报成本、骗取合同等欺诈行为的；

6）出现其他影响资格保持情况的。

（4）有效期内被注销资格的装备承制单位，重新注册视同首次申请注册。

六、资格的日常监督

军事代表机构或被授权单位应对"装备承制单位名录"中注册的装备承制单位资格的有效性进行日常监督。

（1）日常监督通常结合产品研制、生产、修理、售后技术服务过程和验收等活动，通过巡回检查、询问、参加有关会议和对记录进行分析等手段进行。

（2）日常监督过程中发现一般不合格项时，及时通报装备承制单位予以纠正；发现重要、关键不合格项时，应要求装备承制单位采取纠正措施限期解决，同时上报有关装备主管机关（部门）。

第五节　质量管理体系监督

质量管理体系是"在质量方面指挥和控制组织的管理体系"。质量管理体系为组织的质量管理提供了系统的方法，同时也向使用方和其他相关方提供了信任，最终目的是使承制单位和使用方在成本、风险、效益三方面获得最大效益。为此，承制单位建立一个具备满足使用方要求的质量管理体系是承担装备研制、生产、修理和售后技术服务任务的"承制资格"的前提条件。

监督承制单位的质量管理体系是军事代表的重要职责之一,是保证武器装备质量的需要,是验证承制单位质量管理体系完善性、有效性的需要,也是促进承制单位不断提高质量保证能力的需要。因此,军事代表必须做好对承制单位质量管理体系的监督工作。

一、质量管理体系的监督要求

对承制单位质量管理体系的监督总要求是:体系健全,运行正常;通过国家、军队法定机构的认证或认定,持续有效;具有持续改进的能力。监督一般要求包括以下方面:

(1)督促承制单位按《质量管理体系要求》(GJB 9001C—2017)建立和运行质量管理体系,体系文件应完整、协调、准确、有效,质量记录应符合规定要求;

(2)督促承制单位通过第三方认证和第二方认定,并保持有效性;

(3)协助第三方认证机构对承制单位质量管理体系的认证,并督促其纠正措施的落实;

(4)组织或参加对承制单位质量管理体系的第二方审核,并督促其纠正措施的落实;

(5)参与承制单位质量管理体系的审查、评审工作,提出改进意见和建议,与承制单位商定需军事代表会签的体系文件目录,并会签相应的文件;

(6)按照《质量管理体系要求》(GJB 9001C—2017)的要求,制定专门检查程序,开展对承制单位质量管理体系运行情况的日常监督检查,并跟踪检查不合格项纠正措施的落实;

(7)建立对承制单位质量管理体系的评价制度,将评价结果通知承制单位,并督促其整改落实;

(8)在承制单位质量管理体系运转不正常,不能保证产品质量时,向承制单位提出警告,督促限期改正,并按有关规定暂停产品检验验收,直至终止合同。

二、质量管理体系的监督内容

军事代表对质量管理体系的监督,主要是对质量管理体系建立过程的监督和运行过程的监督。

(一)质量管理体系建立过程的监督

在质量管理体系建立过程中,军事代表应该做到如下几点。

(1)深入全面分析承制单位的实际情况,结合产品的特点,跟踪了解承制单位的质量管理体系策划工作。在承制单位策划的质量管理体系的适应性和充分性上,监督或指导承制单位应重点做到:

1)识别质量管理体系所需的过程及其在承制单位内部的作用;

2)确定这些过程的顺序和相互作用;

3)确定为确保这些过程的有效运行和控制所需的准则和方法;

4)确保可以获得必要的资源和信息,以支持这些过程的运行和对这些过程的监视;

5)监视测量和分析这些过程;

6)实施必要的措施,以实现对这些过程策划的结果和对这些过程的持续改进;

7)实施对这些过程的监督,以保持产品的可追溯性。

（2）掌握承制单位是否对质量管理体系要求进行删减,若删减要审查其删减的适宜性,并做出同意与否的结论。

（3）审查质量管理体系文件,重点审查与产品质量控制直接相关的程序文件和有关顾客权益是否落实。将重点放在符合性和有效性上,使其文件符合质量管理体系标准的通用要求,并符合承制单位实际,而且文件实效,可操作、可检查,有指导作用。

（4）协同开展质量管理体系试运行,及时掌握运行情况,认真查找问题,协助承制单位改善、完善质量管理体系。

（5）参加质量管理体系试运行阶段的内部审核和管理评审。

（二）质量管理体系运行的监督

质量管理体系运行的监督,就是对质量管理体系实施时各个过程活动及其过程结果进行经常性监视和验证,并通过分析和评价,及时发现和纠正体系的偏差,使质量管理体系正常运行,以达到预期的目标。

质量管理体系运行的监督,可以通过对质量管理体系的有效性和适宜性两个方面的验证达到。

1. 有效性验证

有效性验证是对承制单位质量管理体系运行结果是否达到预期目标的监督,是衡量建立、实施的质量管理体系成功与否的主要标志。采用的主要证据有质量记录、实体状态和使用方满意度信息三个方面。

（1）质量记录验证。收集和审查必要的质量记录。

（2）实体状态验证。实体状态包括过程状态和产品质量,实体状态验证主要包括:

1）各项管理性工作应落到实处以证实承制单位的管理能力;

2）资源状况符合规定要求以证实承制单位提供资源的能力;

3）各种操作作业符合文件要求以证实过程活动的控制情况;

4）过程结果验证以证实输出满足过程输入要求;

5）各种识别标记验证以证实产品的验证状况、追溯能力以及设备、仪器校准状态;

6）产品本身外观、性能验证以证实产品质量符合合同、标准规定;

7）及时发现并解决产品和过程、体系运行中的问题,证实承制单位持续改进效能;

8）与承制单位工作过程的合作、协调和联系,以及迅速处理问题的方式,以隐含证实体系的能力。

同质量记录相比,实体验证既是建立、实施质量管理体系的落脚点,又是对质量管理体系有效性起决定作用的、最有效的判据。军事代表要充分利用过程监督和产品检验验收时获得的实体状况信息。

（3）使用方满意度信息收集。收集并利用使用方满意程度信息是验证质量管理体系有效性的方法之一。军事代表应通过过程质量监督,如使用信息反馈、与使用单位沟通走访、问卷调查、上级或外部通报等,来收集使用方满意程度的质量信息。

此外,质量管理体系第三方认证、第二方认定和注册情况,也是验证体系有效性的证据。

2. 适宜性验证

质量管理体系适宜性是指体系活动是否适合于达到既定的或预期的质量目标。质量管理适宜性验证的证据是质量管理体系有效性分析，也就是说，体系有效性验证是适宜性验证的基础。

分析质量管理体系适宜性主要是围绕质量管理体系文件进行的，纠正和改进质量管理体系适宜性的工作对象也主要是针对质量手册、质量计划、文件化程序、作业指导书（如检验指导书等）、准则、质量记录、体系认定、认证或注册证明文件等这些质量管理体系文件。

三、质量管理体系的监督方式

军事代表对质量管理体系的监督主要有日常监督和定期监督两种方式。

（一）日常监督

日常监督是指军事代表有计划或随机地对承制单位质量管理体系的运行状况进行监视和验证，对有关记录进行分析，并开展纠正偏差工作的一系列活动。

（二）定期监督

定期监督指军事代表在一些特定的时机，有计划、有组织地对承制单位的质量管理体系，或其中某些过程进行全面、系统的检查、验证，对有关记录进行分析，并开展纠正偏差等活动。

定期监督的时机除需要开展第二方审核的几种时机外，通常还包括产品研制阶段转段前、产品定型或鉴定前、产品出现重大质量问题时，以及验证质量管理体系的纠正措施和预防措施的有效性等时机。在实施时，定期检查可采用第二方审核的方式或结合开展第二方审核同时进行。

四、质量管理体系的监督方法

质量管理体系的监督方法可归纳为现场验证、系统分析和纠偏改进三个相关联的过程。

1. 现场验证

现场验证指深入现场，对构成质量管理体系的各个过程及其结果进行系统、全面的检查；对重点监督过程进行重点检查，以查看体系文件是否执行，执行中发现偏差是否采取了纠正措施，实物质量是否满足要求，以从中发现问题。可以采用产品质量抽查方法及质量审核等方法，还可采用参加承制单位内部质量管理体系审核和管理评审方法。

2. 系统分析

系统分析指运用系统论原理，进行系统思维、系统考虑，对现场验证中收集到的大量信息以及发现的问题进行综合分析，以达到：

（1）判定问题是否构成质量管理体系的不合格项，如果构成，是构成严重不合格项还是一般不合格项；

（2）对严重不合格项进行原因分析，将问题区分为系统偏差和偶然性偏差；

（3）对系统偏差应区分为涉及体系的偏差还是过程运作或控制的偏差。

3.纠偏改进

通过系统分析,找出质量管理体系存在的问题后,军事代表应按规定监督承制单位实施纠正偏差,防止再次发生。同时,要进行体系实施职责的改进,或资源管理的改进,或产品实现过程的改进等。

综上所述,军事代表通过现场验证、系统分析和纠偏改进,构成了质量管理体系运行监督的过程方法。其中:现场验证是监督的基础和依据,是过程的输入;系统分析是对监督信息资源进行加工处理的过程活动;纠偏改进是监督目标的实现,是过程的输出。

五、质量管理体系监督管理相关国家军用标准

为了对组织建立并有效运行的质量管理体系实行有效的监督和管理,表3.2选编了《质量管理体系要求》(GJB 9001C—2017)中相关条款对应的一些标准(又称下层文件标准),以便装备承研和承制中选择性地对照应用,或供参考。

表 3.2　GJB 9001C—2017 相关条款对应的国家军用标准

序号	GJB 9001C 条款号	涉及的常用国家军用标准	
1	3	GJB 1405A—2006	装备质量管理术语
2	3	GJB 451B—2021	可靠性维修性保障性术语
3	4.4.1	GJB 5000A—2008	军用软件研制能力成熟度模型
4		GJB 8000—2013	军用软件研制能力等级要求
5	7.1.5.2	GJB 2739A—2009	装备计量保障中量值的溯源与传递
6	7.6	GJB 1686A—2005	装备质量信息管理通用要求
7		GJB 1775—1993	装备质量与可靠性信息分类和编码通用要求
8	8.1 f)	GJB/Z 114A—2015	新产品标准化大纲编制指南
9	8.1 g)	GJB 368B—2009	装备维修性工作通用要求
10		GJB 450A—2004	装备可靠性工作通用要求
11		GJB 900A—2012	装备安全性工作通用要求
12		GJB 2547A—2012	装备测试性工作通用要求
13		GJB 3872—1999	装备综合保障通用要求
14		GJB 4239—2001	装备环境工程通用要求
15		GJB 1909A—2009	装备可靠性维修性保障性要求论证
16	8.1 h)	GJB 2786A—2009	军用软件开发通用要求
17		GJB 438B—2009	军用软件开发文档通用要求
18		GJB 439A—2013	军用软件质量保证通用要求
19		GJB 5234—2004	军用软件验证和确认

续表

序号	GJB 9001C 条款号	涉及的常用国家军用标准	
20		GJB 5235—2004	军用软件配置管理
21		GJB 1267—1991	军用软件维护
22		GJB 1268A—2004	军用软件验收要求
23	8.1i)	GJB 3206A—2010	技术状态管理
24	8.1 j)	GJB/Z 171—2013	武器装备研制项目风险管理指南
25	8.1 k)	GJB 5423—2005	质量管理体系的财务资源和财务测量
26		GJB 1364—1992	装备费用——效能分析
27		GJB/Z 127A—2006	装备质量管理统计方法应用指南
28	8.3.2 l)	GJB 190—1986	特性分类
29	8.3.3 g)	GJB 3363—1998	生产性分析
30	8.3.4 i)	GJB 1310—1991	设计评审
31	8.3.4	GJB 1362A—2007	装备产品定型程序和要求
32		GJB/Z 170—2013	装备产品设计定型文件编制指南
33	8.3.5 e)	GJB 909—1990	关键件和重要件的质量控制
34	8.3.5 f)	GJB 1371—1992	装备保障性分析
35		GJB 3872—1999	装备综合保障通用要求
36	8.3.5 g)	GJB/Z 23—1991	可靠性和维修性工程报告编写一般要求
37		GJB 6600—2008	装备交互式电子技术手册
38	8.3.7	GJB 2366A—2007	试制过程的质量检测
39	8.3.7 a)	GJB 1710A—2004	试制和生产准备状态检查
40	8.3.7 b)	GJB 1269A—2021	工艺评审
41	8.3.7 c)	GJB 908A—2008	首件鉴定
42	8.3.7 d)	GJB 907A—2006	产品质量评审
43	8.3.8	GJB 1452A—2004	大型试验质量管理要求
44		GJB 1309—1991	装备产品大型试验计量保证与监督要求
45		GJB 5711—2006	装备质量问题处理通用要求
46	8.3.8 g)	GJB 5234—2004	军用软件验证和确认
47		GJB 5235—2004	军用软件配置管理
48	8.4.1	GJB 1404—1992	器材供应单位质量保证能力评定
49		GJB 939—1990	外购器材的质量管理

续表

序号	GJB 9001C 条款号	涉及的常用国家军用标准	
50		GJB 5714—2006	外购器材质量监督要求
51	8.5.1	GJB 467—1988	工序质量控制要求
52	8.5.2	GJB 726A—2004	装备产品质量标识和可追溯性要求
53		GJB 1330A—2019	装备产品批次管理的质量控制要求
54	8.6	GJB 1442A—2019	检验工作要求
55		GJB 179A—1996	计数抽样检验程序及表
56		GJB 3916A—2006	装备出厂检查、交接与发运质量工作要求
57		GJB 3677A—2006	装备检验验收程序
58	8.7.1	GJB 571A—2005	不合格品管理
59	10.2.1	GJB 841—1990	故障报告、分析和纠正措施系统
60		GJB/Z 768A—1998	故障树分析指南
61		GJB/Z 1391—2006	故障模式、影响及危害性分析指南

第六节　承制单位型号研制费使用的监督

为了督促承制单位保证装备研制合同的履行,以加强会计核算和成本的控制,规范军事代表对承制单位型号费的监督行为,充分发挥型号研制中的监督行为,以及发挥型号研制费阶段拨款的杠杆作用,降低投资风险,提高装备研制费的军事、经济效益,国家制定并颁布了《军事代表对承制单位型号研制费使用监督要求》(GJB 3886A—2006)。该标准强化了军事代表的监督职能,规范了军事代表的监督行为,维护了军队的合法利益。

一、监督的目的

(1)督促承制单位保证装备研制合同的履行;
(2)监督承制单位的国防科研项目经费的会计核算和成本控制工作;
(3)监督国防科研项目经费专款专用,提高经费的使用效益。

二、监督的原则与要求

(一)监督原则

军事代表对型号研制费使用监督应遵循以下原则:

(1)对承制单位型号研制费使用监督应严格按照国家和军队的有关规定执行,并根据职责和授权实行分级管理。

(2)对承制单位型号研制费使用监督应贯穿项目研制、合同履行全过程。

(3)对承制单位型号研制费使用监督应做到尊重事实、客观公正、讲究实际、注重实效。

(二)监督的基本要求

军事代表开展对承制单位型号研制费使用监督工作的基本要求如下：

(1)应明确型号研制各阶段经费请领、使用监督的重点；

(2)应主动收集和及时了解承制单位的财务和型号研制的成本情况；

(3)在监督工作中应做到坚持原则、实事求是、廉洁奉公；

(4)应保守承制单位的财务秘密。

三、监督的时机和方式

(一)监督时机

(1)对实行"里程碑"拨款管理的国防科研项目，通常应在合同约定的经费支付前，结合节点考核进行。

(2)对办理合同变更、中止或者解除的国防科研项目，根据不同情形在下列时机进行：

1)装备研制计划被修改或者被取消时；

2)装备研制过程中出现战术技术指标调整或者装备研制经费超合同价款时；

3)装备研制合同履行条件发生重大变化致使合同主要条款无法履行时。

(二)监督方式

军事代表对承制单位型号研制费使用监督的方式如下：

(1)通常应按项目研制合同约定的支付节点进行，也可结合研制阶段定期或不定期进行；

(2)根据项目研制阶段质量、进度情况和经费支付数额实施监督检查；

(3)需要时，可联合驻分承制方军事代表开展对型号研制费使用的监督。

四、监督的内容

监督的内容有研制成本监督、会计核算监督。

(一)研制成本监督

军事代表应对与该型号研制项目有关的成本费用的支出情况进行监督，主要内容包括：

(1)设计费使用的范围及依据；

(2)研制过程中必须耗用材料的实际数量和费用；

(3)外协项目合同或协议；

(4)专用费直接开支项目及分摊明细；

(5)试验费实际支出明细；

(6)固定资产使用费计提明细；

(7)工资费支出认定依据和分摊计算依据；

(8)管理费构成明细、核算内容和计提分摊是否符合规定；

(9)按照研制合同约定不可预见费的使用情况；

(10)项目成本费用明细表；

(11)在项目结束或完成合同规定的全部任务后，项目经费的专项决算。

(二)会计核算监督

军事代表应对承制单位与该型号研制项目相关的财务会计资料进行审核，主要内容包括：

(1)会计科目设置与核算标准是否符合《装备科研事业单位会计制度》；

(2)记账凭证、账簿、报表和出纳记录的完整性、真实性、准确性；

(3)成本开支是否符合《装备科研事业单位财务制度》并在合同约定的计价范围内；

(4)列报标准及计算方法是否符合《国防科研项目计价管理办法》；

(5)该型号装备项目有关费用的计提及分摊是否合理；

(6)对分承包单位的经费拨付是否与合同约定一致；

(7)当期的会计报表和财务情况说明书；

(8)财务自查报告和内部审计机构的审计签证等。

五、监督的程序

监督分为监督准备、监督实施、监督资料归档三部分。

(一)监督准备

(1)编制监督计划，主要内容包括：

1)合同名称、节点名称和承制单位、时间安排；

2)承制单位提供材料的范围、要求和时间、地点；

3)本节点监督考核的重点；

4)承制单位配合保障要求；

5)监督人员的组成与分工等。

监督计划的格式见《军事代表对承制单位型号研制费使用监督要求》(GJB 3886A—2006)附录 A。

(2)向承制单位通报监督计划，明确提供该型号研制项目进度、技术质量、费用使用的详细情况及文字说明的主要内容和监督考核安排。

(3)收集整理相关型号质量、进度和装备研制费使用等证据、材料。

(4)编制监督所需的文件和表格。监督检查表的格式见 GJB 3886A—2006 附录 A。

(二)监督实施

(1)听取承制单位对型号研制项目进度、质量和型号研制费使用等情况的说明。

(2)审核承制单位提供的该型号研制进度、经费使用、技术质量状态、科研试验等材料。

(3)调查核实该型号研制费使用情况，分别按照上述监督内容进行审核。

(4)依据该型号研制合同和《国防科研项目计价管理办法》，向承制单位提出型号研制费使用方面存在的问题，并要求予以说明及补充提供相应证实材料。

(5)对合同变更、中止或者解除的，应根据原由准确核实合理的补偿费用或索赔数额。

(6)整理监督记录，核实不符合项。

（7）研究不符合项处置意见,填写不符合项通知单,不符合项通知单的格式见 GJB 3886A—2006 附录 C。

（8）向承制单位送达不符合项通知单,督促承制单位对不符合项进行整改并跟踪检查。

（9）向承制单位通报监督结论,并提供监督报告。监督报告的主要内容包括:

1)合同名称、节点名称、承制单位和时间;

2)监督简况及检查的主要内容;

3)不符合项的事实和证据;

4)对不符合项整改检查情况;

5)型号研制费拨款或补偿建议/索赔要求。

监督报告的格式见 GJB 3886A—2006 附录 D。

军事代表应在完成对承制单位型号研制费使用监督的基础上,提出拨款建议。

（1）对满足节点拨款规定要求的,及时办理型号研制费拨款手续。

（2）对因存在不符合项或整改不符合规定要求的,军事代表应推荐或停止办理拨款手续,并通报有关部门予以督查。在期限内完成整改后方可办理型号研制费拨款手续。

（3）由于装备使用一方的原因而变更、中止或者解除装备研制合同给承制单位造成损失的,军事代表应向上级主管机关(部门)提出合理的经费补偿建议。

（4）对因承制单位的过错而变更、中止或者解除装备研制合同给军队造成损失的,军事代表应根据装备研制合同和有关规定,向承制单位提出索赔要求。

在监督目的不能达到时,军事代表应暂缓办理拨款手续,并及时向上级主管机关(部门)报告原因。

(三)监督资料归档

（1）监督工作应有书面记录,记录要及时、准确、完整,具有可追溯性。

（2）监督资料应及时归档,内容应包括:

1)节点监督计划;

2)承制单位有关型号合同各节点质量、进度状况和型号研制费使用等说明材料;

3)型号项目成本明细资料;

4)监督检查记录;

5)不符合项通知单;

6)承制单位的整改报告;

7)改进措施的落实情况;

8)监督报告。

第七节　装备质量信息管理与监督

装备质量信息是装备承制单位进行质量管理、实施质量控制,以及军事代表开展质量监督和检验验收工作的重要基础。做好武器装备研制过程有关质量信息管理工作,对武器装备建设具有十分重要的意义。

《装备质量信息管理通用要求》(GJB 1686A—2005)规定了装备质量信息管理的任务、

原则、信息内容、信息工作流程以及装备质量信息系统建设等内容,是承制方和订购方开展装备质量信息管理工作的依据。以下介绍有关内容。

一、装备质量信息管理概述

(一)装备质量信息管理的概念

1.装备质量信息

装备质量信息是指反映装备质量要求、状态、变化和相关要素及相互关系的信息,包括数据、资料、文件等。

从上述定义可以看出,质量信息是在质量活动中产生的信息。"质量活动"是指承制单位和军事代表所有与质量有关的活动。质量信息包括产品质量信息和工作质量信息。如产品研制过程、生产过程和服务过程质量监督记录,质量管理体系监督记录和文件,检验验收记录,质量问题处理记录和文件,产品图样和技术文件,产品历史资料,各种业务报表和质量工作法规、标准等,都是质量信息。

质量信息在装备研制中的重要性表现在:

(1)信息是提高现役装备质量水平的重要依据。近年来在我国武器装备领域中所开展的对重要质量问题的攻关,产品的定寿、延寿,以可靠性为中心的维修改革和翻修改等一系列工作,就是以大量使用信息为依据进行的,并取得了重大的成果和效益。

(2)信息是开展新品试验、评审、实现产品质量与可靠性增长的技术支持。随着质量管理与可信性工程在我国武器装备领域中的推广,为了提高新装备的质量与可靠性、维修性与保障水平,已经把质量与可信性要求置于与性能同等的重要地位。为此,不但需要大量同类装备质量与可信性信息的支持,而且,还需要针对新装备在研制中的质量与可信状况及其存在的主要问题实施闭环控制,以保证新装备研制的顺利进行和产品质量的增长。

(3)信息是指导使用部门管好、用好装备,充分发挥其作战效能的重要依据。装备要充分发挥其作战效能,不但要靠本身所具有的优异性能和高的可信性,还要依赖于在使用中不断提高使用、维修和管理水平。为此,就必须以使用中反馈的信息为依据,不断完善装备的维修方案、备件、设备、人员、技术等方面的支援保障工作,这也是一个以信息为依据的闭环控制过程。同时,这些信息也是提高承制方售后服务工作水平的重要依据。

(4)信息是评定装备的质量水平与宏观决策的依据。通过大量信息的综合分析,可以对一种或多种装备的质量水平、作战效能作出客观的评定,提出装备在研制、生产和使用中存在的主要问题,这些综合性的信息,将为有关部门进行宏观决策提供科学的依据。

2.装备质量信息管理

装备质量信息管理是指对装备质量信息的需求分析、获取、处理和使用的计划、组织与控制活动。

在上述定义中,提到了以下概念:

(1)信息需求分析:指对所需信息的必要性和信息收集的可行性进行论证,确定信息的用途、内容、范围、来源、分类、项目和格式,设计质量信息收集表格,提出信息输出要求和标准化要求等。

(2)信息获取:指根据信息需求分析结果,通过各种信息渠道,收集所需要的信息的过程。信息的获取是信息管理的一项基础工作,只有及时准确地收集到足够的信息,才能保证信息管理工作的有效开展。

(3)信息的处理和使用:指对已收集到的比较分散的原始信息,采用科学的方法,按照一定的程序进行审查、筛选、分类、统计和分析处理,去粗取精,去伪存真,使之系统化、条理化,成为所需的再生信息,以便在装备决策、研制、生产和售后技术服务中使用。

从上述论述可以看出,信息管理需要设立专门的机构,对信息有计划有组织地进行管理工作。

(二)装备质量信息管理的任务

装备质量质量信息管理的任务包括:

(1)建立装备质量信息机构和管理机制,规划、计划和实施装备质量信息的管理;

(2)进行装备质量信息需求分析,确定信息的来源和输出要求;

(3)确定装备质量信息的获取、处理、使用程序和要求;

(4)开发与维护装备质量信息系统;

(5)为装备研制、生产与使用过程中评价和提高装备质量提供决策依据和信息服务。

(三)装备质量信息管理的要求

装备质量信息管理必须有标准化和安全保密性要求。

1.装备质量信息管理的标准化工作

装备质量信息的标准化是科学管理信息的必然要求,对于各类武器装备,均应按有关标准的要求,分别统筹规划,全面协调制定各自的分类和编码标准,以及建立各自的质量信息分类和代码体系。军事代表和承制单位要共同商量,根据质量信息需求分析的结果,合理地进行信息分类、设置信息单元、预置信息项、选择代码的类型、规定代码的结构及编码方法。对于具体的型号装备,均应编制代码手册。为保证质量信息输入的准确性,对那些较长的和关键性的代码应加校验码或采用其他防错措施。同时信息报表、信息报告的编制和填写也应标准化。统一表格形式,都使用标准化的语言——统一的信息单元、信息项、信息代码等。这样,就能大大提高信息工作的质量和效率。

2.装备质量信息管理的安全保密工作

在装备质量信息管理中,要按军队的保密规定要求做好信息管理的安全保密工作。重要机密信息存放环境要符合安全规定,储存在硬盘内的信息要加密防盗,软盘、光盘文件资料等要登记造册。同时还要注意传递环节的安全保密,不要用明码传真机密信息,不要在普通邮局寄发机密信息函件。

具体要求如下:

(1)执行国家和军队安全保密规定,按照国家和军队有关信息网络安全保密技术体制和管理要求,制定装备质量信息管理安全保密制度;

(2)按国家和军队有关信息安全和保密规定,对装备质量信息和信息载体划分密级,按密级管理和使用;

(3)综合运用管理和技术手段,提高安全保密防范能力,严格落实安全保密措施,杜绝出现安全漏洞。

二、装备质量信息的来源、分类及内容

(一)装备质量信息的来源

根据装备质量信息管理需要,应明确质量信息的来源。装备质量信息的主要来源包括:

(1)装备论证中提出的装备质量要求;

(2)装备研制、试验、定型与生产过程中的质量信息;

(3)装备交付与验收中的质量信息;

(4)装备使用、维修、保管、运输、退役等过程中的质量信息;

(5)装备质量监督过程中的质量信息;

(6)装备引进过程中的质量信息。

(二)装备质量信息的分类

根据装备质量信息管理需要,应对质量信息进行分类。常用的分类方法如下:

1.按质量特性分类

按不同的质量特性区分,装备质量信息分为功能特性信息、可靠性信息、维修性信息、保障性信息、安全性信息、测试性信息、环境适应性信息、互用性信息等。

2.按寿命周期分类

按装备寿命周期阶段区分,装备质量信息分为论证阶段信息、方案阶段信息、工程研制阶段信息、定型阶段信息、生产阶段信息、使用阶段信息和退役阶段信息等。

3.按信息处理深度分类

按信息处理的深度区分,装备质量信息分为 A 类信息和 B 类信息。A 类信息是现场收集到的数据及加工处理形成的报告、文件、资料;B 类信息是在 A 类信息基础上综合形成的手册、案例,以及质量活动的工程与管理经验等。

4.按产品质量状态分类

按产品质量状态区分,装备质量信息分为正常质量信息和质量问题信息,质量问题信息又分为一般质量问题信息和重大质量问题信息。

5.按质量信息密级分类

按质量信息的密级区分,装备质量信息分为绝密信息、机密信息、秘密信息、内部信息和一般信息。

(三)装备质量信息的内容

根据装备质量管理需要,应明确质量信息的内容。装备质量信息的内容通常包括:

(1)国内外同类装备有关质量特性指标及相应的使用环境和保障条件;

(2)国内外同类装备及其配套产品的故障统计数据,及重大质量问题案例;

(3)装备论证中提出的质量特性要求,包括使用要求与合同要求;

(4)寿命剖面、任务剖面、故障判据、试验方法、保障方案及环境条件;

（5）执行有关标准制定的质量保证要求、质量保证大纲、可靠性计划与工作计划、维修性计划和维修性工作计划、综合保障计划和工作计划等。

（6）执行《故障报告、分析和纠正措施系统》（GJB 841—1990）、《质量管理体系要求》（GJB 9001C—2017）、《军用软件能力成熟度模型》（GJB 500B—2017）、《装备保障性分析》（GJB 1371）、《保障性分析记录》（GJB 3837）、《故障模式、影响及危害度分析》（GJB 1391—2006）、《装备预防性维修大纲制定要求和方法》（GJB 1378A—2007）、《修理级别分析》（GJB 2961）、《装备费用——效能分析》（GJB 1364）等标准产生的信息。

（7）可靠性、维修性、保障性、测试性、安全性等质量特性设计手册和准则。

（8）关键件、重要件和关键工序质量控制情况。

（9）产品的关键特性和重要特性。

（10）软件的质量信息。

（11）不合格品分析、纠正措施及其效果。

（12）在产品研制监督和验收、交付过程中发现的质量问题、纠正措施及其效果。

（13）质量分析报告和质量审核报告。

（14）装备定型试验结果及试验条件。

（15）装备定型遗留的及生产与使用中发现的主要质量问题分析、纠正措施及其效果。

（16）故障报告、分析和纠正措施及其效果。

（17）装备使用、储存及保障过程中时间、故障、维修、保障资源消耗等数据。

（18）误操作、维修差错及其后果的统计分析。

（19）装备研制与使用阶段的技术状态标识与纪实。

（20）进行装备系统战备完好性评估所收集的信息及评估结果。

（21）质量成本。

（22）有关维修方式、周期和作业内容的重大更改及加、改装的技术通报。

（23）质量工作中积累的工程和实践经验。

（24）可靠性数据集（手册）、装备故障模式集（手册）、重大故障案例集（手册）等数据集（手册）。

三、装备质量信息管理的程序和内容

装备质量信息管理的程序一般分为信息需求管理，信息的获取，信息的处理与存储及信息的上报、反馈与交换 4 个过程。

（一）信息需求管理

进行装备质量信息管理，首先要分析信息需求，为此，各级信息机构应根据所承担的任务和主管部门、上级信息机构的要求，按规定的程序和要求合理确定信息需求，并按信息需求确定所收集信息的用途、内容、范围、来源、分类、项目、格式及统计指标体系。主要工作如下：

1.信息需求的提出

信息需求一般由信息用户根据装备质量工作要求提出。信息用户包括：装备论证、研制、试验、生产、订购、使用与维修保障等部门或单位。

2.进行信息需求分析

信息需求分析的任务是对所需信息的必要性和信息收集的可行性进行论证,确定信息的用途、内容、范围、来源、分类、项目和格式,设计质量信息收集表格,提出信息输出要求和标准化要求。

有关信息机构应协助信息用户进行需求分析,提出信息需求分析报告,经上级信息机构审查确认后,报主管部门批准实施。

3.审批信息需求分析报告

审批信息需求分析报告时,应对信息的有效性、系统性和经济性进行审查,以保证收集的信息既能满足工作的需要,又能避免因重复收集而造成的资源和人力浪费。报告一经批准,信息机构即应按要求开展工作,如需对其进行修订,必须经上级信息机构审查确定,并报主管部门批准。

(二)信息的获取

装备质量信息的获取是指质量管理系统通过各种信息渠道,将收集的各种信息汇集起来。信息的获取是信息管理的一项基础工作,只有及时准确地收集到足够的信息,才能保证信息管理工作的有效开展。信息的获取有以下步骤:

1.确定获取信息的内容、范围和来源

(1)应在需求分析的基础上,按照信息收集和分析处理的任务目标,确定需要收集的信息内容、范围和信息量。

(2)根据需要收集的信息内容和来源,确定信息收集单位和收集要求,并将需要收集的信息单元事先设置到信息收集单位的业务报表中。

2.确定信息获取的方法和时限

按照信息需求和标准化要求,确定信息收集的方法,明确信息收集表格,规定信息记录方法和要求。具体工作是:

(1)信息收集人员通过规定的手段,从信息收集单位的业务报表、自动采集装置或其他信息系统提取所需要的信息,并将信息录入预定的信息表格。

(2)按信息需求确定信息收集时限,包括实时、定期和不定期等。

3.信息的审核和提交

信息收集单位对信息收集人员提取和收集的信息进行审核,在确认信息符合要求后,按规定的时限,及时将信息向上级信息机构提交。信息机构对下级信息机构提交的或来自其他信息系统的信息进行审查,确认符合要求后,将信息分类汇总并录入数据库。同时,保存下级信息机构提交的原始信息以备查询。

4.重大质量问题信息的收集

信息机构应根据信息需求和有关规定,确定重大质量问题信息的内容范围、收集方法和提交时限,组织重大质量问题信息的收集和提交。

(三)信息的处理与存储

前已述及,信息的处理是指对已收集到的比较分散的原始信息,采用科学的方法,按照一定的程序进行审查、筛选、分类、统计和分析处理,使之系列化、条理化,成为人们所需要的有价值的再生信息。一般而言,经过分析、合理加工后得到的再生信息,比原始信息具有更大的应用价值。

1. 信息处理

(1)信息处理的要求。信息的处理要求是:信息机构应制定质量信息分析处理指导文件,对收集到的原始信息应按信息处理程序和方法进行加工处理。对装备质量信息的加工处理应做到及时、准确、实用、完整和安全。

(2)信息处理的程序。信息处理的程序有以下步骤:

1)信息的审查与筛选。对收到的原始信息应按信息处理的要求进行审查,以保证信息的真实性、实用性,对错误或不符合要求的信息应向提供单位提出质疑或根据需要进行必要的筛选,并妥善保存原有的信息记录,以备查询。

2)信息的分类与排序。对经过审查和筛选的信息,应按对信息进行分析处理的需要进行分类、排序,并存放到相应的数据库中。

3)信息的统计分析。

①对需分析处理的各类质量信息,应按需求分析确定的内容、范围和输出要求,进行统计、评估和分析工作,并将分析结果用规范的格式予以存储或输出。

②通过汇总集成,形成系统的信息资源,存储到相应的数据库中。信息的集成应做到分类清楚、表达规范、便于添加、易于使用。

4)信息的综合分析。信息机构应定期或适时地利用各类信息进行综合分析,评价装备及相关工作的质量水平和发展趋势,分析存在的主要问题和薄弱环节及其可能造成的后果,并提出改进建议。

5)编写信息报告。对经分析处理的信息,按上报或反馈的输出要求,编写质量信息简报、分析评价报告或专题报告等。

(3)编制质量信息数据集。

1)数据集的编制。各级信息机构应充分利用所积累的信息,适时地编制质量信息数据集。编制数据集的一般要求如下:

①数据集的编制应当充分考虑其使用价值和编制的可行性,并随着信息工作的发展不断扩展其范围和内容;

②应对数据来源、样本数量、环境条件及采用的统计、评估方式作必要的说明;

③数据集应经有关专家评审,确认其可用性及实用价值;

④数据库应经主管部门批准,在规定的范围内发布使用;

⑤数据集应有便于检索、查询的电子版,并纳入相应的数据库。

2)数据集的类型。数据集一般可以有以下类型:

①产品故障率数据集;

②产品典型故障模式及其影响数据集;

③重大质量问题案例集;

④产品维修工时数据;

⑤现役与在研装备可靠性、维修性、保障性等指标数据集;

⑥装备元器件优选手册;

⑦可靠性、维修性、保障性、安全性等工程经验选编;

⑧装备使用与维修保障工作经验选编;

⑨国外装备可靠性、维修性、保障性等数据集;

⑩国外装备可靠性、维修性、保障性、安全性等工程经验选编。

2.信息的存储

信息的储存是指将加工处理后的信息或传递后的信息储存起来。质量信息的储存,既是对质量信息的加工处理结果的管理,也是为质量信息检索、再次使用提供条件。储存的信息应有价值,不论是否即时使用,只要对今后的质量调查、质量分析、质量预测和质量决策有用,都应进行储存,以备调用和考证,保证信息的完整性和可追溯性。在储存过程中,根据不同信息的特点和单位的现有设施,尽量利用现代化的储存工具,将实物、文字信息、图表信息、声像信息等储存下来。有的可以复印,有的可以录音,有的可以摄像,有的可以输入计算机,储存到软盘或复制到光盘上。

(1)信息的存储要求。

1)各级信息机构应用计算机等信息载体妥善地存储质量信息,以备查询和利用。

2)信息的存储应按集中与分散相结合的原则进行,即各级信息机构应按其质量信息管理范围,对获取的和处理过的信息进行存储;基层信息机构应将获取到的原始信息经整理后进行存储。

3)在信息的存储期内,应安全、可靠和完整地保存各类质量信息,并能方便地进行查询和检索,以保证信息的可追溯性。

(2)信息的存储期限。信息的存储期限有长期储存、定期储存两类。

1)长期储存。凡对装备建设有长期利用价值的质量信息应列为长期存储信息,如:装备的主要作战使用性能及其论证报告、装备的定型资料、重大质量问题及其分析与纠正措施报告等。

2)定期储存。凡在一定时期内对装备研制、生产、改装和保障工作有利用价值的质量信息应列为定期存储信息,其存储期限的长短可参照档案管理规定确定。

(3)信息的修改和删除。信息的修改是指随装备研制、生产、作用信息的不断补充,以及储存期限等原因而对信息进行的必要补充、修改,其目的是保持信息的有效性、时限性。信息修改和删除应注意以下几点:

1)对产品故障和质量问题记录的源文件,不得进行修改。

2)对长期存储的信息进行补充和修改时,应得到主管部门的批准,并妥善保存补充和修改前的信息。对定期存储的信息进行修改和删除时,应经本部门主管领导批准。

3)信息的修改和删除应由授权的信息管理人员实施,并由专人进行校核。

(四)信息的上报、反馈与交换

装备质量信息的上报、反馈与交换是指将加工处理后的信息传递给上级(或上级信息机构),或有业务工作联系的军事代表内部,以及军事代表与承制单位之间。各级信息机构应按规定的程序和时间要求,及时、真实和安全地上报、反馈与交换质量信息。

(1)信息的上报和反馈。信息的上报和反馈一般有以下要求:

1)对不同的质量信息,应根据其重要性和紧迫程度确定上报和反馈的时限要求,一般可分为定期、适时和实时三种,对重大质量事故和质量问题应及时进行反馈。

2)各级信息机构对经汇总的反馈信息应定期或适时地以质量信息简报或专题报告的形式上报给主管部门。

3)各级信息机构对装备的质量状况及所发现的质量问题以及所采取的纠正措施应按有关规定上报和反馈给有关单位和主管部门。

4)各有关部门之间应制定质量信息反馈制度或协议,信息反馈应严格按其规定的信息流程和要求予以实施。

(2)信息的交换。部门内部及其与相关部门之间应按有关规定做好质量信息交换工作,以实现信息的共享。为此:

1)相关部门之间应制(签)定质量信息交换制度或协议,并由其信息机构负责具体实施。

2)各级信息机构应定期或适时地按密级编制质量信息索引,在规定的范围内发布,供有关人员咨询。

四、装备质量信息系统建设

装备质量信息系统是指由人员、机构以及计算机和配套设施、设备、软件等组成的,按照规定的程序和要求完成装备质量信息需求分析、获取、处理和使用任务的人机系统。

(一)信息系统建设的一般要求

装备质量信息系统建设的一般要求包括:

(1)装备质量信息系统的顶层规划应与装备建设紧密结合,信息系统建设须坚持一体化发展、科学组织、确保质量、注重效益的原则,并与装备其他信息系统相协调;

(2)依托现有信息基础设施,建立高效、灵活,覆盖装备全系统、全寿命质量信息管理的闭环网络系统;

(3)系统应具有开放性和可扩展性;

(4)质量信息系统建设应综合利用管理和技术手段,注重提高系统的自动化和智能化水平。

(二)信息系统的构成与管理

1.信息系统的构成

质量信息系统的构成主要包括:

(1)各级信息组织:指由有关人员,采用一定的结构形式和规定的管理办法所形成的各级信息管理系统,负责该系统的质量信息管理工作。

(2)各种硬件设备和软件技术:指为开展质量信息工作所需的设备、技术手段与文件,如计算机、信息传递设备、信息表格与代码等信息载体,以及信息分析处理技术方法和标准、规范与规定等。

（3）信息源：指产生信息的始端，亦即信息的发生点和发源处。

（4）信息流：指信息的流动过程，亦即以信息载体为媒体所形成的信息流程，它由信息收集、加工、储存、反馈、交换与上报等基本环节所组成。信息流是一个不断循环的闭环流动过程，图 3.1 是一个简化的信息流程图。

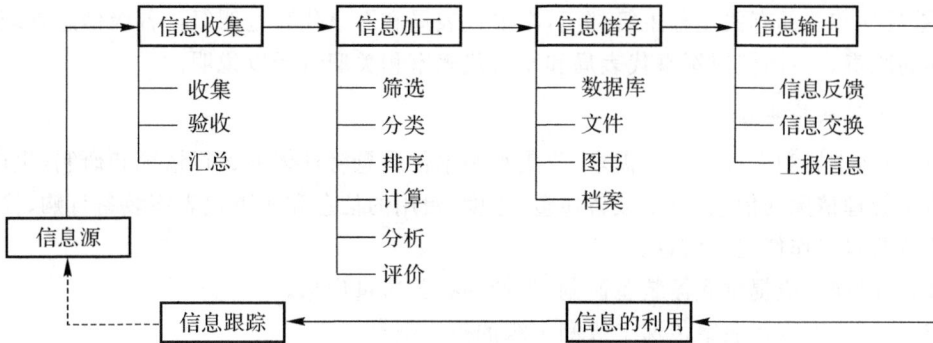

图 3.1　简化的信息流程图

2.信息系统的管理

质量信息系统的管理也就是对质量信息系统的建设和运行的管理。其主要的工作内容有：

（1）制定必要的规章制度和有关规定。为保证信息系统的正常运行，要制定信息工作的政策、法规、标准和规范以及信息组织的管理章程和有关的工作细则等，使信息工作制度化、规范化。

（2）进行信息工作技术基础建设。为适应开展质量工作的需要，要进行必要的技术设计，制定规范化的信息表格和信息代码系统，编制配套的计算机数据库和分析软件，开展信息分析处理、传递和应用等信息技术和方法的研究工作。

（3）进行信息需求的分析。对信息的实际需求是开展信息工作的依据。各级信息组织和信息用户都应进行信息需求分析，明确信息收集的内容和工作重点，以便节约人力和财力，提高信息工作的实际效益。

（4）实施信息的闭环管理。对信息实施闭环管理是开展质量信息工作的基本原则。信息的闭环管理有两层含义：一是信息流程要闭环；二是信息系统要与有关的工程系统相结合，不断地利用信息解决实际问题，形成闭环控制。为此要依据对信息的需求，对信息流程的每个环节进行有效管理，并对信息的应用效果进行不间断的跟踪。

（5）技术培训。信息工作人员的素质是搞好信息工作的关键。要有计划地开展技术培训工作，以建立一支从事质量信息工作的专业队伍。

（6）考核和评定信息系统的有效性。对信息系统应进行定期的考核和评估，以提高信息系统运行的有效性。

五、军事代表系统质量信息管理

军事代表系统信息管理内容主要有：建立各级信息机构，对承制单位信息管理实施监督,建立军事代表室质量信息档案等。

(一)质量信息管理机构职责

军事代表工作是分级管理的,各级军事代表工作机构质量信息管理的内容不同,职责也不尽相同,所需要的信息也不同。质量信息管理机构一般分为:总装备部军事代表管理部门,各军兵种和总部有关业务主管部门,军事代表局和军事代表室四级。各级信息管理机构有不同的职责。下面仅对军事代表局和军事代表室相关职责予以说明。

1. 军事代表局职责

(1)根据本局和上级的信息需求,收集承制单位质量管理体系运行情况和研制(生产)过程的质量管理情况的信息;收集装备质量、进度、费用的信息和军事代表室装备订购、检验验收与质量监督工作情况的信息。

(2)及时向上级提供武器装备研制、生产的有关质量信息。

(3)向所属军事代表室传递上级和本级的指令信息。

(4)收集、汇总、分析处理下级传递上来的信息。

2. 军事代表室职责

(1)收集承制单位质量管理体系运行及过程质量控制情况的信息,收集装备质量、费用、进度方面的信息;

(2)收集使用过程的质量信息;

(3)收集、接收并处理来自国家和军队有关部门关于装备研制(生产)以及军事代表质量工作的指令信息;

(4)根据上级的信息需求,按照有关规定,向上级提供承制单位质量管理体系运行情况和研制(生产)过程的质量管理情况的信息,装备质量、费用、进度的信息,装备订购与质量监督工作情况的信息;

(5)按预先约定,向其他有关军事代表室提供相关产品的质量信息;

(6)向承制单位提供产品使用过程的有关质量信息。

(二)对承制单位质量信息管理的监督

质量信息管理工作,也是承制单位质量管理的一项重要工作。对承制单位质量信息管理实施有效监督,是军事代表的一项重要工作。

对承制单位质量信息管理进行监督,其主要目的是促使承制单位重视质量信息管理工作,建立健全质量信息管理制度,对质量信息实施科学管理,更好地保证产品质量。同时承制单位做好质量信息管理工作,也为军事代表更好地开展各项质量工作提供了条件。

1. 对承制单位质量信息管理监督的要求

军事代表要督促承制单位识别质量信息的需求;建立质量信息系统,编制信息流程图;制订质量信息的收集、传递、处理、储存和使用的管理方法,并实施有效控制;做好研制、生产、检验、试验、使用、服务等全过程的记录;对质量信息进行综合分析;建立以计算机为手段的质量信息库。

军事代表应监督承制单位在研制、生产、检验、试验、使用、服务全过程所有的质量管理活动情况和与产品质量直接有关的数据,都应该如实记录下来,用以证明本单位对合同中提出的质量保证要求予以满足的程度,证明产品质量达到的水平,证明质量管理体系运行的有效性。原始记录应符合下列要求:

(1)以提高质量可追溯性为目的,建立健全质量原始记录。

(2)质量记录保持系统性、完整性、正确性。文字与数据的记载正规、清晰。

(3)对质量记录规定与产品寿命相适应的保管期限,进行科学分类,便于随时查询。

(4)妥善保管全过程的质量记录,防止破损、遗失和由于环境条件引起的损坏。

质量记录是质量信息的基础资料,只有具备完整可靠的记录,通过对记录的归纳、整理、统计、分析等环节的加工,取得反映客观实际的数据,才能获得准确的质量信息,使质量管理决策建立在客观的基础上,从而使管理活动增强针对性,提高有效性。因此,承制单位必须加强对质量记录的管理。

质量信息管理是质量管理的重要环节。质量管理通过制定目标,组织实施,督促检查,并根据检查取得的信息,及时做出处理决策,以控制和改进产品质量,完成管理上的一个个循环。这个过程必须借助于质量信息系统的运转,构成闭环管理。为此,承制单位应当制定质量信息的收集、传递、处理、储存和使用的管理方法,加强质量信息的管理。具体要求是:

(1)建立质量信息中心,统一管理内部、外部信息;

(2)编制质量信息流程图,保证信息系统正常运转,实行闭环管理;

(3)充分利用质量信息,掌握质量动态,为质量决策提供依据;

(4)建立质量信息档案,原始记录、各种有关资料分门别类归档,专人保管;

(5)制定质量信息的收集、处理、传递、储存、使用等各个环节的制度,使质量信息管理规范化、程序化、标准化。

另外,使用过程中的武器装备质量信息,是承制单位质量信息的重要组成部分。它反映了产品的真实质量状况,是评价产品质量最直接、最确切、最及时、最客观的依据,也反映了使用部队对武器装备的改进需求和愿望。及时地收集处理、有效地利用使用过程质量信息,是军事代表和承制单位的共同工作。军事代表要督促、协助承制单位重视和做好使用过程的质量信息管理工作,及时了解掌握产品在部队使用中的情况和部队的需求,以便积极做好服务工作,加强生产过程中的质量控制,不断提高产品质量。

2.对承制单位质量信息管理监督的内容

承制单位质量信息管理工作范围广、内容多。军事代表以产品质量和质量管理体系运转情况、过程质量控制情况及重要质量问题处理等方面的信息的管理为重点监督对象。主要有以下工作:

(1)监督承制单位严格执行质量记录控制程序文件,做到原始记录登记正确、清晰,质量信息传递畅通,反馈及时,归档、保管符合要求,便于查询,并具有系统性、完整性。

(2)督促、协助承制单位建立、健全研制与生产过程质量信息管理制度,规定明确的信息流程图,做到组织机构健全,人员职责落实,工作程序明确,反馈路线畅通。

(3)与承制单位共同建立使用过程质量信息反馈网络,并及时对使用过程质量信息进行处理。

(4)监督承制单位做好质量信息的处理工作,促使其采取有效措施解决产品质量和质量管理工作中存在的问题,对质量信息实行闭环管理。

(5)督促承制单位重视发挥质量信息的作用,依据质量信息分析结果,进行质量决策,加强质量管理,完善质量管理体系,提高质量保证能力。

(6)督促承制单位按军厂双方约定的信息范围提供有关信息。

3. 对承制单位质量信息监督的方法

对承制单位质量信息管理实施监督,一般采用专项检查与质量管理体系审核相结合,研制、生产和使用三个过程质量监督检查相结合,一般了解与重点抽查相结合的方法。对承制单位质量信息管理进行监督的具体方法有:

(1)检查承制单位质量记录控制程序文件的执行情况,查阅各种原始质量记录。

(2)检查承制单位质量信息管理程序文件、信息流程图及执行情况。

(3)了解承制单位质量信息管理机构设置及开展情况,要求该机构及时向军事代表提供产品质量及质量管理工作方面的信息。

(4)了解承制单位与使用部队之间质量信息反馈网络建立及运转情况,积极完成有关工作,促进质量信息反馈网络的正常运转。

(5)必要时,召开质量信息管理工作分析会,对产品原始记录、信息反馈网络运行及质量信息对质量决策的影响等方面的情况进行分析,对质量信息管理系统的有效性进行评价。

(6)定期对质量管理信息系统保持情况进行检查,针对存在问题,提出纠正意见或改进建议。

(三)建立军事代表室质量信息档案

1. 传递接口信息

为了保证上级信息管理机构及时获得各类质量信息,为各项工作的决策提供依据,军事代表各级信息管理机构需要向上一级信息管理机构传递一些接口信息。在人、机系统情况下,这些接口信息可以按规定格式通过计算机网络进行传输;在人工系统情况下,以报表文件形式进行传递。

信息表格是最基本的信息记录形式。军事代表室要按上级统一制订的质量信息表格录入和传递,也可以根据需要和实际情况,设计和编制部分表格。信息表格的设计和编制应遵循以下原则:

(1)对所需的信息内容进行科学分类,在分类的基础上确定各类别的具体内容,设置不同的信息表格。信息表格的设置要层次清楚、用途明确,既要体系化又要有相对的独立性。

(2)在满足需求的前提下,表格中的栏目要少而精,内容避免重复,要便于信息的收集和填写。

(3)进行信息的分类和编码。信息单元和信息应符合标准化、规范化要求。

(4)信息表格的设计要适合计算机对信息的录入、储存、检索和分析处理的要求,以便于信息的自动化管理。

2. 建立质量信息档案

质量信息档案的建立是质量信息管理的一项基础工作。军事代表应当及时收集、处理各种质量信息为建立档案做好准备工作。质量档案作为产品质量状态和军事代表质量监督和检验验收工作的见证,是决策的依据,也是对产品实行追踪管理的依据。质量信息档案应在完成工作的过程中建立和维护,建立和维护中要确保信息的完整、准确。

质量信息档案的内容主要包括如下几个方面:

(1)产品研制定型档案;

(2)质量管理体系监督档案;

(3)生产过程质量监督档案;

(4)检验验收档案;

(5)使用过程质量监督档案;

(6)质量工作法规标准档案;

(7)业务报表档案;

(8)产品图样技术文件档案;

(9)产品历史资料档案。

各单位可根据实际工作和质量信息内容情况,分门别类建立档案并尽量采用先进的信息储存管理技术,这样,有利于提高质量信息活动的质量和管理水平,提高工作效率。

六、订购方和承制方相互反馈和交换的装备质量信息

在装备寿命周期的各阶段,订购方和承制方应按合同或协议相互提供必要的信息。

(一)承制方应向订购方提供的信息

1.论证和方案阶段

在装备论证和方案阶段,承制方一般应向订购方提供下列信息:

(1)质量特性设计准则与手册;

(2)总体技术方案满足质量特性要求的程度和存在的问题及处理意见;

(3)质量保证大纲、可靠性工作计划、维修性工作计划、综合保障工作计划等及其评审报告;

(4)其他相关信息。

2.工程研制和定型阶段

在装备工程研制和定型阶段,承制方一般应向订购方提供下列信息:

(1)其他相关信息;

(2)装备及其分系统和主要设备的可靠性、维修性等模型;

(3)装备及其分系统和主要设备的可靠性、维修性等定量要求的分配与预计数据;

(4)装备及其分系统和主要设备的故障模式、影响及危害性分析资料;

(5)关键件、重要件清单;

(6)元器件优选目录;

(7)故障报告、分析和纠正措施及其效果的汇总资料;

(8)装备重大质量问题、分析和纠正措施及其效果;

(9)可靠性、维修性增长计划及其实施情况;

(10)装备性能试验,环境应力筛选,寿命试验,可靠性、维修性、保障性试验与评价方案

和结果及其评估分析报告；

(11)产品设计质量、工艺质量和产品质量评审结论及评估分析报告；

(12)首件产品或设计定型时产品的质量特性分析报告及其遗留问题；

(13)保障计划和保障资源要求清单与说明；

(14)产品图纸、技术资料等；

(15)其他相关信息。

3. 生产和使用阶段

在装备生产和使用阶段，承制方一般应向订购方提供下列信息：

(1)设计定型遗留的，以及生产与使用中发现的主要质量问题、纠正措施和实施效果；

(2)产品验收及例行试验统计数据；

(3)根据现场使用与维修保障信息进行的质量特性的验证评估结论及分析报告；

(4)产品的改进、改型和改装方案及其效果；

(5)主要外购件验收及使用中的质量信息；

(6)其他相关信息。

(二)订购方应向承制方提供的信息

1. 论证和方案阶段

在装备论证和方案阶段，订购方一般应向承制方提供下列信息：

(1)装备寿命剖面和使用环境；

(2)装备的任务剖面；

(3)国内外同类装备有关质量特性的指标数据和资料；

(4)装备研制总要求与合同中有关质量特性的定性、定量要求(含故障判据、验证方法等)；

(5)初始保障方案；

(6)质量保证要求，可靠性计划、维修性计划、综合保障计划等及其评审报告；

(7)其他相关信息。

2. 工程研制和定型阶段

在装备工程研制和定型阶段，订购方一般应向承制方提供下列信息：

(1)国内同类装备及其配套产品的故障统计，主要故障模式及案例；

(2)国内同类装备保障方案及有关质量特性的统计数据和存在的问题；

(3)部队装备保障现状，如保障体制、人员编制和技术水平、可用的保障设施、设备状况等；

(4)军事代表系统在对产品研制监控过程中发现的主要质量问题；

(5)其他相关信息。

3. 生产和使用阶段

在装备生产和使用阶段，订购方一般应向承制方提供下列信息：

(1)装备的使用状况；

(2)产品检测及故障记录和统计数据；

(3)计划维修和非计划维修程序、工时记录及统计数据；

(4)产品的换件率及非预期的备件消耗；

(5)维修工具、设备的满足率及其适用性；

(6)技术资料种类、数量的适用性；

(7)维修差错及其后果的统计；

(8)根据使用信息进行的质量特性验证、评估结论及分析报告；

(9)有关维修方式、作业内容和周期的重大更改及加、改装的技术通报；

(10)装备退役时的质量情况；

(11)其他相关信息。

第四章 装备研制过程技术项目的管理与监督

装备研制过程技术项目的管理与监督一般包括:产品质量问题的处理,装备技术状态的管理与监督,研制过程的设计、工艺、质量评审,军用软件的管理与监督,装备试验的质量监督,装备研制标准化工作与监督等。

对装备研制过程中所涉及的具体技术工作项目的质量监督,是保证装备研制质量的最重要的工作,本章对其进行讨论。

第一节 产品质量问题的处理

产品质量问题是指产品质量特性未满足要求而产生或潜在产生的影响或可能造成一定损失的事件。处理产品质量问题,是装备研制生产中的重要工作,它直接关系到能否向部队提供质量满足使用要求的产品。《装备质量问题处理通用要求》(GJB 5711—2006)规定了装备研制、生产、使用过程质量问题的处理原则、分类、管理职责和程序。是装备订购方和承研方处理质量问题应遵守的规定。

一、产品质量问题处理有关概念

产品质量问题处理是指对产品质量问题进行调查核实、分析查找原因、制定并采取纠正措施等一系列的工作和活动。处理产品质量问题的目的和作用,一是纠正存在的产品质量问题,二是防止质量问题的重复发生。

对处理过程较为复杂的产品质量问题,通常由承制单位会同军事代表室组成工作小组进行处理。对一些性质严重、涉及面广、影响面大的产品质量问题,也有由上级领导机关组织工作组进行处理的。如果产品的生产单位不是产品的设计单位,或者产品是配套产品时,处理一些较为严重的产品质量问题,设计单位或总装厂及其军事代表室要参加产品质量问题处理工作。

产品发生质量问题后,承制单位负有解决质量问题的全部责任,军事代表的主要职责是:

(1)对承制单位的工作实施监督和把关,并协助承制单位做好各项工作。

(2)履行向上级请示和报告、执行上级指示的职责。

(3)通过检查承制单位的工作,参与或会同承制单位开展调查核实、分析查找原因、制定纠正措施、验证纠正效果等项工作。

（4）审查承制单位的工作过程是否符合规定要求、工作结果是否正确、纠正措施是否有效实施。

（5）必要时，军事代表可独立地开展原因分析、效果验证等项工作。

需要指出的是，产品质量问题处理中的组织工作十分复杂，无论是质量问题处理的整体工作还是其中的某个单项工作，有些情况下是由上级领导机关组织的，有时是由军事代表室会同承制单位共同组织的，有的工作则是由承制单位组织的。应该指出，承制单位应对各项工作的过程及结果负责，尤其要对质量问题处理的最终结果负完全责任。军事代表室对军事代表的监督和把关工作负责，尤其要对把关工作中的军事代表结论性意见的正确性负责。

二、产品质量问题的分类

为了确保突出重点，抓住关键，强化产品质量问题处理工作，必须对产品质量问题实行分级和分类处理。产品质量问题的分类方法很多，可以按质量问题发生的原因分类，也可以按产品质量问题的现象分类。产品质量问题处理工作中最常用的一种分类方法，是把产品质量问题划分为重大质量问题、严重质量问题和一般质量问题。

1.重大质量问题

重大质量问题是指危及人身安全、导致或可能导致产品丧失主要功能或造成重大损失的事件。通常，重大质量问题与产品的关键特性以及产品检验中的致命缺陷相对应。一般情况下，如果产品的关键特性不合格、产品带有致命缺陷，就构成重大质量问题。此外，不论产品质量问题本身是否严重，只要质量问题的发生给使用方造成了重大损失，如人员伤亡、产品严重损坏、重大的经济损失等，亦属重大质量问题。由于产品质量问题而造成了重大或严重损失的事件也称作质量事故。

2.严重质量问题

严重质量问题是指不构成重大质量问题，但导致或可能导致产品性能严重降低或造成严重损失的事件。通常，严重质量问题与产品的重要特性以及产品检验中的严重缺陷相对应。一般情况下，如果产品的关键特性符合规定要求，但重要特性不符合规定要求，产品不带有致命缺陷，但带有严重缺陷，就构成严重质量问题。此外，不论产品质量问题本身是否构成重大或严重质量问题，只要质量问题的发生给使用方造成了严重损失，则亦属严重质量问题。

3.一般质量问题

一般质量问题是指不构成重大或严重质量问题，只对产品的使用性能有轻微影响或造成一般损失的事件。通常，一般质量问题与产品的一般特性以及产品检验中的轻缺陷相对应。一般情况下，产品的关键、重要特性符合规定要求，但一般特性不符合规定要求，产品不带有致命、严重缺陷，而带有轻缺陷，就构成一般质量问题。产品带有不影响使用性能的轻缺陷，如表面漆层脱落，亦属一般质量问题。

三、产品质量问题的处理权限

产品质量问题的处理权限与产品质量问题的严重程度是相对应的。产品质量问题越严重,处理的权限级别也越高。一般情况下,重大质量问题由总部、军兵种的业务主管部门负责处理;严重质量问题由军事代表局负责处理;一般质量问题由军事代表室负责处理。负责处理,是指负责质量问题处理的总体组织工作并最终决定处理结论,包括对带有质量问题的产品的处置方法。质量问题处理中的各项具体工作,由承制单位实施,军事代表室负责监督和把关并予以协助。

另外,产品质量问题对产品质量的影响,不仅取决于质量问题本身的严重程度,还与产生质量问题的原因是否属于系统性原因有关。由系统性原因而产生的质量问题解决和防止重复发生的难度较大。一般,遇有以下几种情况,就提高处理级别。

(1)重复发生的产品质量问题。产品多次、重复发生同一质量问题,经多次采取纠正措施仍然不能解决,其原因只可能有两种:一是承制单位的质量保证能力不足,例如,技术能力弱、管理不善、加工设备精度不足、操作人员技术水平低;二是技术要求过高或不合理,目前的技术包括工艺达不到要求的水平。多次重复发生的产品质量问题一般都是由系统性原因造成的。

(2)批量大的产品质量问题。成批性出现的产品质量问题一般都是由同一原因造成的,产生质量问题的原因一般也是系统性原因。

(3)涉及面广、影响面大的产品质量问题。有的产品质量问题涉及面广,或者影响面大,处理中组织、协调关系复杂。这类产品质量问题一般由各级领导机关负责处理。例如,产品质量问题牵涉到已交付使用的产品,产品质量问题在部队造成了很大影响等。

四、各部门在产品质量问题处理中的职责

1. 军事代表室职责

(1)根据合同和有关规定要求,监督承制单位处理装备质量问题。

(2)处理一般质量问题,报告严重质量问题和重大质量问题。

(3)经授权,参与或协调处理严重质量问题和重大质量问题。

(4)监督承制单位建立健全装备质量问题的处理机制。

(5)监督承制单位对装备质量问题实施归零。

(6)跟踪验证承制单位纠正和预防措施的落实情况,确认装备质量问题的处理结果。

(7)根据装备质量问题的严重程度、影响程度以及处理情况,实施停止验收与恢复验收。

(8)根据军事代表局的要求,参加使用过程中装备质量问题的处理。

(9)向军事代表局报告处理装备质量问题的有关工作。

(10)收集、整理装备质量问题处理的有关信息和资料。

2. 军事代表局职责

(1)组织处理严重质量问题,报告重大质量问题。

(2)协调处理军事代表室之间、军事代表室与承制单位之间意见不能达成一致的一般质量问题。

(3)经授权,协调处理重大质量问题。

(4)检查、督促军事代表室的装备质量问题处理工作。

（5）参加跨军事代表局有关装备质量问题的处理。

（6）参加装备重大质量问题调查。

（7）根据装备主管机关（部门）的要求，组织有关单位处理使用过程中装备质量问题。

（8）向装备主管机关（部门）报告装备质量问题处理工作。

3. 装备主管机关（部门）职责

（1）组织处理重大质量问题。

（2）检查、督促军事代表局装备质量问题处理工作。

（3）组织跨军事代表局有关装备质量问题的处理。

（4）组织有关单位处理使用过程中装备质量问题。

（5）决定装备的停用、禁用、限用。

（6）决定装备合同的变更、中止、解除。

（7）处理装备质量问题涉及的索赔事宜。

（8）通报装备质量问题的处理措施、结果等相关信息。

4. 使用部队职责

（1）按规定要求和时限报告装备使用过程中发生的质量问题，分析质量问题产生的原因并提出处理建议。

（2）协助、配合有关单位对装备质量问题的调查、分析及处理。

（3）整理装备质量问题处理的有关信息和资料。

五、产品质量问题处理程序

质量问题处理一般分为调查核实、初步判定、报告情况、定位分析、采取措施、归零评审、资料归档 7 个阶段。

（一）调查核实

研制及生产过程中调查核实工作由军事代表进行，使用过程中由使用部队负责进行。调查核实主要工作有两项：一是调查清楚质量问题发生时的状况，二是对现场进行保护，以利于问题的后续处理。具体工作有：

（1）装备研制或生产过程中发生质量问题后，军事代表室会同并监督承制单位进行现场调查、核实情况、做好记录，必要时进行拍照、录像、收集实物并保护现场。调查核实的内容主要包括：

1）装备的名称、型（代）号、图号、规格、批次、数量及所处的阶段；

2）质量问题发生的时间、地点、时机、环境条件、责任人及涉及的范围；

3）质量问题现象和发生过程；

4）质量问题对装备研制、生产和使用造成的影响。

（2）装备研制或生产过程中，军事代表室应监督承制单位对发生质量问题的装备以及与该装备有关联的装备做出标识，并采取隔离等控制措施。

（3）装备使用过程中发生质量问题，使用部队也应按上述的要求进行调查核实，对发生质量问题的装备以及与该装备有关联的装备做好标识，并采取隔离等控制措施。

（二）初步判定

初步判定质量问题性质的目的是决定由哪一级来处理质量问题。为此：

（1）装备研制或生产过程中，军事代表室应监督、会同承制单位根据调查核实的情况，以及质量问题对装备的影响程度、需要解决的迫切性，初步判定质量问题的性质，并对质量问题进行分类。

（2）装备使用过程中，使用部队应独立或会同军事代表室及承制单位初步判定质量问题的性质。

（三）报告情况

在军事代表室或使用部队对质量问题的性质进行初步判定后，如属严重、重大质量问题应上报军事代表局，或装备主管机关（部门）进行处理。具体要求是：

（1）属于装备研制或生产过程中的严重质量问题，军事代表室应在48小时内向军事代表局报告；重大质量问题，军事代表室应在24小时内向军事代表局报告，军事代表局应及时向装备主管机关（部门）报告。

（2）属于装备使用过程中的严重、重大质量问题，使用部队应及时向装备主管机关（部门）报告。报告的主要内容应包括调查核实的基本情况和拟采取的处理措施。

（四）定位分析

研制、生产过程中定位分析的目的是通过对发生质量问题的深入分析，对原因进行定位，以便为采取措施提供依据。主要包括以下分析：

1.装备研制或生产过程中的分析

军事代表室应监督并参加承制单位对质量问题进行的分析、论证和试验，查找原因。属于严重、重大质量问题，军事代表局、装备主管机关（部门）应组织、参加有关工作。具体工作是：

（1）选择质量问题分析方法。军事代表室应会同承制单位选择适宜的质量问题分析方法。采用工程分析方法时，应通过对发生质量问题的装备进行测试、试验、观察、分析，确定故障部位，弄清故障产生的机理。采用统计分析方法时，应收集同类装备的生产数量、经历的试验和使用的时间、已发生的故障数等，寻求该装备此类故障出现的概率和统计规律。分析结论应归属明确。

（2）进行故障复现。必要时，军事代表室应监督承制单位通过试验或模拟试验复现故障现象，以验证定位的准确性和机理分析的正确性；对于可能造成灾难性危害和重大损失的故障，以及不易实现复现的故障，应进行原理性复现。

（3）查找原因。军事代表室应监督承制单位在质量问题发生、发展的全过程中分析、查找质量管理的薄弱环节、漏洞和死角，责任单位和责任人员应归属明确。

2.使用过程中的分析

装备使用过程中，装备主管机关（部门）应审理使用部队上报的装备质量问题报告，组织进行调查核实、查清原因。属于承制单位原因的，应做进一步分析；属于使用部队原因的，责任单位及责任人员应归属明确。

3.进行质量问题影响与危害度分析

承制单位、军事代表室应对质量问题的影响和危害程度进行分析。分析的范围主要包括：

(1)质量问题对装备的性能、使用、维修及安全性的影响和危害；

(2)对已交付出厂装备、在制装备的影响；

(3)对有配套关系和使用中有关联的其他装备的影响；

(4)对履行合同的影响、使用人员健康的影响等。

装备研制过程中，对装备质量问题的定位分析应以设计师系统意见为主。

(五)采取措施

采取措施是为了对产品质量问题本身进行处置，并对其潜在的及现实的影响进行处置，以确保质量问题处理的彻底性。主要包括：产品本身的处置、对设计工艺文件的处置、对管理文件的处置、对相关产品的处置、对已定型产品的处置、对合同的处置、开展整顿、停止验收等内容，具体如下：

(1)监督承制单位制定纠正、预防措施和实施计划，并通过试验验证措施的有效性和实施的可行性。对严重、重大质量问题，军事代表局、装备主管机关(部门)应提出建议和意见，必要时组织评审。

(2)属于设计、工艺等技术问题，军事代表室应监督承制单位对发生质量问题的装备进行处置，并在设计、工艺等技术文件中落实措施。

(3)属于重复性质量问题以及有章不循、无章可循等管理问题，军事代表室应监督承制单位修改完善质量管理体系及其文件。

(4)属于部队使用、管理不当，使用部队应修改完善装备操作使用规程及有关管理规章。

(5)军事代表室应监督承制单位举一反三，将质量问题的信息反馈给相关单位，检查有无可能发生类似模式或机理的问题，并采取预防措施和纠正措施。

(6)军事代表室应根据装备质量问题的性质和危害程度，提出开展装备质量整顿和改进的建议。

(7)当装备质量问题的处理涉及售后技术服务时，军事代表室应监督承制单位按《装备售后技术服务质量监督要求》(GJB 5707—2006)的要求执行。

(8)当装备质量问题的处理涉及更改装备技术状态时，军事代表室应监督承制单位按《装备技术状态管理监督要求》(GJB 5709A—2003)的要求执行。

(9)当装备质量问题的处理涉及更改研制总要求或合同中有关质量条款时，装备主管机关(部门)应征求有关单位意见，组织论证，认为确有必要时，应向原提出单位和批准机关提出更改意见。

(10)当装备质量问题的处理涉及装备定型工作时，应按《装备产品定型工作规定》的要求执行。

装备研制过程中，对装备质量问题的处理措施应以设计师系统意见为主。

(六)归零评审

1.归零评审的目的和内容

归零评审的目的是对于严重、重大及重复出现的一般质量问题,由专家审查组对质量问题处理情况进行审查,以确认定位的准确性、机理分析的正确性以及采取措施的有效性。若归零评审未通过,军事代表室应监督承制单位按照专家意见对质量问题重新归零。在归零报告的形成及归零评审过程中,要注意技术归零与管理归零。

(1)技术归零报告。主要包括以下内容:

1)问题概述;

2)问题定位;

3)机理分析;

4)问题复现;

5)措施及验证情况;

6)举一反三情况;

7)结论。

(2)技术归零评审。主要包括以下内容:

1)质量问题的现象是否清楚;

2)质量问题的定位是否准确,是否具有唯一性;

3)产生问题的机理是否明确,是否含有不确定因素;

4)问题是否严重,复现试验的条件与发生问题时是否一致;

5)纠正措施是否经过有效验证,是否已落实到产品设计、工艺或试验文件中,具体落实到哪些文件中;

6)在本单位的本型号范围内举一反三,改进措施和预防措施是否得到落实;

7)归零报告内容是否符合标准的规定。

(3)管理归零报告。主要包括以下内容:

1)过程概述;

2)原因分析;

3)措施及落实情况;

4)处理情况;

5)完善规章情况;

6)结论。

(4)管理归零评审。主要包括以下内容:

1)质量问题的发生过程是否清楚;

2)发生问题的主要原因和问题性质是否明确;

3)主要责任单位和责任人是否明确,相关单位是否认可应承担的责任并采取了改进措施;

4)是否结合出现的质量问题对人员进行了教育,教育形式是否与应承担的责任相适应。需要对责任单位和责任人进行处罚的是否进行了处罚,处罚妥当否,是否有文字记录或通报；

5）属无章可循或规章制度不健全的问题是否已完善规章制度；

6）归零报告的内容是否符合标准规定；

7）资料归档情况。

2.归零评审中的军事代表工作

在质量问题归零评审中，军事代表的具体工作是：

(1)对严重、重大质量问题以及重复出现的一般质量问题，军事代表室应根据军事代表局的要求监督承制单位编制归零报告并进行归零评审。使用管理不当造成的装备质量问题，使用部队应形成管理归零报告。

(2)军事代表室应对承制单位完成的技术归零报告和管理归零报告进行预先审查，并确认会签。装备主管机关（部门）应对使用部队的管理归零报告进行审查。

(3)军事代表室应监督承制单位归零评审的组织，建立规范的工作程序、完整准确的工作内容、客观公正的评审准则。

(4)军事代表应参加并监督归零评审的实施，重点把握下列内容：

1）质量问题定位的准确性和唯一性；

2）质量问题产生的原因、机理清楚，无不确定因素；

3）问题复现试验的条件与发生问题的一致性；

4）纠正措施经过有效验证，并落实到相关文件中；

5）发生问题的责任明确，并进行了处理，改进措施落实到位。

(5)归零评审未通过，应采取以下措施：

1）军事代表室应提出不进行阶段评审、阶段转移的意见并上报军事代表局；

2）军事代表室应提出不进行装备定型（鉴定）试验或设计、生产定型的意见，对用于定型（鉴定）试验和部队试用的装备不应在其质量证明文件上签字或盖章；

3）装备主管机关（部门）应不同意承制单位进行阶段转移；

4）军事代表室应对已验收合格的装备暂不转入下道工序或暂不出厂。

(6)对由于客观原因暂时不能全面完成技术归零，但通过采取有效措施并经实际分析和/或试验验证等方法能确保不影响后续试验和工作的质量问题，军事代表室可同意承制单位转入下一阶段工作。

(7)军事代表室应跟踪并监督承制单位落实归零评审意见和建议。

(8)严重或重大质量问题处理完毕后，军事代表室应向军事代表局书面报告。

(七)资料归档

装备研制和生产过程中，军事代表室应收集、整理装备质量问题处理全过程的资料并形成档案。档案一般应包括以下主要内容：

(1)现场记录；

(2)检验、试验数据、故障图片、录像；

(3)会议记录、纪要；

(4)技术报告（包括分析、鉴定、归零评审报告等）；

(5)有关文件(包括各类请示、报告、上级指示、批复等)。

六、产品质量问题处理的主体

产品发生质量问题后,承制单位有解决质量问题的全部责任,军事代表的主要职责是对承制单位的工作实施监督把关,并协助承制单位做好各项工作。具体工作是:

(1)及时向上级机关请求和报告,执行上级指示精神;

(2)检查承制单位工作,参与或会同承制单位开展调查核实、分析查找原因,制定纠正措施,验证纠正效果,实施监督;

(3)审查承制单位工作过程、结果的符合性和正确性以及纠正措施的有效性;

(4)必要时,军事代表可独立开展原因分析、效果验证等工作。

应该指出,在质量问题处理过程中,承制单位应对各项工作的过程及结果负责,尤其要对质量问题的最终结果负完全责任。军事代表则对监督的把关工作负责,尤其对把关工作中的结论性意见的正确性负责。

第二节　装备技术状态的管理与监督

一、装备技术状态的管理与监督概述

装备的技术状态是指技术文件规定的并在产品中达到的硬件和软件的功能特性和物理特性。功能特性包括性能指标、设计约束条件和使用保障要求,如使用范围、杀伤威力、射程,可靠性、保障性等。物理特性是武器装备的形体特性,如结构、形状、尺寸、公差、配合、表面光洁度、重量等。技术状态是在研制中规定、生产中体现并在使用中加以维护的。技术状态管理就是对技术状态项目所进行技术状态标识、技术状态控制、技术状态纪实、技术状态审核的四要素的技术和管理活动。

技术状态管理始于装备设计阶段初期,涉及产品形成的全过程。因此,军事代表对技术状态管理的监督也必须是贯穿装备研制、生产全过程的监督,应围绕技术状态管理四要素,对承制单位的技术管理制度、技术状态管理形成的文件的程序,以及技术状态文件的更改等进行有效监督,以确保武器装备系统或技术状态项目在研制、生产、使用的任何时刻,都能使用正确的技术文件。

《技术状态管理》(GJB 3206B—2022)、《装备技术管理监督要求》(GJB 5709A—2023)规定了装备技术状态管理,以及实施技术状态管理监督的内容、方法和要求。

(一)技术状态的形成过程

装备的技术状态是在装备研制中逐步形成的。技术状态的形成分为三个阶段:

(1)第一阶段确定装备的功能要求和总体方案,确定功能基线,形成总体技术要求。

(2)第二阶段将装备的功能分配给装备的各个组成部分,确定分配基线,形成各组成部分的技术要求。

(3)第三阶段进一步详细规定装备的物理特性,确定产品基线,以使装备能够生产和检验,在装备的生产和使用过程中,还要对技术状态进行完善。

装备的技术状态是通过一系列文件来描述的,这些文件包括该装备的各类规范、图样和各种设计文件及相关的技术文件。对装备的技术状态进行管理,就是要正确地形成文件并通过文件全面反映出装备现有的技术状态以及达到功能和物理要求的状况,确保在装备的整个寿命周期内,与装备的研制、生产、订购、使用、保障有关的所有人员在任何时候都能使用正确的和准确的文件。

(二)技术状态管理的目的

技术状态管理实质上是一种技术方法,随着技术状态管理理论的不断发展,技术状态管理已成为一门学科。技术状态管理是装备寿命周期管理的一个组成部分,它与装备研制和订购中的计划管理、经费管理、技术管理、质量管理有着密切的联系,并对装备全系统、全寿命周期管理起着积极的促进作用。技术状态管理的目的如下:

(1)以最低的总寿命周期成本获得规定的技术状态项目性能,保证切实可行的进度、作战效能、后勤保障及战备完好性。

(2)实现最大限度的设计和研制自由。

(3)工程更改管理在必要性、成本、时间安排和执行方面获得最佳效果。

(4)在使用方与承制单位之间,使技术状态管理的政策、程序、资料、格式和报告获得最佳程度的一致。

(5)技术状态管理可以实现:

1)规范、图样及有关技术资料足以满足技术状态项目的需要,并满足整个型号的需要;

2)当需要时能获得经过验证的技术状态文件;

3)保持技术状态项目的标准化和兼容性;

4)在审批工程更改建议、偏离和超差处理时,切实掌握其对性能、费用、进度产生的影响;

5)按照预定进度,及时地对工程更改建议进行处理,并迅速地评价更改;

6)掌握正在使用和库存的技术状态项目的技术状态,并把各系统、设备和计算机程序之间相应的物理和功能界面编制成文件,加以控制。

(三)技术状态管理的作用

(1)确保硬件性能,改进综合保障和装备的战备完好性;

(2)加强标准化和装备进入供应系统的控制;

(3)增加了竞争性采购机会;

(4)减少了对价值不确定的技术资料的需求;

(5)加强了合同管理的统一性;

(6)使各级管理决策更为有效及时;

(7)使得诸如资源管理、系统工程管理、价值工程、技术资料管理和标准化等其他国防计划的执行能相互紧密配合。

(四)技术状态管理监督的要求

军事代表作为使用方派驻承制单位的代表,在技术状态管理中担负着重要任务,主要有:对承制单位的技术状态管理工作实施监督;在权限范围内实施技术状态控制;参加使用部门组织的技术状态管理活动,完成法规性文件、合同、使用部门赋予的任务;会同承制单位组织有关的技术管理活动并协助承制单位实施技术状态管理。为此:

(1)应依据有关法规和合同要求,对承制单位的装备研制、生产各阶段实施技术状态管理的监督,落实监督措施,确保监督的有效性。

(2)应监督承制单位按照装备类别、合同要求和有关标准,制定并执行技术状态管理形成文件的程序。

(3)应监督承制单位在装备系统或技术状态项目研制过程的不同阶段,分别编制出能全面反映其在某一特定时刻能够确定下来的技术状态的文件,经军方确认后建立功能基线、分配基线、产品基线,并控制对这些基线的更改,使对这些基线所作的全部更改都具有可追溯性,以确保装备系统或技术状态项目在其研制、生产和使用的任何时刻,都能使用正确的技术文件。

(4)应监督承制单位制定技术状态管理计划。技术状态管理计划应符合合同要求,明确对技术状态项目的功能特性和物理特性进行管理所采取的程序和方法。

(5)应对承制单位技术状态管理过程相互关联的活动实施监督。这些活动包括:

1)技术状态标识;

2)技术状态控制;

3)技术状态纪实;

4)技术状态审核。

(五)军事代表对技术状态管理的职责和任务

技术状态管理是一项使用方和承制方共同完成的工作。在技术状态管理中,军事代表的职责主要有:

(1)规定技术状态管理的通用要求、程序、方法;

(2)以合同或其他文件形式规定具体装备的技术状态管理要求;

(3)选择技术状态项目;

(4)规定装备的主要功能特性和关键的物理特性;

(5)在研制阶段转移之前,完成与建立技术状态基线有关的工作,如组织评审等;

(6)确认或批准技术状态基线;

(7)审批由使用方控制的技术状态更改;

(8)组织重要的技术状态管理活动,如技术状态审核等。

二、装备技术状态管理与监督的内容

技术状态管理的内容包括四个方面:通过规范、图样等一系列的文件来确定装备的技术状态;审核、鉴定这些文件的适用性、正确性;控制文件的更改;对更改处理及执行情况进行记录和报告。与四项工作内容相对应,技术状态管理由四项相互关联的活动构成,这四项活动是:技术状态标识、技术状态控制、技术状态纪实、技术状态审核。军事代表应对这四项活动实施监督。

(一)技术状态标识与监督

1.技术状态标识

技术状态标识指确定产品结构,选择技术状态项目,将技术状态项目的物理和功能特性及接口与随后的更改形成文件,为技术状态项目及相应文件分配标识特性或编码的活动。

技术状态标识为技术状态控制、技术状态纪实和技术状态审核建立并保持了一个确定的文件依据。武器装备的技术状态是通过技术状态的逐步标识确定的,也就是说,技术状态标识决定了武器装备的技术状态。因此,技术状态标识是技术状态管理的核心,是最重要的技术状态管理工作。

技术状态标识的内容有:选择技术状态项目,建立技术状态基线,编制技术状态文件,保持技术状态文件,指定技术状态文件标识号,发放技术状态文件,控制技术状态文件,规定设计接口、特性标识。

2.技术状态标识监督

(1)技术状态标识监督的一般要求。

军事代表应监督承制单位进行技术状态标识,为技术状态控制、技术状态纪实和技术状态审核建立并保持系统的文件依据。技术状态标识一般应包括:

1)从工作性能或构成结构分解的单元中选择技术状态项目;

2)按技术状态项目在工作分解结构的单元中所处的位置,确定每一技术状态项目所需的技术状态文件;

3)制定用以标识技术状态项目、技术状态文件、技术状态文件更改建议以及偏离许可与让步等的标识号编号制度,发布每一技术状态文件标识号;

4)军方确认有关技术状态文件,建立技术状态基线,作为正式技术状态控制的起点;

5)发放经正式确认的技术状态文件;

6)标识每个技术状态项目在研制技术状态中的内部控制文件。

(2)技术状态标识监督的内容。

军事代表进行技术状态标识监督的内容如下:

1)选择技术状态项目。技术状态项目指能满足最终使用功能,并被指定作为单个实体进行技术状态管理的硬件、软件或集合体。

军事代表应监督承制单位选择功能特性和物理特性能被单独管理的项目作为技术状态项目,一般选择:

①装备系统、分系统级项目和跨承制单位、分承制单位研制的项目;

②在风险、安全、完成作战任务等方面具有关键性的项目;

③采用了新技术、新设计或全新研制的项目;

④与其他项目有重要接口的项目和共用分系统;

⑤单独采购的项目;

⑥使用和维修方面需着重考虑的项目。

选择的技术状态项目应由承制单位和军事代表协商后共同提出,经批准的技术状态项目应在合同中规定。

2) 建立技术状态基线。技术状态基线是指在技术状态项目研制过程中的某一特定时刻,被正式确认并被作为今后研制、生产活动基准的技术状态文件。实行基线管理是为了向使用方和承制单位提供一个对给定武器装备系统渐进的并经明确定义的成文框架,以及一个能够度量研制工作完成情况的方法,从而保证研制工作在建立基线及做好其他准备工作之后,才能转入下一步骤。基线一经建立就不能轻易更改。基线分为三种,即功能基线、分配基线和产品基线。

功能基线是指产品经批准形成的用以描述系统或技术状态项目功能、共用性、接口特性,以及验证这些特性是否达到规定要求所需的检查程序与方法的文件。分配基线是指经批准的用以描述技术状态项目从系统或高一层技术状态项目分配下来的功能特性和接口特性、技术状态项目的接口要求、附加的设计约束条件以及为验证上述特性是否达到规定要求所需的检查程序和方法的文件。产品基线是指经批准形成的用以规定技术状态项目所有必需的功能特性和物理特性及其生产验收程序与方法的文件。由功能基线、分配基线、产品基线及其已被批准的更改所组成的技术状态文件分别称为功能技术状态文件、分配技术状态文件和产品技术状态文件。

军事代表应监督承制单位建立三种技术状态基线:

①在论证阶段,编制功能技术状态文件,形成功能基线;功能基线应与装备战术技术指标协调一致。

②在方案阶段,编制分配技术状态文件,形成分配基线;分配基线应与装备研制总要求的技术内容协调一致。

③在工程研制阶段,编制产品技术状态文件,形成产品基线;产品基线应与研制合同中的技术要求协调一致。

3) 编制技术状态文件。技术状态文件是指规定技术状态项目的要求、设计、生产和验证所必需的技术文件。技术状态文件分为功能、分配、产品技术文件,这三种技术状态文件在不同研制阶段进行编制、批准和保持,且在内容上逐级细化。

①功能技术文件监督。军事代表应监督承制单位功能技术状态文件的编制,确认具备满足装备主要作战使用性能要求。功能技术状态文件内容包括:

a. 装备总的功能特性指标;

b. 主要的界面特性及安装尺寸;

c. 验证总功能特性所需进行的试验项目;

d. 可靠性、安全性、维修性技术指标和保障件要求;

e. 设计规范及有关限制要求。

②分配技术状态文件监督。军事代表应监督承制单位分配技术状态文件的编制,确认其符合装备研制总要求。分配技术状态文件内容包括:

a. 根据装备的总功能特性指标制定各分系统的性能指标;

b. 确定各分系统的接口要求;

c. 分配可靠性、维修性技术指标;

d. 附加的设计约束条件;

e. 提出验证各分系统的特性指标所需的试验项目。

③产品技术状态文件监督。军事代表应监督承制单位产品技术状态文件的编制,确认其符合研制合同的要求。产品技术状态文件内容包括:

a.所有的工程设计图样、产品规范、材料规范、试验规范等设计文件;

b.根据设计文件及试验、生产要求编制形成的成套制造工艺、产品检验技术文件;

c.关键件、重要件目录和相应的特性分析报告;

d.合格供应商目录和器材验收标准;

e.装备技术说明书和使用维护说明书;

f.生产、使用、维护及综合保障各阶段的技术管理制度。

4)技术状态文件的保持。技术状态基线建立后,军事代表应监督承制单位控制并保持所有现行已批准技术状态文件的原件。

5)技术状态标识号的指定。

①军事代表应监督承制单位指定用以标识每个技术状态项目、技术状态文件、技术状态文件更改建议以及偏离许可与让步的标识号并进行编码。

②军事代表应监督承制单位对器材、毛坯、零件、组合件直至最终装备作相应的标识,以确保装备标识的可追溯性。

6)技术状态文件的发放。

①装备承制单位应制定并执行发放技术状态文件的程序,使其工程文件发放系统将有关的技术状态文件发放到各有关部门。被发放的每份技术状态文件均应有发放签字,以表明该文件是经批准的并适合于预期的用途。

②承制单位应确保工程文件发放系统记录技术状态文件发放的信息,并检查技术状态文件更改的落实情况。

7)技术状态文件控制。承制单位应按《装备质量管理体系要求》(GJB 9001C—2017)的规定对技术状态文件进行控制。

8)规定接口要求。

①承制单位应规定武器装备系统和技术状态项目的接口要求。

②在研制期间,军事代表应检查合同中规定必须控制的接口要求是否纳入功能技术状态文件或分配技术状态文件。

③承制单位应确保所设计的各种硬件和软件之间的兼容性,并确保它们与技术状态文件中规定的相应接口要求之间的兼容性。

9)特性标识的监督。军事代表应监督承制单位划定特性类别并作特性标识。同时,还应监督承制单位编制关键工序目录并作相应标识。

(二)技术状态控制与监督

1.技术状态控制的概念

技术状态控制是指在技术状态文件正式确立后,对技术状态项目的更改,包括技术状态文件更改及对技术状态产生影响的偏离和超差进行评价、协调、批准或不批准以及实施的所有活动。

工程更改、偏离、让步是技术状态更改的三种类型。实施技术状态控制的目的是防止进行不必要的或可有可无的更改,并同时加速对有价值的更改的审批和实施。

(1)工程更改。工程更改是指对定型委员会或上级有关部门已正式确认或批准的现行技术状态文件所做的更改。使用方或承制单位,都可以提出工程更改的建议。使用方提出的工程更改建议应以书面形式通知承制单位,由承制单位履行更改程序。

工程更改分为Ⅰ类、Ⅱ类和Ⅲ类工程更改。Ⅰ类工程更改指涉及装备战术技术指标、强度、互换性、通用性、安全性等由使用方批准的工程更改;Ⅱ类工程更改指不涉及上述性能和质量由承制单位自行控制的一般性修改、补充;Ⅲ类工程更改是指勘误、修正描图等不影响性能和质量的更改。

(2)偏离。有些情况下,生产尚未开始,就已经知道在技术状态项目的某些方面无法按批准的现行技术状态要求制造产品。例如,外购的某种原材料已经停产,购买不到。此时,往往要采取某种措施,在保证产品质量符合规定要求的前提下,使生产能够进行,这种措施称作"偏离"。偏离是指技术状态项目制造之前,对该技术状态项目的某些方面在指定的数量或者时间范围内,可以不按其已被批准的现行技术状态文件要求进行制造的一种书面认可。生产过程中的原材料、元器件代用以及采用临时脱离产品图样的方法制造零部件,均属于"偏离"。偏离是一种临时性的措施,它只对指定的数量或时间范围有效。允许偏离时,对技术状态文件不作相应的更改。

(3)让步。在技术状态项目的制造期间或检验验收过程中,有时会出现技术状态项目的某些方面不符合规定要求,例如,某个零件的某个尺寸超出了公差范围。如果重新制造,可能会延误交付时间等。遇到这种情况,在保证产品质量的前提下,往往采用办理"让步"手续的办法解决这个问题。让步接收的项目有两种使用状态,一种是原样使用,另一种是经返修后使用。让步接收是一种一次性有效的处理方式,处理后再次发生同样的情况且需作让步接收处理时,要重新办理手续。

2.技术状态控制监督

(1)技术状态控制监督的要求。

1)有效地控制对所有技术状态项目及其技术状态文件的更改;

2)制定有效控制技术状态文件更改、偏离许可和让步的程序与方法;

3)确保已批准的更改得到实施。

(2)技术状态控制的内容。技术状态控制主要是控制技术文件更改、偏离许可和让步限制。

1)技术状态文件更改(工程更改)。技术状态文件更改指对已确认的现行技术状态文件所作的变更修改。

①技术状态文件更改原则。技术状态文件更改应符合以下原则:

a.纠正缺陷;

b.满足装备使用需要;

c.提高装备质量,降低装备成本;

d.确保图样、资料的完整、正确和统一;

e.偏离许可、让步不得进行技术状态文件更改。

②技术状态文件更改的程序。承制单位应按下列步骤办理技术状态文件更改:

a.提出技术状态文件更改,判定技术状态文件更改的必要性;

b.确定技术状态文件更改类别;

c.审查和评价更改;

d.拟定技术状态文件更改建议;

e.将技术状态文件更改建议提交军事代表审签或备案;

f.Ⅰ类技术状态文件更改应上报主管装备机关(部门)审批或备案;

g.将已确认的技术状态文件更改纳入技术状态文件,必要时将其纳入合同;

h.对相关文件实施更改。

③技术状态文件更改的提出。

a.军事代表和承制单位都可对现行已批准的技术状态文件提出技术状态文件更改的建议。

b.军事代表因装备使用需要提出技术状态文件更改建议时,应书面通知承制单位。

c.军事代表应监督承制单位提出的技术状态文件更改建议符合技术状态更改的原则。

④技术状态文件更改类别的确定。承制单位应在提出技术状态文件更改建议时确定正确的技术状态文件更改类别。当军事代表对承制单位确定的技术状态文件更改类别有异议时,双方协商且经军事代表确认。

⑤技术状态文件更改建议的编写。技术状态文件更改建议应由承制单位拟定并附必要的资料(如实验数据分析、保障性分析、费用分析等)。

a.Ⅰ类技术状态文件更改建议可按承制单位自行规定的格式编写,应包括下述内容:

(a)要更改的装备名称(型号)、技术状态项目和技术状态文件的名称和编号;

(b)建议单位名称和提出日期;

(c)更改内容;

(d)更改理由;

(e)更改方案;

(f)更改的迫切性;

(g)更改带来的影响(包括对装备战术技术性能、结构、强度、互换性、通用性、可靠性、安全性、维修性、保障性等的影响);

(h)更改所需费用估算;

(i)更改的实施日期;

(j)对已制品和在制品的处理意见。

b.Ⅱ类、Ⅲ类技术状态文件更改建议按承制单位自行规定的格式编写,其内容可参照Ⅰ类技术状态文件更改建议的内容进行适当剪裁。

⑥技术状态文件更改的批准权限。

a.Ⅰ类技术状态文件更改,军事代表应参加相关验证试验和鉴定工作,并签署意见后上报装备主管机关(部门)审批,未经批准前,不得更改。

b.Ⅱ类技术状态文件更改,由军事代表和承制单位双方按有关规定协商处理,必要时需双方联合上报装备主管机关(部门)备案。

c.Ⅲ类技术状态文件更改,由承制单位处理,并通知军事代表。

⑦技术状态文件更改的实施。

a.承制单位应将已经确认的技术状态文件更改迅速纳入受影响的技术状态标识文件。

b.涉及已交付的装备停用、返修和更换时,军事代表应联合承制单位按规定办理上报审批手续。

c.军事代表应对有关的技术状态文件更改执行情况和效果进行检查和记录。

2)偏离许可控制。偏离许可指产品实现前,偏离原规定的许可。

①偏离许可限制。

a.军事代表一般不受理承制单位涉及安全性及致命缺陷的偏离许可申请和影响部队使用或维修的偏离许可申请。

b.经军事代表同意的偏离许可申请仅在指定范围和时间内适用,并不构成对功能技术状态文件、分配技术状态文件或产品技术状态文件的更改。

c.应在技术状态项目制造之前办理偏离许可申请和审批手续。

②偏离许可的申请。承制单位应提出偏离许可申请,偏离许可申请可按承制单位自行规定的格式编写,包括下述内容:

a.偏离许可申请的编号;

b.标题;

c.装备名称(型号)、技术状态项目名称及其编号;

d.申请单位的名称及申请日期;

e.受影响的技术状态标识文件;

f.偏离许可的内容;

g.实施日期;

h.有效范围;

i.偏离许可带来的影响(包括对装备战术技术性能、可靠性、维修性、保障性、安全性、互换性、通用性的影响);

j.相应的措施。

③偏离许可的办理。

a.军事代表应按规定权限签署承制单位提出的偏离许可申请,其中涉及下列因素的偏离许可申请应签署意见后上报装备主管机关(部门)审批:装备战术技术性能、可靠性、维修性、保障性、安全性、互换性、通用性。

b.承制单位应分析偏离的原因,检查、评价所采取纠正措施的落实情况和后效,防止偏离重复出现。

3)让步。让步指对使用或放行不符合规定要求的产品的许可。让步有时称超差特许。

①让步限制。让步限制通用仅限于在商定的时间或数量内,对含有不合格特性的产品的交付。

a.军事代表一般不批准承制单位涉及安全性及致命缺陷的让步和影响部队使用或维修的让步。

b.经军事代表批准的让步仅适用于特定数量的制成项目,不构成对功能技术状态文件、分配技术状态文件或产品技术状态文件的更改,也不能作为以后让步和检验验收的依据。

②不合格品控制。

a.承制单位应确保不合格品得到识别和控制,以防止其非预期的使用或交付。

b.当在交付或开始使用后发现产品不合格时,军事代表应督促承制单位采取与不合格的影响或潜在影响的程度相适应的措施。

③让步办理。

a.对承制单位作出不合格品审理意见,军事代表应在认真分析并确定其影响的基础上,按规定权限签署处理意见。其中,如与承制单位有意见分歧,由军事代表室和承制单位双方协商,仍不能取得一致意见时,应上报装备主管机关(部门)处理。

b.承制单位分析产品不合格的原因,制定切实可行的预防和纠正措施,验证预防和纠正措施实施后的效果,并将有效措施纳入技术文件或形成制度,防止不合格重复出现。

3.军事代表对技术状态控制监督应强调的具体工作

技术状态控制是一项重要的工作,因此,以下对军事代表技术状态控制监督的具体工作再作一强调论述。

军事代表对承制单位技术状态控制活动实施监督,就是依据有关法规性文件、国家军用标准,对承制单位的确定更改类别、履行更改程序、进行内部和外部协调及履行签署手续等项工作实施监督检查,促使承制单位严格按有关规定及内部管理制度开展技术状态控制活动。

在技术状态控制中,军事代表要参加承制单位组织的一些活动,如分析更改的必要性,进行验证试验、评价更改等。军事代表在参加这些活动中,一方面要切实了解掌握情况,为下一步正式审查工程更改建议或偏离、让步申请打好基础,另一方面,要加强与承制单位的协调,尽可能地对有关问题取得一致意见。为此,军事代表必须:

(1)要履行好对技术状态控制监督的任务。军事代表在技术状态控制中,主要有三项任务:对承制单位的技术状态控制活动实施监督,参加承制单位组织的技术状态控制活动,实施技术状态控制。

技术状态控制在技术状态管理中有着特殊的地位。如果技术状态控制不严格,技术状态基线建立、技术状态审核等项工作做得再好,也会前功尽弃,产品质量也将受到极大的影响。任何Ⅰ类工程更改、偏离或让步,首先要通过军事代表的审查,才能获得批准。军事代表对保证更改的正确性负有直接的责任。技术状态管理是一项使用方和承制单位共同完成的工作,但就军事代表工作而言,在技术状态管理的四项活动中,唯有技术状态控制,军事代表拥有批准权或决定是否报批的权利,技术状态控制中的有些工作是军事代表独立完成的。因此,实施技术状态控制,是军事代表在技术状态管理中的一项最主要、最重要的工作,也是质量监督和检验验收工作中的重点工作之一。

(2)把握好实施技术状态控制的原则。要切实严格技术状态控制,军事代表应该把握好以下四项基本原则。

1)严格按技术状态控制的基本准则行事。也就是要注意维护使用方的利益,只有那些给使用方带来显著利益的更改才能获得批准,不能使更改成为接收不合格品的手段。

2)确立系统观念。一项技术状态更改,往往牵涉方方面面。在更改办理的过程中,不仅要考虑更改对产品质量的直接影响,而且要运用全系统、全寿命周期管理的思想,充分考虑更改对武器装备全系统、全寿命周期的各个阶段、装备使用和管理的方方面面的影响,综合考虑实施更改的有利因素和不利因素,保证通过实施更改获得最佳军事、经济效益。

3)严格进行试验验证。产品基线确立以后,不要轻易地进行更改,这是技术状态控制的一个基本原则。这是因为,只有经过试验,才能证明产品质量是否符合规定要求。产品基线是在充分地进行了基地试验、部队试验等定型试验的基础上而确定的。在办理更改过程中所做的验证试验,其严格性和全面性很难达到定型试验的程度。因此,对那些必需的更改,必须尽可能地进行严格、全面的验证试验,并把试验结果作为判定是否进行更改的最主要的依据。

4)严格履行更改程序。军事代表不但要对承制单位履行更改程序的情况进行监督,还要严格执行军事代表系统有关技术状态控制的内部管理程序。严格按制度办事,严格履行程序,尤其要按规定的权限办事,不能超越权限确认或批准更改。

(3)实施好技术状态控制。

1)审查更改类别。由于更改类别与批准权限相对应,所以,正确地确定更改类别是十分重要的。更改类别先由承制单位初步确定,然后提交军事代表审查后最后确定。审查中,既不要把应确定为低级别的更改上升为高级别,更不能把应报批的更改确定为不需报批的更改。对承制单位有批准权的Ⅱ类更改,也应予以审查,发现错误及时纠正。在审查让步申请的类别时,要重点检查是否重复发生。重复发生超差的原因,或者是承制单位质量保证能力不足,或者是技术要求太高,不合理。对那些重复发生的让步申请,要提高批准的级别,以促使问题的彻底解决。

2)判定更改的必要性。实施技术状态控制的目的之一,就是防止不必要的或可有可无的更改。因此,在办理更改时,必须对更改的必要性进行判定。判定的基本准则,就是更改应有利于使用方。判定更改必要性的重点,是判定工程更改的必要性。因为工程更改是永久性的更改,一旦出现错误,其影响是长远的。

3)审查和评价更改。对更改的审查和评价,是更改办理过程中的一项最重要的工作。审查和评价更改,分为以下几项内容:

①分析、评价更改带来的影响;

②进行验证试验。

更改的审查和评价完成以后,应形成完整的审查、评价资料。资料包括分析评价报告、验证试验报告。必要时,还应有专题分析报告,如保障性分析、费用分析等。审查、评价资料应作为工程更改建议或偏离、让步申请的附件。

4)审查更改方案。更改方案是实施更改的具体方案,通常包括需更改的技术状态文件名称,更改的内容、范围;更改实施日期;与更改相关联而需更改的工艺文件、工艺装备;对与更改相关联的产品、技术资料的处置方案,如已交付产品、备件、在制品和使用维护说明书、培训教材等;与更改相关联的其他事宜,如合同、费用等。审查更改方案的重点是方案的完整性、合理性和可行性,以及方案与审查、评价资料的相符性和协调性。

5)审查工程更改建议(偏离、让步申请)。按照更改程序,承制单位在完成判定更改的必要性、确定更改类别、审查和评价更改等项工作后,要拟制工程更改建议或偏离、让步申请并提交军事代表审查。

完成对工程更改建议或偏离、让步申请的审查后，对权限内的更改，由总军事代表签署批准或不批准意见。对需报批的更改，应履行报批手续。

6)更改批准后的质量监督。工程更改获得批准后，由承制单位负责将批准的工程更改纳入技术状态文件。军事代表应对承制单位将批准的工程更改纳入技术状态文件的工作进行监督，保证批准的工程更改（包括相关更改）落实到所有有关的技术状态文件中，包括承制单位各管理部门、生产现场、军事代表使用的及拥有该图样、技术文件的外单位的图样和技术文件。对工程更改、偏离和让步，军事代表均应对实施情况进行监督，保证工程更改按批准的技术要求落实到产品上，偏离和让步按批准的技术要求及在指定的范围和时间内实施。对工程更改，还应注意检查是否对相关的工艺文件、技术资料做了相应更改，对相关的设备工装等采取了相应措施。对偏离的实施，也应注意检查是否对相关的工艺文件、工艺装备、检验要求和方法做了相应的临时更改处置，并在批准的偏离有效期结束后恢复原状。

(三)技术状态纪实与监督

1.技术状态纪实

技术状态纪实是指对已确立的技术状态文件、建议的更改状况和已批准更改的执行情况应做的正式记录和报告。在技术状态项目的第一份技术状态文件形成以后，就开始进行技术状态纪实，并连续地跟踪记录和报告技术状态更改情况，提供所有更改对初始确定的基线的可追溯性。技术状态纪实贯穿于产品的整个寿命周期。技术状态纪实包括三项工作：记录、报告和分析。

技术状态纪实一般应包括：

(1)标识各技术状态项目的已批准的现行技术状态文件，给出各有关技术状态项目的标识号；

(2)记录并报告技术状态文件更改建议提出及其审批情况；

(3)记录并报告技术状态审核的结果，包括不符合的状况和最终处理情况；

(4)记录并报告技术状态项目的所有偏离许可和让步的状况；

(5)记录并报告已批准更改的实施状况；

(6)提供每一技术状态项目的所有更改对初始确定的基线的可追溯性。

2.技术状态纪实监督

(1)有关记录的监督。军事代表应定期或不定期地检查承制单位技术状态状况记录是否准确、及时，记录内容是否符合要求。通常记录内容应包括：技术状态项目、技术状态基线、技术状态文件更改、偏离许可和让步，及其相应的零组件号、文件号、序列号、版本、标题、日期、发放状态和实施状况等。

(2)有关报告的监督。军事代表应定期或适时地审查承制单位下述不同类型的报告：

1)技术状态项目及其技术状态基线文件清单；

2)当前的技术状态状况；

3)技术状态文件更改、偏离许可和让步状况报告；

4)技术状态文件更改实施和检查或验证的报告。

（3）质量问题的分析。军事代表应监督承制单位进行以下质量问题分析：

1）对所报告的质量问题进行分析，以查明质量问题的动向；

2）评定纠正措施，验证是否已解决了相应的质量问题，或是否又产生了新的质量问题。

（四）技术状态审核与监督

1.技术状态审核

技术状态审核是指为确定技术状态项目符合其技术状态文件而进行的审查。

在技术状态项目完成了工程研制或小批量试生产，并按规定进行了设计定型（鉴定）试验、生产定型（鉴定）试验、验收检验之后，必须进行技术状态审核。

技术状态审核分为功能技术状态审核和物理技术状态审核。功能技术状态审核是为证实技术项目是否已达到了功能技术状态文件和分配技术状态文件中规定的功能特性所进行的正式检查。物理技术状态审核是为证实已产生出的技术状态项目的技术状态是否符合其技术状态文件所进行的正式检查，生产定型时的技术状态审核，一般只进行物理技术状态审核。在实际工作中，当技术状态项目批准设计定型，投入小批量试生产时，或者技术状态项目转厂生产、停产后复产时，对试生产的首批产品也要进行技术状态审核。这种情况下进行的技术状态审核称作技术状态验证审核。除对已批准的产品技术状态文件不作审核外，技术状态验证审核的方法和内容，与物理技术状态审核基本相同。在我国功能技术状态审核和物理技术状态审核一般结合技术状态项目的定型（鉴定）审查进行。而技术状态验证审核一般结合技术状态项目的首批试生产鉴定审查进行。

2.技术状态审核监督

（1）技术状态审查监督的要求。军事代表应按合同或装备主管机关（部门）的要求，参加在承制单位现场进行的技术状态审核工作：

1）应对每个技术状态项目进行功能技术状态审核和物理技术状态审核。如果合同要求，还应对整个装备系统进行功能技术状态审核和物理技术状态审核。

2）功能技术状态审核应在设计定型（鉴定）前根据拟正式提交设计定型（鉴定）的样机或装备的试验情况进行。

3）物理技术状态审核应在完成功能技术状态审核之后，或与功能技术状态审核同时，根据按正式生产工艺制造的首批（个）生产件的试验与检验情况进行。

4）物理技术状态审核应详细审核有关的工程图样、产品规范、工艺规范、材料规范、设计文件、用于技术状态项目生产的各项实验，以及计算机软件配置项的使用和支持文件。物理技术状态审核还应审核已发放的工程文件和质量控制记录，以确保这些文件如实反映了按正式生产工艺制造的技术状态项目的技术状态，审核完成后，最终建立产品基线。

（2）技术状态审核前军事代表的工作。

1）按装备主管机关（部门）的要求指定参与审核的人员；

2）了解承制单位审核人员的资格；

3）督促承制单位编制审核计划、提交审核清单、准备审核资料；

4）与承制单位协调审核日程和地点。

（3）技术状态审核内容。

1)功能技术状态审核内容。

①审核承制单位的试验程序和试验结果是否符合装备研制总要求的要求；

②审核正式的试验计划和试验规范的执行情况,检查试验结果的完整性和准确性；

③审核试验报告,确认这些报告是否准确、全面地说明了技术状态项目的各项试验；

④审核接口要求的试验报告；

⑤对那些不能完全通过试验证实的要求,应审查其分析或仿真的充分性及完整性,确认分析或仿真的结果是否足以保证技术状态项目满足其技术状态文件的要求；

⑥审核所有已确认的技术状态文件更改是否已纳入了技术状态文件并已经实施；

⑦审核未达到质量要求的技术状态项目是否进行了原因分析,并采取了相应的纠正措施；

⑧对计算机软件配置项,除进行上述审核外,还可进行必要的补充审核；

⑨审查偏离许可和让步清单。

2)物理技术状态审核内容。

①审核每个硬件技术状态项目的有代表性数量的工程图样和相关的工艺规程(工艺卡),以确认工艺规程(工艺卡)的准确性,包括反映在工程图样和产品硬件上的更改。

②审核技术状态项目所有记录,确认按正式生产工艺制造的技术状态项目的技术状态准确地反映了所发放的工程资料。

③审核技术状态项目的试验数据和程序是否符合产品规范的要求,审核组可确定需重新进行的试验,未通过验收试验的技术状态项目应由承制单位进行返修或重新试验,必要时,重新进行审核。

④确认分承制单位的制造地点所做的检验和试验资料。

⑤审核功能技术状态审核遗留的问题是否已经解决。

⑥对计算机软件配置项,除进行上述审核外,还可进行必要的补充审核。

(4)技术状态审核后工作。技术状态审核完成后,军事代表应进行下列工作：

1)审查有关审核记录,保证其内容正确、完整地反映了军事代表的所有重要意见；

2)协助装备主管机关(部门)作出技术状态审核的结论；

3)跟踪监督审核遗留问题的解决及效果。

三、技术状态管理计划的监督

技术状态管理计划是规定如何对某项具体的采购或工程项目实施技术状态管理的文件(包括政策和程序)。对承制单位制定的技术状态管理计划的监督,是军事代表不可忽视的一项监督工作。要求每个技术状态项目都必须制订技术状态管理计划,以明确进行管理所采取的程序和方法。

军事代表应该对承制单位的技术状态管理计划的编制工作及实施工作进行监督。对大型复杂的武器装备系统,应该注意系统内各承制单位编制的技术状态管理计划的相互协调。

技术状态管理计划主要用来明确规定技术状态管理的过程、方法和程序,同时对各项技术状态管理活动做出安排。技术状态管理计划通常包括以下内容：

1.技术状态管理的综合性信息

综合性信息包括：所管理的武器装备系统或技术状态项目的说明；重要的技术状态管理活动的时间安排；技术状态管理计划的编制目的和管理范围；相关文件，如分承制单位的技术状态管理计划。

2.技术状态管理程序和方法

程序和方法内容包括：技术状态管理的有关制度和规定；技术状态管理组织机构；技术状态项目选择准则；内部报告和向使用方提供报告的时间间隔，报告的分发和控制要求；对分承制单位的技术状态管理工作的控制方法。在这一部分中，有些内容需要与使用方或分承制单位协调并取得一致意见，如，技术状态项目的选择准则等。

3.技术状态标识

标识内容包括：技术状态项目的规范树；规范、图样和更改的编号制度；需建立的技术状态基线、进度及文件类型；所使用和分配的序列号码或其他可追溯性的标识；发放程序。

4.技术状态控制

控制内容包括：建立技术状态基线前的更改控制程序；建立技术状态基线后，从提出工程更改建议到检查批准的工程更改实施情况的程序；偏离、让步的控制程序。

5.技术状态纪实

纪实内容包括：记录技术状态标识及技术状态控制过程中的有关事项和数据的方法；为形成技术状态纪实报告所需资料的收集、记录、处理和保持的程序；对所有各类技术状态纪实报告内容和形式的规定。

6.技术状态审核

审核内容包括：要进行技术状态审核的技术状态项目清单，这些技术状态项目研制进度与武器装备系统研制进度的关系；审核程序；审核报告的形式。

四、技术状态管理监督应强调的具体工作

以上介绍了装备技术状态管理监督的具体要求，结合工作实际，在装备技术状态管理监督中，军事代表应重点做好以下工作。

(1)督促承制单位必须建立技术状态管理制度，以使装备技术状态的确立和更改正确无误。军事代表在监督工作中可审查承制单位的技术状态管理企业标准，检查其技术状态文件形成的程序是否正确，技术状态管理制度是否满足《装备技术状态管理监督要求》(GJB 5709A—2023)的规定要求。

(2)督促承制单位对每个技术状态项目都必须制订技术状态管理计划，承制单位应分阶段编制，并在研制过程中根据装备系统或技术状态项目目标的不断演进，对该计划进行必要的修订。军事代表应审核技术状态管理计划，检查其是否符合合同要求和 GJB 5709A—2023 的规定。

(3)应监督承制单位在装备系统或技术状态项目研制过程的不同阶段，分别编制能全面反映在某一特定时刻能够确定下来的技术状态文件，建立三种技术状态基线。军事代表应检查功能基线是否与装备战术技术指标协调一致;分配基线是否与装备研制总要求的技术内容协调一致;产品基线是否与研制合同中的技术内容协调一致。

(4)在技术标识监督工作中,军事代表应重点检查承制单位是否确定了需控制的文件范围及相关人员职责,以及文件的编写要求、批准权限、编号方法及标识等是否作出规定并得到执行。文件管理与归档能否确保文件协调一致、现行有效。

(5)技术状态文件更改是对已由军方正式批准的技术状态标识文件和承制单位相应制定的工艺文件所进行的更改,这些文件是装备科研、生产的原始依据,必须保证其正确、完整、统一、协调。军事代表必须从严控制,认真审查,按技术标准规定的程序和权限办理。

(6)在办理偏离让步(超差处理)时,军事代表应坚持"三不放过"的原则,采取积极的工作方法,主动深入调查研究,严格按标准规定的程序和要求进行,既要坚持标准,又要作出恰如其分地处理,确保装备质量和安全。

(7)军事代表定期或不定期检查承制单位技术状态是否准确、及时,记录内容是否符合技术要求,是否能提供产品实现过程的完整质量证据,并能清楚地证明产品满足规定要求的程度,记录保存时间与产品寿命相适应。

(8)应按装备主管机关(部门)要求,军事代表参加在承制单位现场进行的技术状态审核工作,积极做好审核前各项准备工作,并跟踪监督审核遗留问题的解决及效果。

本节讨论了装备技术管理与监督有关概念,需指出的是我国技术状态管理时间不长,许多工作不够规范,因此,军事代表应认真学习技术状态管理有关理论和规定,督促承制单位按标准规定进行管理,这是技术状态管理与监督工作中的一项艰巨任务。

第三节　研制过程的设计、工艺、质量评审

评审,是对研制工作质量进行监督的一种管理手段。通过评审,可以了解情况,提出意见,对研制质量进行监督。

装备产品研制过程中所进行的评审,一般有设计评审、工艺评审和产品质量评审(或称技术质量评审)等。《设计评审》(GJB 1310A—2004)、《工艺评审》(GJB 1269A—2021)、《产品质量评审》(GJB 907A—2006)规定了评审的要求、主要内容、组织管理和评审程序,是进行质量管理与监督工作中进行评审的工具。以下对其有关内容予以论述。

一、设计评审

设计评审是为了评价设计结果达到规定目标的能力,对设计所做的综合的、系统的并形成文件的审查。

(一)设计评审的要求

研制单位应根据武器系统总要求、战术技术指标或研制任务书及合同要求,严格按研制程序实施分级、分阶段的设计评审,设计评审后,并经相应管理级别确认或批准,研制工作方能转入下一阶段。设计评审的一般要求如下:

(1)设计评审由研制单位组织,邀请非直接参加设计工作的同行专家与设计工作质量有关的职能部门代表、使用方及任务提出单位代表参加,以保证设计评审的公正性和权威性。

（2）设计评审重点审查设计是否满足研制任务书或合同规定的要求，发现设计中的薄弱环节，提出改进建议。

（3）设计评审必须有计划、有组织、有准备地进行，评审会议应有完整的记录，评审结论应形成文件。评审能影响设计决策，但不能代替设计决策，不改变规定的技术责任制。

（4）设计评审应充分发扬民主，保护不同的意见。评审中提出的问题，应由研制单位的有关职能部门负责分析处理，制定改进措施，实行跟踪管理。

（5）设计评审应作为研制程序的组成部分纳入研制计划，从经费、时间、工作条件等方面予以保证。

（二）设计评审的内容

设计评审根据研制过程必须分阶段进行，主要起到分阶段质量控制的作用，充分体现质量把关和预先控制的原则。根据研制工作程序，设计评审分为方案设计阶段、工程研制阶段和定型阶段设计评审。

1. 方案设计阶段的设计评审

方案设计评审一般也称方案评审，是根据批准的武器系统总要求、战术技术指标或合同，对研制单位优选的系统方案的先进性、适应性、可行性和经济性进行评审。方案设计评审在完成方案论证和方案设计后进行。方案设计评审的内容包括：

（1）方案设计的依据；

（2）方案设计对比分析及优选的结果；

（3）选定方案的先进性、适用性、可行性和经济性；

（4）各项战术技术性能指标或使用要求、安全性、可靠性、维修性、环境适应性、可支援性等满足研制任务书或合同要求的程度；

（5）系统功能原理图；

（6）协调并提出对分系统的技术要求；

（7）方案技术风险分析；

（8）系统可靠性、维修性工作计划；

（9）确定的系统设计规范、标准、设计准则及设计要求；

（10）系统试验方案及对分系统的试验要求；

（11）采用的新技术、新材料、元器件的摸底试验情况；

（12）系统模拟试验结果；

（13）可生产性分析；

（14）初步的质量控制计划；

（15）标准化大纲；

（16）系统研制程序和工作计划；

（17）研制经费及寿命费用周期成本估算；

（18）综合保障分析；

（19）计算机软件的研制开发；

（20）系统扩充和发展能力。

2.工程研制阶段的设计评审

工程研制阶段的设计评审是根据研制任务书或合同要求对产品的设计、试制及鉴定试验是否满足产品主要技术要求进行的评审。

不同类型的装备产品,其工程研制阶段的研制程序及阶段划分是不同的,如:初步设计、详细设计,或初样设计、试样设计、正样设计;或初步设计、技术设计、施工设计。工程研制阶段设计评审的内容包括:

(1)产品设计及技术指标协调情况以及将理论分析、模拟试验和试验结果用于设计的情况;

(2)各项战术技术指标满足研制任务书或合同要求的情况;

(3)产品功能原理图及可靠性模型图;

(4)采用的设计准则、规范和标准;

(5)系统化、通用化、组合化设计;

(6)试制工艺准备及初样、正样机的试制情况;

(7)初样、正样机的各种试验、功能试验、环境适应性试验、系统匹配试验结果及分析;

(8)系统与分系统及各分系统之间的接口设计及性能、结构参数的协调性;

(9)系统参数容差设计;

(10)可靠性预计、分配和故障模式、影响及危害性分析所确定的系统关键特性、关键件;

(11)可靠性与维修性设计,如降额设计、冗余设计、最坏情况分析、应力-强度设计、热设计、电磁兼容性设计等;

(12)安全性设计;

(13)元器件控制大纲,选用元器件、原材料、成品件的准则及范围;

(14)元器件筛选及整机老化的要求;

(15)人机工程的考虑;

(16)包装、装卸、运输、贮存、维护使用要求;

(17)环境试验、极限状态试验、过应力试验、寿命试验的情况;

(18)可靠性研制(增长)试验的情况;

(19)初步的使用试验与评价;

(20)综合保障要求;

(21)故障报告、分析及纠正措施系统;

(22)计算机软件的试验验证;

(23)价值工程分析;

(24)制定的定型鉴定试验方案;

(25)设计定型的技术状态的设计要求,技术经济风险分析及采取的措施。

工程研制阶段设计评审的评审要求、次数、评审点及内容等应根据产品的特点及研制工作实际需要确定,必要时,应征得军事代表的同意。

3.定型阶段的设计评审

定型阶段的设计评审是在产品经过定型鉴定试验后进行的,确认其是否满足研制任务

书或合同要求,是否具备申请定型或设计鉴定条件的评审。定型设计评审的内容包括:

(1)是否符合装备产品定型工作程序;

(2)全面满足研制任务书或合同要求的情况;

(3)产品战术技术性能达到的实际水平;

(4)产品鉴定试验情况及结论;

(5)产品可靠性、维修性评定;

(6)出现的问题、故障是否解决,采取措施的有效性分析;

(7)产品生产工艺能否满足设计要求;

(8)从研制向生产的转移,防止降低质量与可靠性,减少风险的措施;

(9)产品关键件、重要件的质量状况;

(10)提出的制造阶段的产品质量保证大纲要求;

(11)元器件、原材料的优选情况;

(12)外协件、外购件的定点及定型情况;

(13)包装、装卸、运输、贮存、维护使用技术要求;

(14)综合保障要求;

(15)安全性分析评定;

(16)产品故障报告、分析及纠正措施系统;

(17)研制中遗留的问题及处理情况;

(18)整理、鉴定设计文件的情况;

(19)整理、鉴定工艺文件的情况;

(20)整理、鉴定专用工装、设备的技术文件的情况。

(三)设计评审的依据

(1)研制任务书;

(2)合同要求、有关的设计要求文件,包括阶段设计要求的文件;

(3)与该工程项目研制有关的标准、规范、手册、法规等。

(四)设计评审的程序

按照《设计评审》(GJB 1310A—2004)的规定,设计评审程序一般包括以下步骤:

(1)项目设计师根据研制计划及研制工作实际进展情况,向上级设计师或相应的技术负责人提出设计评审申请文件,其中包括:

1)"设计评审申请报告"(格式参见《设计评审》(GJB 1310A—2004)附录 B)。

2)"设计工作报告"一般应包括以下内容:

①设计满足研制任务书或合同的情况;

②研制过程中主要工作进展情况;

③对研制过程中发生问题的分析处理情况;

④对设计风险的分析、评价;

⑤结论及建议。

3)评审计划安排的建议。

（2）上级设计师或相应的技术负责人审查或批准设计评审申请报告。

（3）研制单位应提前将评审通知及有关资料送评审组成员，以便评审组成员事先审阅"设计工作报告"及有关资料。

（4）组织设计评审会。

1）评审组的组成。设计评审由装备产品研制单位负责组织，质量管理部门负责监督。设计评审由设计评审组负责完成评审工作。

设计评审组设组长一人（由上级设计师或相应的技术负责人担任），副组长一至二人，成员由有关方面具备资格的代表组成，一般包括军事代表，任务提出单位代表，同行专家，质量工程师，设计、生产、工艺、计划、科技管理、标准化、物资、财务、试验等有关业务技术部门代表。必要时，可邀请有关的配套单位的代表及军事代表参加。

项目设计师不参加评审组，但应参加评审会议，汇报设计和研制情况，提供所需资料、数据和分析材料，参加讨论和研究改进措施。

2）评审会的内容。

1）项目设计师作设计工作报告；

2）评审会讨论、审查"设计工作报告"及设计资料的质量，设计师作答辩和必要说明；

3）评审组讨论和通过评审结论。

（5）评审组长负责将评审情况、设计存在的问题及建议、评审结论汇总形成《设计评审报告》（格式参见 GJB 1310A—2004 附录 B），评审组成员签名。

（6）评审中发生不同的意见，经充分讨论仍不能取得一致时，可保留个人意见，填写"设计评审意见表"，立案存档。

（7）根据研制任务书或合同及有关文件的规定，设计评审结论及有关资料或送军事代表室，或上报上级领导机关（部门）审批或确认时，应在设计评审结束后及时将"设计评审报告"及有关资料送有关部门审批或确认。

（8）设计评审结论确认或批准后，产品研制工作方可转入下一阶段。

（9）项目设计师应负责落实评审意见和结论。所有技术问题应按正常的研制程序及各职能部门的职责分工负责研究和组织落实。

（10）设计评审中形成的文件及资料应整理归档。

二、工艺评审

工艺评审是为了评价工艺设计要求及其合理性与经济性、可生产性与可检验性的能力，对工艺设计所做的正式、全面和系统的并形成文件的审查。

工艺评审应根据研制任务书和合同要求，对工艺总方案、生产技术文件等指令性工艺文件、关键件、重要件、关键工序的工艺规程、特种工艺文件等进行评审，并把评审结果形成文件。

工艺评审的目的是及早发现和消除工艺文件的缺陷，保证工艺文件的正确性、合理性和可检验性。工艺评审是由非直接进行工艺设计的专业技术人员参加的有计划、有组织的活动，它不同于有决定权的工艺定型，也不同于产品工艺性审查和会签，更不同于承制单位内部进行的技术协调。

(一)工艺评审的要求

工艺评审是承制单位及早发现和纠正工艺设计缺陷的一种自我完善的工程管理方法，在不改变技术责任制前提下，为批准工艺设计提供决策性的咨询。为此：

(1)承制单位对产品的工艺设计应根据管理级别和产品研制程序，建立分级、分阶段的工艺评审制度。

(2)承制单位应在产品研制过程中各项工艺设计付诸实施之前，组织非直接进行本项工艺设计的有关专业人员对工艺设计的正确性、先进性、经济性、可行性、可检验性进行分析、审查和评议。

(3)承制单位应根据实际需要设置评审点，并纳入研制计划网络图。未按规定的要求进行工艺评审或评审未通过，工作不得转入下一阶段。

(4)工艺评审的依据是产品设计资料(设计图样、技术文件等)、研制任务书和合同、有关条例、标准、规范、技术管理和质量保证文件等。

(5)工艺评审的重点是：工艺总方案、工艺说明书等指令性文件，关键件、重要件、关键工序的工艺文件，特种工艺文件，采用的新工艺、新技术(包括计算机辅助制造技术)、新设备，批量生产的工序能力等。

(二)工艺评审的内容

工艺评审的内容有以下三部分。

1.工艺总方案、工艺说明书等指令性文件的评审

(1)对产品特点、结构、精度要求的工艺分析及说明；

(2)满足产品设计要求和保证制造质量的分析；

(3)产品工艺分工及工艺路线的确定；

(4)工艺薄弱环节的技术措施计划；

(5)工艺装备、试验设备、检测仪器选择的正确性、合理性及专用工艺装备系数的确定；

(6)工艺(文件、要素、装备、术语、符号等)标准化程度；

(7)材料消耗定额确定及控制的原则；

(8)工艺研制周期的确定和费用分配的原则；

(9)工艺方案的正确性、先进性、经济性、可行性和可检验性；

(10)工艺总方案、工艺说明书等指令性文件的完整、正确、统一、协调。

2.关键件、重要件、关键工序工艺文件的评审

(1)评审关键工序确定的正确性及关键工序目录的完整性；

(2)评审关键件、重要件、关键工序的工艺规程应有明显的标记，工序控制点设置的准确性；

(3)评审关键工序的工艺方法、检测要求的合理性和可行性；

(4)评审关键工序的技术攻关措施；

(5)评审关键工序的控制应符合《工序质量控制要求》(GJB 467—1988)的要求。

3.特种工艺文件的评审

特种工艺一般指化学、冶金、生物、光学、声学、电子、放射性等工艺。在一般机械加工企业,特种工艺包括锻造、铸造、焊接、胶接、表面处理、热处理、非金属材料成型等。特种工艺所形成的质量特性,一般是直观不易发现的产品内在质量。评审要点是:

(1)采取特种工艺的必要性和可行性分析;

(2)特种工艺说明书的正确性及工艺流程、工艺参数、工艺控制要求的合理性;

(3)特种工艺工序的控制应符合《工序质量控制要求》(GJB 467—1988)的要求;

(4)特种工艺试验和检测的项目、要求及方法;

(5)特种工艺试验、鉴定的原始记录;

(6)特种工艺操作规程符合特种工艺说明书的情况;

(7)特种工艺的技术攻关措施;

(8)对特种工艺操作、检验人员的要求。

(三)工艺评审的程序

工艺评审的程序分为评审准备、组织评审、结论处置、文件管理四个步骤。

1.评审准备

(1)申请工艺评审的单位写出"工艺设计工作总结",其内容应有根据、有分析、有验证。

(2)由项目负责人提出"工艺评审申请报告",格式参见《工艺评审》(GJB 1269A—2021)附录 A。

(3)申请报告经技术负责人批准后,由有关职能部门组织评审组。评审组由有关技术负责人、同行专家或有关工艺人员、产品设计、标准化、质量、计划、财务等部门的代表、有经验的现场人员、军事代表等人员组成,必要时可邀请外单位的专家参加。

评审组设组长一人,副组长一至二人,成员若干。评审组组长由有关技术负责人或专家担任。

2.组织评审

(1)工艺项目负责人在评审时介绍"工艺设计工作总结",并对有关工艺资料进行说明。

(2)评审组成员根据评审内容范围进行工艺评审。

(3)评审采取汇报、审议、答辩、分析和探讨的形式,找出工艺设计上的缺陷,对存在的问题提出改进建议。

(4)评审组组长在集中评审意见的基础上,提出存在的主要问题及改进建议,从技术和质量保证的角度对该项工艺设计做出评价,并做出可否付诸实施的评审结论。

(5)指定专人整理、保存评审记录,填写"工艺评审报告"(格式参见 GJB 1269A—2021附录 B)。

(6)评审组成员对"工艺评审报告"的评审结论有不同意见时,应写在保留意见栏内并签字。

3.结论处置

(1)承制单位的工艺部门应认真分析"工艺评审报告"提出的主要问题及改进建议,制定措施,完善工艺设计,并按技术责任制的规定,经技术负责人审批后组织实施。

(2)工艺项目负责人对评审意见如不予采纳时,应阐明理由,经技术负责人审批,记录在案。

(3)军事代表应督促质量部门对评审结论的处置和审批后的措施的实施和落实。

4.文件管理

(1)承制单位应将工艺评审中形成的文件和资料统一整理归档。

(2)评审人员应遵守保密制度。

三、产品质量评审

产品质量评审是为了评价产品质量是否满足规定要求,对产品质量及其质量保证工作所做的正式、全面与系统并形成文件的审查。产品质量评审是在产品经验证符合研制规定要求之后,交付分系统、系统试验之前,对所研制的产品质量及其制造过程的质量保证工作进行的评审。

(一)产品质量评审应具备的条件

1.产品应通过设计评审、工艺评审及首件鉴定;

2.产品必须检验,经验证符合研制规定要求;

3.应有经批准的产品质量评审申请报告[格式参见《产品质量评审》(GJB 907A—2006)附录B]。

(二)产品质量评审的主要内容

1.产品的性能、可靠性、维修性和安全性的符合性

(1)审查产品的性能测试数据是否符合设计图样和技术文件规定的要求;

(2)审查产品可靠性工作计划是否已经贯彻实施;

(3)审查可靠性试验的结论意见、试验数据是否齐全、完整;

(4)审查产品维修性和安全性分析意见能否满足研制任务书或合同规定要求;

(5)审查产品可靠性、维修性和安全性有无遗留问题和纠正措施。

2.产品对环境的适应性的符合性

(1)审查对环境试验(例如高温、低温、盐雾、湿热、振动、冲击等)有要求的产品是否按规定进行了试验;

(2)审查产品环境试验结论意见,试验报告内容是否齐全、完整。

3.产品性能的一致性和稳定性的符合性

(1)审查该批产品性能指标有无测试记录,测试记录是否完整准确;

(2)审查有无产品性能一致性和稳定性分析报告;

(3)审查有无遗留问题和纠正措施。

4.产品工程设计更改控制

(1)审查技术状态管理制度是否包含了完善的工程设计更改控制要求;

(2)审查所使用的设计图样、技术文件和标准是否协调一致和现行有效;

(3)审查工程设计更改是否进行了论证、分析、试验并履行了审批程序;

(4)审查工程设计更改是否按更改程序贯彻执行,更改后有无遗留问题和纠正措施;

(5)审查有无工程设计更改记录,是否记录了工程设计更改的论证、试验、审批和执行情

况及其后效。

5. 产品的超差使用和处理

(1)审查有无超差处理申请报告,是否履行了审批程序;

(2)审查超差处理是否合理、正确,有无对其论证和分析;

(3)审查超差记录是否完整;

(4)审查超差处理后效如何,有无遗留问题和纠正措施。

6. 产品代用材料(包括元器件等)处理

(1)审查有无产品代用材料(包括元器件等)申请报告,是否履行了审批程序;

(2)审查有无产品代用材料(包括元器件等)对比分析和试验报告,是否履行了审批程序。

7. 缺陷、故障的分析和处理

(1)审查有无缺陷分类规定和记录要求;

(2)审查缺陷原因是否查清,有无记录和处理意见;

(3)审查故障报告制度的执行情况;

(4)审查故障有无原始记录,记录是否完整;

(5)审查故障有无分析处理报告,有无遗留问题和纠正措施。

8. 外购器材质量的管理

(1)审查外购器材入厂验收、入库、保管和发放能否满足质量保证要求;

(2)审查有无入厂复验技术文件和复验记录,记录是否齐全。

9. 新工艺、新技术、新器材、新设备及技术攻关成果的采用

(1)审查采用新工艺、新技术、新器材、新设备及技术攻关成果有无鉴定结论意见,能否满足产品质量要求;

(2)审查有无遗留问题,解决程度如何。

10. 设计评审、工艺评审和首件鉴定的遗留或遗漏问题处理

设计评审、工艺评审和首件鉴定的遗留或遗漏问题处理情况。

11. 执行质量保证文件情况

(1)审查是否建立了质量保证体系;

(2)审查质量保证文件是否齐全,贯彻执行情况如何。

12. 质量凭证、原始记录和产品档案的完整性

(1)审查库存或生产现场成品、半成品、在制品和外购器材是否均有质量凭证;

(2)审查各项原始记录(试制、检验、更改、试验、测试等)是否具备可追溯性;

(3)审查产品档案资料是否完整、齐全,是否按要求归档。

13. 产品的经济性分析

(1)审查有无产品经济性分析报告;

(2)审查产品经济指标是否达到规定要求。

(三)产品质量评审的程序

(1)由项目负责人向承制单位主管领导提出产品质量评审申请报告(格式参见 GJB 907A—2006 附录 B)。

(2)申请报告经批准后,组织评审组并制订评审工作计划。评审组由有关方面具有资格的代表组成,设组长一人,副组长一至二人,成员若干人。评审组长由承制单位技术负责人或质量负责人或专家担任。评审组由下列人员组成:同行专家或专业技术人员,承制单位的设计、工艺、质量保证等部门的代表;军事代表;上级部门代表;必要时可邀请有关外协、外购件承制单位代表。

3. 组织评审

(1)按评审要求向评审组提供文件和资料。

(2)项目负责人向评审组作产品研制质量报告,主要内容包括:

1)所研制产品制造过程质量保证工作的执行情况;

2)对产品质量的评价;

3)研制过程中主要问题分析及纠正措施落实情况;

4)产品经济性分析;

5)其他。

(3)审查产品研制质量报告,项目负责人作解答和说明。

(4)评审组进行审查、讨论,写出评审意见。

4. 提出评审报告

(1)评审组根据评审意见提出产品质量评审报告。

(2)承制单位根据评审组提出的问题和建议,制定纠正措施,组织落实,质量部门负责监督检查。

(3)承制单位将质量评审中形成的文件和资料整理归档。

四、设计评审、工艺评审和质量评审的关系

设计评审是针对产品的设计特性进行的,目的是强化设计的质量控制;工艺评审虽也是针对产品的设计特性,但它只涉及产品的生产加工特性,其目的在于完善工艺控制;产品质量评审针对的是产品整体而进行的,目的是检查产品质量的符合性。三者中,设计评审是第一位的,设计不好,再好的工艺也生产不出高质量的产品,产品质量符合要求是最终目的。

在装备研制阶段,当设计完成后应当先进行设计评审,在设计评审通过后,应当进行工艺评审,通过后方可进行样机试制。产品质量评审通常被安排在样机试制加工完成后,交付系统装配或进行试验前进行。

第四节　军用软件的管理与监督

一、军用软件的工程化及"三库"管理

军用软件是指用于军事目的的实现某些特定功能的计算机程序、数据、有关资料及其承载平台的统称。具体到用于武器装备的软件是指装备立项研制拟装备于部队的软件,包括:计算机程序和数据,以及作为最终型号/项目交付的软件等;还包括用于可交付软件的支持软件,含可直接支持创建、测试和维护可交付软件的汇编程序、编译程序、连接程序、加载程序、编辑程序、代码生成程序、分析程序、地面模拟和训练程序、飞行测试数据还原等在内的主操作系统软件等。

(一)军用软件的工程化管理

近几年来,军用软件在武器装备中得到了大量应用,使其成为武器装备工程重要的组成部分。因软件质量问题而造成的重大损失事件(如由于软件上遗漏一个点,可能造成一发导弹失误),使人们认识到软件质量的重要性,推动了软件工程化管理工作的开展。

所谓软件工程化管理,简单地说就是:建立一套系统的技术和管理规则,对软件研制、生产和维护过程实行控制和管理,以获得质量满意的可靠的软件。

(二)军用软件的"三库"管理

软件"三库"即软件开发库、软件受控库、软件产品库的简称。

软件开发库是指在软件生存周期中,存放软件配置项的集合。软件受控库是指在软件生存周期中,存放已通过测试或评审且作为阶段性产品的软件配置项的集合。软件产品库是指在软件生存周期中,存放已定型(鉴定)且供交付、生产、检验验收的软件配置项的集合。

软件"三库"管理,既便于软件研制,又能有效控制软件的技术状态,是软件工程化管理的常用方法,也是军事代表监督的重要手段。从软件技术状态形成过程、有效控制和管理的角度看:一般在软件形成初期,对未进行测试和评审的软件,采用软件开发库控制管理;在软件形成过程初、中期,对通过测试和评审的软件,采用软件受控库控制管理;在软件形成末期,对通过设计定型的软件,采用软件产品库控制管理。

二、军用软件的质量监督

《军用软件的质量监督要求》(GJB 4072A—2006)规定了军用软件质量监督的依据、目的原则、要点和要求,适用于军用软件的研制、生产和售后技术服务的质量监督。对软件质量的监督主要包括:软件研制过程、软件生产过程、软件售后技术服务和软件承制单位质量管理体系的监督。

(一)软件研制过程质量监督

军用软件研制过程质量监督要求是:

(1)督促承制单位按照软件工程化管理要求开展软件研制。

(2)督促承制单位按照《武器系统软件开发文档》(GJB 438C—2021)和《武器系统软件

开发》(GJB 2786A—2009)的要求,制订软件开发计划,明确软件研制过程、文档和评审要求。

(3)督促承制单位按照软件开发计划的要求,编制研制过程各个阶段的各种软件文档,审查承制单位编制的软件文档格式和内容是否符合要求;向上级提出是否进行阶段评审和测试的意见。

(4)督促承制单位按照软件开发计划的要求,实施分级、分阶段评审;参加软件评审,监督承制单位落实评审意见或纪要要求。

(5)督促承制单位按照 GJB 438C—2021 和 GJB 2786A—2009 的要求,制订软件测试计划,实施分级、分阶段软件测试,监督软件测试过程,必要时督促承制单位进行软件代码审查。督促承制单位建立和完善软件测试环境。

(6)督促承制单位按照 GJB 2786A—2009 的要求,制订软件质量保证计划,开展软件质量保证工作,适时提出评价意见和改进建议。

(7)督促承制单位按照《军用软件配置管理》(GJB 5235A—2021)和 GJB 2786A—2009 的要求,制订软件配置管理计划,实施软件配置管理。督促建立软件开发库,将通过承制单位内部评审的有关软件和相关文档纳入软件开发库管理。督促建立软件受控库,将通过阶段评审的有关软件和相关文档纳入软件受控库管理,检查软件配置管理情况,提出改进意见和建议。

(8)参加软件军方测评工作。

(9)督促承制单位到国家或军队认可的测试机构进行第三方测试。

(10)组织实施软件出厂(所)检验,会同承制单位联合提出定型试验、部队试用申请。

(11)收集成本信息,按规定参加价格审核工作。

(12)参加定型试验和部队试用,督促承制单位解决定型试验、部队试用中的问题。

(13)审查研制软件是否具备定型条件,会同承制单位联合提出定型申请。

(14)参加定型审查会,督促和监督承制单位限期解决定型遗留问题,验证并确认定型遗留问题已得到解决。

(15)督促承制单位将通过定型审查的软件产品源程序、目标程序、各种交付文档和运行平台软件纳入软件产品库管理。

(16)督促承制单位将开发平台软件纳入承制单位归档管理。

(二)软件生产过程质量监督

软件生产过程质量监督的要求是:

(1)签批软件产品使用申请。

(2)监督或参与软件产品库管理。会同承制单位对软件产品库采取措施,杜绝单方面使用或更改软件。

(3)严格控制和监督软件技术状态更改。督促承制单位履行更改审批程序,参加更改评审,督促承制单位完成软件回归测试,将完成更改、通过回归测试的软件纳入软件产品库管理。

(4)督促承制单位对硬盘、软盘、光盘和固件等介质(或载体)进行质量检查,以确保满足质量要求。

(5)督促承制单位检查本批复制生产的软件是否为现行有效的版本。

(6)督促承制单位对硬盘、软盘、光盘和固件等介质(或载体)中的软件进行病毒检查。

(三)软件售后技术服务的质量监督

军用软件售后技术服务质量监督要求是：

(1)对承制单位进行军用软件产品现场安装过程实施监督；

(2)督促承制单位制订技术培训计划，督促完成技术培训准备，参加实施过程中的协调工作；

(3)督促和协助承制单位收集用户对军用软件产品质量的意见，提供维护和技术支持；

(4)对军用软件产品使用中发现的软件故障，督促承制单位进行更改；

(5)对需要升级的军用软件，督促承制单位进行充分论证，并对升级进行全过程监督。

(四)软件承制单位质量管理体系的监督

军用软件承制单位质量管理体系质量监督的要求是：

(1)督促承制单位明确软件标准过程、人员、资源、活动和质量要求，并纳入质量管理体系；

(2)督促承制单位持续提高软件标准过程和资源的适宜性、充分性和有效性，通过软件能力和质量管理资质审核认证；

(3)监督承制单位的软件质量保证活动，了解质量管理体系内审情况，参加军方审核，提出改进意见和建议。

三、软件质量问题的处理

(1)发现软件质量问题后，应及时进行调查取证，确定质量问题性质。按照《装备质量问题处理通用要求》(GJB 5711—2006)及时进行处理。

(2)当重大软件质量问题未解决时，应向装备主管机关(部门)提出不进行阶段评审或定型的建议。

(3)发现软件产品库未按管理规程管理时，应及时提出纠正措施。

(4)发现软件产品库管理规程有漏洞时，应督促承制单位完善管理规程。

(5)发现软件载体质量问题时，应进行纠正，并会同承制单位查找问题产生的原因，制定预防措施。

(6)发现复制生产的软件与现行有效版本不一致时，应进行纠正，并会同承制单位查找问题出现的原因，完善管理措施。

(7)发现软件载体有病毒时，应消除病毒，并会同承制单位查找病毒来源，制定预防措施。

(8)发现软件故障时，应督促承制单位查找故障原因，制定更改方案，组织进行更改评审，完成软件回归测试，验证更改效果，将完成更改、通过回归测试的软件纳入软件产品库管理。对已交付的软件，应督促承制单位派出服务小组，赴部队更换有故障的软件。

第五节　装备试验的质量管理与监督

装备在研制、生产和使用各阶段的多种试验,是检查和验证装备的原理设计、工程样机设计、工艺方法、新技术、新材料应用是否满足研制任务书或合同要求的有效方法,是检查、验证装备的性能、功能、可靠性等质量特性是否达到规定要求的重要手段。通过试验可以发现装备在设计、生产和使用中存在的问题,为改进和完善设计、制造质量和交付使用提供客观依据。同时,装备在研制、生产和使用各阶段的多种试验也是把好装备质量关的重要环节。

《装备试验质量监督要求》(GJB 5712A—2023)规定了装备试验质量监督的目的、依据、方法、内容和要求,适用于对装备研制、生产和使用过程中有关试验的质量监督工作。

一、装备试验质量管理与监督的目的和方法

装备试验质量管理与监督的目的是:

(1)保证用于指导装备试验的技术文件的正确性;

(2)保证指导装备试验的法规和技术文件得到全面、正确地贯彻执行;

(3)保证装备试验结果客观、真实地反映装备固有特性。

装备试验质量监督可根据需要有选择地采取下列方法:

(1)对试验大纲、试验规范及其他相关文件进行审查、提出建议、签署意见;

(2)对试验设施、设备、器材、环境条件和试验产品进行检查或验证;

(3)对试验操作人员资格进行审核或确认;

(4)对试验过程进行现场观察并记录有关情况;

(5)对试验出现的异常情况提出处理意见或建议;

(6)参与收集、处理试验数据,对试验结果的准确性提出意见;

(7)参加技术、质量问题的分析与处理,并按规定程序上报情况;

(8)有要求时,参加试验大纲的论证或拟制,参与试验的相关组织与协调工作,对试验报告进行审签。

装备试验质量监督记录可借用试验大纲、试验报告及其他相关技术文件,或在此基础上补充完善。必要时,也可建立独立的监督记录,内容一般包括:

(1)试验项目名称;

(2)试验性质与目的;

(3)试验日期、实施单位及主要参试人员;

(4)试验过程简述与结论意见;

(5)试验过程中的装备故障及处理情况;

(6)评价意见或建议;

(7)监督人。

二、装备试验质量管理与监督的内容

(一)工程研制阶段试验质量管理与监督

1. 管理与监督范围

工程研制阶段试验质量管理与监督的范围一般包括：

(1)验证战术技术性能的试验；

(2)验证可靠性、维修性、安全性、保障性设计的试验；

(3)验证新技术、新材料、新工艺可行性的试验；

(4)关键技术攻关试验；

(5)样机鉴定试验。

2. 管理与监督的内容和要求

(1)对试验大纲或试验方案进行审查，并确认其满足以下要求：

1)试验目的明确，试验方法、步骤及技术要求正确、完整并已制定试验应急预案；

2)试验设施、设备、器材及环境条件的确定满足需要；

3)计量、检测方法、数据采集与处理方法科学合理。

(2)对试验前准备状态进行检查，并确认其满足以下要求：

1)试验文件齐全配套，并经审批；

2)被试验产品的技术状态明确；

3)试验设备、仪器、仪表齐全，且符合《装备质量管理体系要求》(GJB 9001C—2017)中的要求；

4)试验环境符合相关规定要求；

5)岗位设置与人员职责符合有关规定和实际需要；

6)试验操作人员具备相应资格。

(3)对试验过程进行监督，并确认其满足以下要求：

1)严格按照试验大纲或试验方案进行试验；

2)试验操作符合有关试验规程；

3)全面准确地记录试验信息；

4)中止试验或变更试验要素的理由充分，并按规定审批。

(4)对试验过程的工作质量和试验信息的准确性进行评价，并提出意见或建议。

(二)定型(鉴定)阶段试验质量管理与监督

1. 管理与监督范围

定型(鉴定)阶段试验质量管理与监督的范围一般包括：

(1)设计定型试验；

(2)生产定型试验；

(3)转厂鉴定、复产鉴定试验；

(4)定型产品改进后的鉴定试验；

（5）解决遗留问题的相关试验。

2. 管理与监督的内容和要求

（1）按照以下要求对定型（鉴定）样品或试验产品进行检查：

1）对设计定型试验，按照《装备产品定型程序和要求》（GJB 1362A—2007）的规定检查设计定型样品，并在质量证明文件上签署意见；

2）对生产定型试验，按照批准的产品图样和技术规范对试生产产品进行检查，并签署产品检查意见；

3）对转厂鉴定、复产鉴定和定型产品改进后的鉴定试验，参照上述设计定型试验、生产定型试验的监督内容进行监督。

（2）按照以下要求对定型（鉴定）试验大纲进行审查：

1）由试验基地或使用部队组织拟制试验大纲时，按照上级要求参加评审或提出意见；

2）由承制单位负责拟制试验大纲时，应根据研制总要求，研制合同及《装备产品定型工作规定》的要求，按照 GJB 1362A—2007 规定的内容进行审查，并提出意见。

（3）按照《装备产品定型工作规定》的要求对设计定型试验前的装备研制情况进行审查，确认符合条件时，会同研制单位提出设计定型试验申请。

（4）有要求时，参加定型（鉴定）试验的进场前评审。

（5）参加定型（鉴定）试验，主要要求是：

1）试验在试验基地或部队进行时，按要求派人参加试验，并根据试验情况及时提出意见或建议；

2）试验在承制单位进行时，对试验前准备状态进行检查，对试验过程进行监督，对试验中的工作质量和试验信息的准确性进行评价，并实施现场监督；

3）按照上级安排参加部队试用，需要时，应督促承制单位派出人员开展技术服务。

（6）解决定型（鉴定）遗留问题的试验质量监督工作。

三、装备试验中的质量问题处理

装备试验中的质量问题处理按照《装备质量问题处理通用要求》（GJB 5711—2006）的有关要求执行。

关于软件试验质量监督参照《军用软件质量监督要求》（GJB 4072A—2006）和有关要求执行。而装备试验中的质量信息管理参照《装备质量信息管理通用要求》（GJB 1686A—2005）的有关要求执行。

第六节　装备研制标准化工作与监督

一、装备研制各阶段的标准化工作

标准化是人们在经济、技术科学管理等社会实践中，对重复事物或概念，通过制定、发布和实施标准，达到统一，以获得最佳秩序和社会效益的一种活动。标准化是一种现代化的管理手段，它是装备研制的硬性要求，也是质量管理的有力工具，它作为一项重要的技术基础，通过制定和贯彻各种有关标准,对质量管理发挥着极为重要的作用。日本著名质量管理专家石川馨教授说:"没有标准化的进步,就没有质量的成功。"

标准化要求的内容通常包括:系列化要求、通用化和互换性要求、模块化要求、标准化程度要求等。

新产品研制的标准化工作贯穿于从论证到定型的整个过程。

(一)论证阶段的标准化工作

论证阶段是新产品研制标准化工作的起点。标准化工作的主要内容是根据产品的作战使用要求、全寿命周期费用以及对国内外有关标准情报的分析,提出有关标准化原则和要求。

1.论证阶段标准化工作的原则

(1)符合国家标准化方针政策及有关条件和法规的要求;

(2)满足贯彻标准的范围、数量及先进程度的要求;

(3)与已有同类装备标准化程度比较具有较高的总体方针;

(4)系列化、通用化、组合化程度高。

2.论证阶段标准化论证的主要内容

(1)分析作战对象使用对标准化的总要求,明确在作战使用性能论证阶段的工作任务;

(2)分析国内外同类或相应装备标准化状况;

(3)综合权衡提出新型武器装备标准化要求。

(二)方案阶段的标准化工作

方案阶段是确定新产品研制标准化工作全面要求和计划的关键阶段。主要工作内容是根据研制总要求中的战术技术指标,进行产品标准化目标分析,明确新产品标准化全部目标、工作范围和各阶段、各层次应达到的具体目标及标准化程度,通过对确定采用的标准进行剪裁,编制《新产品标准化大纲》。这是指导整个研制过程标准化工作的纲领。

在方案阶段,产品标准化工作的具体工作内容有:

(1)编制方案阶段工作计划,主要包括:研究计划、文件制订计划、年度工作计划等。

(2)进行标准化目标分析,确定标准化目标和要求;

(3)提出型号标准化文件体系表和标准体系表;

(4)组织提出标准实施一般要求、管理办法和重大标准实施方案;

(5)组织提出产品"三化"设计要求,评审研制方案中的"三化"方案;

(6)编制标准选用范围、标准件、原材料选用范围;

(7)组织标准化方案论证,编制产品标准化大纲;

(8)提出缺项标准制(修)订建议;

(9)起草标准化管理文件、技术文件,主要包括标准化过程管理规定、设计文件编制要求等;

(10)组织标准化文件评审;

(11)编写方案阶段标准化工作小结。

(三)工程研制阶段的标准化工作

工程研制阶段是具体贯彻标准和标准化要求的实施阶段。标准化工作基本任务是贯彻实施《新产品标准化大纲》,并对贯彻实施情况进行监督、检查。工作的主要内容有:分析有关产品的标准及资料,完成贯彻标准的准备工作;实施新产品通用化、系列化、组合化设计;对标准和标准化要求的实施情况进行监督检查,并协调解决有关问题;对新产品图样和技术文件进行标准化检查等。具体工作是:

(1)编制工程研制阶段标准化工作计划,包括:研究课题实施计划、文件制定计划、年度工作计划等。

(2)编制或补充完善型号标准化文件,包括:各种大纲支持文件、工艺标准化综合要求、组织协调实施中有关问题。

(3)组织"三化"方案实施、监督和检查,主要内容有:检查"三化"要求的落实、推动、协调和检查"三化"方案的实施。

(4)开展图样和技术文件的标准化检查,记实地反馈标准实施的信息。

(5)组织标准实施和产品标准化大纲实施评审,参与组织"三化"方案实施的评审。

(6)进行工程研制阶段标准化工作小结。

(四)设计定型阶段的标准化工作

设计定型阶段是对标准化工作全面考核的阶段。要根据"新产品标准化大纲"对新产品设计的标准化工作进行全面审查,确认其是否已达到规定的目标和要求。该阶段标准化工作的主要内容有:对提交设计定型的图样和技术文件进行标准化检查,审查贯彻有关标准和标准化要求的情况,解决工程研制阶段遗留的以及设计定型审查中提出的标准化问题,编写"新产品设计定型标准化审查报告"。具体工作是:

(1)制订设计定型阶段标准化工作计划。

(2)编制设计定型阶段相关文件。主要有:编制设计定型标准化要求;修订提出设计定型用标准选用范围,以及标准件、元器件、原材料选用范围。

(3)全面检查型号标准化工作,主要有:检查标准实施情况,检查产品"三化"工作,督促"三化"设计试验验证,分析与评估标准化效果。

(4)进行设计定型图样和技术文件标准化检查。

(5)进行产品标准化大纲终结评审,编写"设计定型(鉴定)标准化审查报告",参与设计定型。

(6)对型号标准化工作进行全面总结。

(五)生产定型阶段的标准化工作

生产定型阶段是对新产品生产标准化工作进行全面考核的阶段,基本任务是:

(1)根据设计定型资料及由承制单位编制的"新产品工艺标准化综合要求"对新产品生产工艺、生产条件及质量控制等方面的标准化要求进行全面审查,确认其是否达到批量生产条件;

(2)对提交生产定型的工装、试样、工艺文件进行标准化检查;

(3)制定和审查工艺及工装标准;

（4）解决试生产及设计定型时遗留的标准化问题；

（5）编写"新产品生产定型标准化审查报告"。

二、对新研装备标准化工作的监督

军事代表在新产品研制各阶段对标准化工作监督的主要任务是：

（1）了解使用部门在研制初期提出的标准化要求，审查新产品研制采用的标准目录；

（2）通过抽查设计图样和技术文件，检查标准化工作的贯彻落实情况；

（3）在参加新产品技术鉴定和定型工作过程中，参加标准化检查，重点审查产品图样、产品规范（技术条件）和工艺文件是否符合标准化要求。

当承研单位以及军事代表在标准化审查中发现问题时，要及时向研制单位提出意见或建议，必要时向上级业务主管部门提出报告。军事代表在对大型复杂装备的研制过程实施质量监督中，要督促总设计师单位做好标准化工作的统一管理工作，规范"新产品标准化大纲"的编制工作，保证参加研制各单位的"新产品标准化大纲"相互协调一致。

第五章　装备"六性"管理与监督

装备"六性"指可靠性、维修性、保障性、测试性、安全性、环境适应性。"六性"是装备重要的质量特性，它在设计中赋予、生产中保证、使用中发挥。为了保证装备"六性"要求的实现，对其实行全寿命周期管理与监督至关重要。

第一节　装备"六性"管理概述

一、装备"六性"管理的概念

装备"六性"管理是指为确定和满足产品"六性"要求而必须进行的一系列计划、组织、协调、监督与控制等工作。

（一）计划

"计划"是确定本项目的目标并为达到此目标而采取的方针、方法、准则和需求的资源。计划包括了所有的管理职能，在其他管理职能中也需要计划。计划分为"六性"计划与工作计划。

装备"六性"计划是订购方进行"六性"工作的基本文件，通过该计划的实施可以组织、指挥、协调与控制监督，以保证"六性"工作的顺利进行。

制订"六性"工作计划是承研方为了详细说明如何实施"六性"计划中规定的工作项目，以达到规定的"六性"要求，具体叙述所有工作项目的实施要求、进度、职责及其与型号研制活动之间的关系。

（二）组织

"组织"主要是确定组织机构、任务、职责、权限以及协调各机构、各人员之间的关系，管理应具有下列文件并付诸实施：

（1）组织机构图；

（2）各部门职能、职责规范；

（3）岗位任务书；

（4）协调程序。

在武器装备研制中，应建立以型号行政总指挥为首的，各级工程管理、技术部门和人员组成的"六性"管理的组织机构。规定行政总指挥、总设计师、主管副总设计师、各专业副总设计师、主任(管)设计师和各专业设计师等各类人员的责任以及科研计划、质量管理和技术培训等部门的关系、职责和职权;逐级落实"六性"管理和技术责任制。

(三)协调

为了达到管理的目标,管理领导者应采用现有的资源、程序、方针、准则,通过组织和计划,协调各职能部门及各类人员的工作,以保证"六性"目标的实现。

(四)监督与控制

"监督与控制"就是对各项"六性"指标的完成情况进行检查,并将检查结果与预定要求进行比较;若偏差较大,则应采取控制措施。此处监督分为承制方内部的监督和使用方(军事代表)的监督。

为此,"六性"监督可理解为:在产品全寿命周期过程中,运用"六性"理论、管理和工程技术,对组织过程和产品的状况进行监视、验证分析和督促的全部监督活动。

监督与管理虽有区别,但却有密切的联系,军事代表必须参加承制单位组织的各项"六性"管理活动,并对其实施监视、验证、分析和督促。

二、装备"六性"管理的目的与意义

(一)"六性"管理的目的

通过"六性"管理活动,可将"六性"各项工作有机结合起来,协调一致,达到"六性"目标。"六性"管理的主要目的有:

(1)加强对"六性"工作的协调,调动各方面积极性,正确进行"六性"工作;

(2)确认、评价、审查各承制部门"六性"工作计划,使其符合完成"总目标"的要求;

(3)对产品研制各阶段的"六性"工作进行检查,监督其按照工作计划进行;

(4)协调各部门、各岗位之间的"六性"工作,使"六性"各项工作协调发展,若发生偏差,及时纠正。

(二)"六性"管理的意义

1."六性"管理是系统工程管理的组成部分

任何一个装备从计划开始到设计、生产、使用、维修直至报废,是一个不可分的连续过程。产品的"六性"在工厂内部与设计、生产、试验、原材料供应、仪器设备,乃至人事、行政等各部门都有密切的关系;在工厂外部又与元器件生产企业、使用单位、维修等紧密联系。在这样一个过程中,如果有一个环节失误,就会造成不可挽回的后果。例如,若在设计阶段对产品固有可靠性、维修性、安全性考虑不足,则无论在以后的生产、使用和维修中如何注意提高质量,仍然不可能获得经济效益好、"六性"高的产品。同样道理,产品在设计、生产中赋予了较高的"六性"水平,但在使用中不正常操作,或使用者缺乏必要的训练,造成使用中故障频繁发生,产品的"六性"同样不可能保证,产品的性能不能很好地发挥。由此可见,"六性"工作是一个系统工程,一方面,在这个系统中各个部门或单位,都必须为实现产品的"六性"目标进行有效的管理、协调与监督,各司其职才能最终保证产品的"六性"。另一方面,"六性"工作从时间顺序来看,包括了研究、设计、制造、试验、运输、贮存、安装、使用及维修的各个阶段;从产品形成来看,包括了从原材料、元器件、零部件到设备、系统的各个环节;从内容来看,又包括理论、设备、标准、技术、教育、管理等各个方面。这些都要通过宏观和微观的"六性"管理来组织、协调,发挥出系统的整体效益。

我国《武器装备可靠性与维修性管理规定》明确提出,武器装备可靠性、维修性管理是系统工程管理的重要组成部分。可靠性、维修性工作必须统一纳入武器装备研制、生产、试验、使用等计划,与其他各项工作密切地进行。应当对装备性能、可靠性、维修性、安全性、保障性等质量特性进行系统综合和同步设计。认真贯彻这一规定,对提高装备可靠性、维修性、保障性等管理水平,促进装备质量的全面提高具有深远的意义。

2. 我国经济建设的新特点,要求必须抓好"六性"管理

(1)当前,我国的经济建设已从计划经济转向市场经济。在这种情况下,更应抓好"六性"宏观管理。这是因为:

1)"六性"是一个涉及全社会各个方面的系统工程,它的客观规律要求必须进行行业以至全国的统筹和协调,任何一个基层单位都不可能单独承担这个系统工程。

2)在当前的情况下,对产品质量和"六性"的制约作用几乎不存在,基层单位积极开展"六性"工作的动力和压力不足。

3)"六性"是一个用时间来表征的质量指标,在生产制造过程中,难以直接测定产品的"六性",而是出厂后在用户使用中才能表现出来;产品的使用、维护费用多数又是用户承担,这也会使一部分基层单位出现漠视产品出厂后的"六性"的短期行为。

4)国内外的经验教训都证明,"六性"工作需要政府部门自上而下的干预、指导,才能有效地组织和开展起来。国际公认的可靠性专家波多斯提出的可靠性工作四原则之一就是"在任何机构里,可靠性和质量保证的各项措施必须自上而下地贯彻执行。""领导部门在制定各项措施时,必须提出明确的理论和方针。""如果领导部门不把可靠性作为首要目标,不提供所需设施,则工作人员是不可能生产出可靠产品的。"由此可见,进行"六性"宏观管理与"六性"微观管理都十分必要和重要。

(2)我国装备建设中采取了许多应急措施,过程中必须抓好"六性"管理与监督。

当前,我国武器装备为了赶超世界先进水平,采取了一系列紧急措施,随之出现了许多新特点、新问题,主要表现在:

1)时间紧,任务重,技术难度大,风险高。

2)高度交叉、并行,主要表现在:预研与研制交叉,研制与生产交叉,生产与引进交叉,试生产与批生产交叉,并要求加快进度,保证质量,保证数量。

目前我国在装备"六性"工作中诸如指标、设计、试验、剖面、软件、外场验证等方面尚未全面系统地开展实质性的工作,因此必须从管理上加大力度,以适应新装备建设工作的要求。

(3)我国当前装备"六性"工作存在的问题,必须加强"六性"管理予以解决。

近几年,国家组织有关专家对几个集团公司的数个重点武器系统的质量工作进行了调查,发现许多型号研制、生产进度与质量的矛盾十分突出,一些影响当前型号研制生产质量的突出问题亟待解决,主要问题有以下7个方面:

1)部分装备型号研制工作在高度交叉作业中缺乏有效的管理措施,导致研制生产风险

增大；

　　2)部分型号单位的质量责任不够落实；

　　3)型号研制"六性"工作不深入,性能设计与"六性"设计不同步；

　　4)型号质量保证组织不健全,职能不到位；

　　5)承制单位无法制约配套产品的供应和质量；

　　6)质量与"六性"工作保障条件亟待加大力度并需统筹安排；

　　7)型号研制队伍的质量与"六性"意识薄弱、知识缺乏、专业人才缺乏。

　　产生上述结果的原因有诸多方面：

　　1)有技术难度大、认识不足的问题；

　　2)有研制单位设计不足、试验不充分的问题；

　　3)有原材料、元器件、工艺、制造水平差,基础薄弱的问题；

　　4)有组织、管理、计划安排的问题,对质量与"六性"工作重视不够、抓得不得力的问题。

　　我国曾组织有关部门对几个型号武器质量问题进行统计分析,发现管理方面因素占质量与可靠性方面很大比例,某装备质量可靠性问题原因的统计结果如表5.1所示。

表 5.1　某装备质量可靠性问题原因统计分析表

序号	直接原因		质量可靠性问题	
			数量/个	比例/(％)
1	操作失误	△	20	13.9
2	质量检验把关不严、漏检	△	25	17.4
3	设计缺陷、技术问题未吃透		47	32.6
4	工艺规程不合理		13	9.0
5	技术状态失控	△	11	7.6
6	工艺未过关		7	4.9
7	元器件质量问题		12	8.3
8	原材料不符合要求		2	1.4
9	违反规章制度,违反劳动纪律	△	6	4.2
10	未对软件进行检查测试	△	1	0.7

注:△—管理原因。

　　从上述统计可看出,在造成装备质量可靠性出现问题的原因中,管理原因占43.8％。因此可以说,完成装备研制的关键,首先在于加强武器装备全系统、全寿命中的"六性"管理。

　　(4)软件不可靠将会给装备带来严重影响,因此必须加强软件可靠性、可维护性、测试性、安全性管理。

　　例如,因为计算机程序中一个字符串符号使某卫星发射失败等,这些沉痛的教训,使人们不得不采取措施,加强软件"六性"的管理,以完成武器装备的使命。

　　(5)加强人机系统可靠性研究与管理也是当前"六性"管理的任务之一。

现代装备和系统是由人进行研制、控制和操作的,因此,人与武器系统的可靠性关系非常密切。研究表明,系统故障中约 $10\%\sim15\%$ 是由人为差错而产生的,而随着系统精度的提高和复杂程度的增加,人对系统可靠性的影响将越大,并且由于人为的差错使系统发生故障造成的损失将不可估量。为此,当前必须对人的活动和人机系统进行管理。例如,对飞机和飞机系统,不仅要考虑人和飞机,还要考虑跑道、气候、航空管制信息、航道信息等因素,才能保证安全飞行。

三、装备"六性"管理的特点

"六性"管理是产品质量管理的一个组成部分。应当对产品的性能、"六性"、经费、进度等指标,按系统工程的要求一开始就进行并不断进行综合权衡,对性能、可靠性、维修性、保障性、安全性、测试性寿命周期费用等进行系统综合及并行设计,以取得产品最佳的效能与寿命周期费用。为此,"六性"管理的特点是:

(1)强调工程性。管理具有很强的工程性,它要求在时间和费用允许的条件下,研制出满足订购方需要的可靠产品。管理紧密结合具体的产品,离开工程实际,谈不上什么管理。

(2)强调整体性。强调在产品全寿命周期内所有的"六性"活动是一个整体。必须统一安排计划,强调各个不同的技术部门、单位内外、承制方与订购方、承制方与元器件和零件的供应厂家之间要相互合作,统一进行管理。

(3)强调统计性。利用统计分析手段,不断地对现场故障数据和试验数据进行及时分析处理、交流和反馈,以便及时采取改正措施。

(4)强调预先管理。"六性"技术要求应早期投入,因为随着研制工作的进展,提高"六性"的努力所受的约束条件越多,资金的投资效益越差。如果产品制造出来才发现可靠性问题,那么要改进往往就会"牵一发而动全身",使研制人员左右为难。不改,可靠性有问题;改,体积、质量、进度要求、资金都有问题。所以美国 FMC 公司认为,图纸上的缺陷发现越晚,付出代价越大。

四、装备"六性"管理的内容

"六性"管理从整体而言可分为宏观管理与微观管理。

(一)装备"六性"宏观管理

装备"六性"宏观管理包括以下内容:

(1)制定和贯彻国家标准与专业标准。由国家标准化部门及总装备部组织起草及颁发的有关国家"六性"标准、国家军用标准以及各专业标准是各企业、研究所等基层单位开展"六性"工作的依据。企业标准必须高于国家标准及专业标准,以确保国家标准与专业标准的实现。

(2)组织有关的工作与管理机构。国务院、各有关部委,设置研究机构、标准机构、计量机构、情报机构、监督试验机构、"六性"数据机构以及管理部门,形成宏观的"六性"管理体系,指导、监督企业、研究所等基层单位的"六性"工作。

(3)进行"六性"规划。根据国内外发展趋势及行业、产品特点,制定各行业"六性"工作发展规划,对原材料、元器件、零部件以及设备、系统进行统筹和衔接,实行行业"六性"工作的优化配置,指导企业、研究所等基层单位的"六性"规划与工作。

(4)规定考核指标。根据经济发展及国内外市场与用户需要,规定各行业各类产品的可靠性、维修性、测试性、安全性、环境适应性指标和要求,作为考核基层单位及评定产品"六性"水平的依据,推动行业及基层单位的"六性"工作。

(5)进行预先研究和基础研究。"六性"的预先研究和基础研究难度高、周期长、直接及近期经济效益少,一般的企业难以承担。因此,有必要统筹规划,设置行业及专业的研究机构,对理论、技术、工艺、装备、情报等进行预先研究和基础性研究,为行业服务,提高行业应用水平。

(6)建立检测机构,检查监督"六性"水平。设置各级测试所、试验站等监督机构,对企业及重要产品进行随机抽查与测试,监督产品的"六性"水平。

(7)组织"六性"情报的收集与交换。各部委专业情报研究所及地方情报研究所应将"六性"情报作为一个重要门类,负责国内外"六性"情报的收集、储存、检索与交换。

(8)组织"六性"数据的收集与交换。组织全国以及各专业的可靠性数据交换网,有计划地收集各种"六性"数据,定期发布,作为各级主管部门制订规划、管理决策以及基层单位开展"六性"设计与管理的依据。

(9)开展行业协会、学会的技术交流。通过有计划、有组织的专业协会、学会的国内外的学术交流活动,指导企业、研究所等基层单位提高"六性"工程与管理水平。

(10)教育培训。根据国民经济发展的需要,有计划地开展"六性"工程与管理的在校教育和在职教育,对高等院校的专业建设和课程设置进行统筹规划和安排,有计划地培养初、中、高级"六性"工程与管理人才。

(二)装备"六性"微观管理

装备"六性"微观管理是从承制方的角度出发,在宏观管理指导下,对承制方的"六性"工作进行组织协调和保证,其主要内容有:

(1)制订"六性"计划和工作计划。

(2)设置"六性"管理机构,明确职责,落实工作人员。

(3)进行"六性"教育与培训。

(4)进行产品全寿命周期各阶段的"六性"管理。

(5)建立"六性"数据库,跟踪产品的使用信息。

本章所讨论的"六性"管理主要是指"六性"微观管理的有关内容。

第二节 装备"六性"计划与"六性"工作计划的制订

一、装备"六性"计划与"六性"工作计划概述

"六性"计划、"六性"工作计划是确保装备要求能有计划、有组织、有系统进行的文件。订购方必须根据使用需求提出具体装备的"六性"计划,纳入研制合同;承制方必须根据订购方的"六性"要求以及《装备可靠性工作通用要求》(GJB 450B—2021)、《装备维修性工作通用要求》(GJB 368B—2009)、《装备综合保障通用要求》(GJB 3872A—2022)、《装备测试性工作通用要求》(GJB 2547A—2012)、《装备安全性工作通用要求》(GJB 900A—2012)等制订具体产品的"六性"工作计划,以保证装备"六性"要求的实现。

(一)装备"六性"计划

如前所述,"六性"计划是订购方进行"六性"工作的基本文件。其目的是全面规划装备寿命周期的"六性"工作,以保证"六性"工作顺利进行。

制订"六性"计划是订购方必须做的工作,通过该计划的实施,可以组织、指挥、协调与监督装备寿命周期中的全部"六性"工作。

1."六性"计划的作用

(1)对"六性"工作提出总体要求,做出总体安排;

(2)对订购方应完成的"六性"工作做出安排;

(3)明确对承制方"六性"工作的要求;

(4)协调"六性"工作中订购方与承制方以及订购方内部的关系。

2."六性"计划主要内容

(1)装备"六性"工作的总体要求和安排;

(2)"六性"工作的管理和实施机构及其职责;

(3)"六性"及其工作项目要求论证工作的安排;

(4)"六性"信息工作的要求与安排;

(5)对承制方监督与控制工作的安排;

(6)"六性"评审工作的要求与安排;

(7)使用"六性"评估与改进工作的要求与安排;

(8)工作进度等。

随着"六性"工作的进展,订购方应不断完善"六性"计划。"六性"计划应通过评审,并在合同中明确要求承制方承担的工作。

(二)装备"六性"工作计划

"六性"工作计划是承制方开展"六性"工作的基本文件。承制方应按工作计划来组织、指挥、协调、检查和控制全部"六性"工作,以实现合同中规定的"六性"要求。

"六性"工作计划的作用是:

(1)有利于从组织、人员、经费以及进度安排等方面保证"六性"要求的落实和管理;

(2)反映承制方对"六性"要求的保证能力和对"六性"工作的重视程度;

(3)便于评价承制方实施控制"六性"工作的组织、资源分配、进度安排和程序是否合适。

因此,"六性"工作计划需要明确为实现"六性"目标应完成的工作项目(做什么),每项工作进度安排(何时做),哪个单位或部门来完成(谁去做),以及实施方法与要求(如何做)。

以下就可靠性工作计划(维修性、测试性、安全性、环境适应性雷同,可参考相关标准)和综合保障计划的制订予以论述。

二、可靠性工作计划的制订

(一)制订可靠性工作计划的原则和应考虑的因素

1.制订可靠性工作计划的原则

(1)制订可靠性工作计划应包括从产品的论证、设计开始,到使用阶段的整个寿命周期;

(2)制订实施各种业务的日程表,以便审查计划的进展情况;

(3)预算执行各项任务所需的设备、经费及时间,明确负责人的职责和权限;

(4)反映定期检查计划执行情况,必要时,可对计划进行补充和修正。

2.制订可靠性工作计划应考虑的因素

可靠性工作计划是产品研制、生产计划的一部分,应统一计划、协调。制订可靠性工作计划应考虑的因素有:

(1)产品的可靠性水平。当产品可靠性要求越高时,工作安排要越细,可靠性工作项目就越多;

(2)应针对产品研制的不同阶段,制订不同的工作计划;

(3)考虑产品的种类及同类型产品的可靠性水平状况,不同类型产品的可靠性要求不同,可靠性工作项目也就不同;

(4)要考虑产品研制的其他要求,如资金和进度等。

(二)可靠性工作计划的内容

可靠性工作计划的内容应包括"做什么""谁去做""何时做"以及"如何做"。研制阶段具体内容可考虑以下项目:

(1)实施可靠性工作保证的指导思想。

(2)可靠性工作项目的实施细则,可以分为产品的不同阶段,对工作项目要求、工作内容、完成状况及检查方法等进行描述。例如,按产品寿命阶段划分,进行如下描述:

1)方案论证阶段。对各种方案进行分析对比的过程。在此阶段,应开展部分可靠性工作,如制订部分外协、外协件计划,部分元器件控制计划,初步可靠性、维修性预计与分配,部分设计评审,初步失效分析、应力分析,制定关键项目清单,制定维修方案等。

2)方案设计阶段。对几种方案进行深入分析,即进行必要的试验与分析,确定具体研制方案的过程。在这一过程中应建立部分失效反馈、分析和改正制度,进行可靠性分配和应力失效分析,进行部分环境试验、应力筛选、可靠性增长试验及先行部件的鉴定试验。

3)工程研制阶段。这一过程中应全面展开可靠性工作,主要内容有:

①可靠性、维修性预计和分配;

②FMECA(FTA)分析和应力分析;

③设计评审;

④进行耐环境分析及环境试验;

⑤元器件及原材料的选用、评定及备件预测;

⑥安全性设计;

⑦建立失效反馈、分析与改正制度;

⑧可靠性、维修性增长管理；

⑨设计鉴定与鉴定试验；

⑩使用可靠性与验证；

⑪元器件与产品失效数据分析与管理。

以上可靠性工作计划内容并非固定不变，应随着研制的进展不断完善，当订购方的要求变更时，可靠性工作计划也应做相应的更改，且应经评审和订购方的认可。但无论内容如何，均应包括：实施可靠性工作计划指导思想，产品研制各阶段可靠性工作项目的实施细则，可靠性工作组织及人员，可靠性进度表，每一阶段的节点及检查或评审点，可靠性信息的收集、传递、分析、处理、使用的程序及方法等内容。

三、综合保障计划的制订及实施

装备寿命周期的综合保障管理是通过制订管理计划，并实施对计划项目的控制来实现的。从型号论证开始，就应着手进行综合保障计划的初始规划工作，一直延续到型号使用与部署阶段，使综合保障计划不断地得到修正和完善，直到建立正常运行中的使用和维修制度。

综合保障计划由订购方制订，承制方应据此制订综合保障工作计划。

(一)综合保障计划

综合保障计划是一份订购方为实现新研装备的保障性要求和综合保障目标而进行的各项工作的简明指南，也是与综合保障有关各专业工程和综合保障内部各专业工作协调活动的总指导。

在论证阶段，订购方应制订一份详尽的综合保障计划，集中反映订购方对综合保障的要求，装备系统的基本情况、使用特点，寿命周期内主要综合保障工程的具体内容和由谁来完成，与其他专业工程活动的协调以及资金和进度等。它是参与综合保障工程的所有单位实施综合保障工作的基本依据。

1.综合保障计划的内容

综合保障计划涉及装备寿命周期的所有阶段的工作，计划中的内容随研制的进展而逐步细化、扩充和修改。主要内容如下：

(1)装备说明。主要提供有关装备的信息，包括以下内容：

1)装备的主要作战使用和所要应付的主要威胁。

2)装备的功能和性能指标，装备的功能框图。

3)订购方直接采购的设备的性能指标及软硬件接口要求。

4)在装备研制过程中应执行对装备总体或对装备保障系统有重大影响和制约的法规及标准。

(2)综合保障工作机构及其职责。主要指型号研制、生产和使用过程中订购方的综合保障工作机构及其职责。

(3)使用方案。详细说明装备的任务需求、使用强度、持续时间和机动要求，装备的主要部署地域、数量以及服役期限等，描述装备的寿命剖面和任务剖面。

（4）保障方案。一般应包括使用保障方案和维修方案。

1）使用保障方案包括装备动用准备方案、运输方案、储存方案、检查方案、加注充填方案等。

2）维修方案应说明装备维修级别的划分，维修的基本原则，各维修级别的维修范围和与维修工作相关的已知的或预计的保障资源方面的约束条件。

（5）保障性定性和定量要求。

（6）影响系统战备完好性和费用的关键因素。列出对系统战备完好性和费用具有重大影响的关键因素，同时要提出在新装备研制过程中控制这些关键因素的原则和要求。

（7）保障性分析工作的要求和安排。

1）订购方进行的保障性分析工作，应明确工作项目、目的、范围、输入输出要求、分析方法、负责单位以及进度要求。

2）承制方进行的保障性分析工作，应明确工作项目要求，输出数据要求和进度要求。

3）说明订购方与承制方所开展的保障性分析工作之间的相互协调关系，各项工作之间的输入输出关系。

（8）规划保障要求。主要由承制方通过实施保障性分析完成，应包括规划使用保障、规划维修和规划保障资源的基本要求，包括进度要求、输出要求和保障资源间的权衡分析要求，说明规划保障时可以利用的数据源。

（9）综合保障评审要求及安排。应包括订购方内部综合保障评审和对承制方综合保障工作评审的要求与安排。

（10）保障性试验与评价要求。应包括订购方及承制方所应开展的保障性试验与评价的内容、方式、进度要求等，还应包括对承制方进行的保障性试验与评价工作要求。

（11）综合保障工作经费预算。应对每一阶段的综合保障工作所需费用做出预算，并根据装备采办进展情况适时调整。

（12）部署保障计划。

（13）保障交接计划。说明如何将装备保障责任向订购方移交，分别说明每项资源移交的时机、方式等。

（14）保障计划。

（15）现场使用评估计划。应包括对系统战备完好性初始使用评估和后续使用评估工作的详细安排。

（16）停产后保障计划。应说明由于生产线关闭对装备保障的考虑，其中主要是备件供应的策划和安排。在国外，停产后保障主要采用全寿命采购、建立第二生产源等策略。

（17）退役报废处理的保障工作安排。主要是对特殊装备（如核武器）说明报废处理工作要求、安排、程序、负责单位及其职责等。

（18）工作进度表。用图表形式表示装备寿命各阶段尤其是研制阶段应完成综合保障各项工作的进度。

2.综合保障计划的制订

综合保障计划在论证阶段就应制订，并随着研制进展不断地对其内容进行补充、修改和完善。

（1）论证阶段。在装备的论证阶段，就应开始草拟装备综合保障计划。在论证阶段结束时，一般包括下列内容：

1）装备初步说明；

2）使用方案；

3）初始保障方案；

4）初定的保障性要求；

5）订购方内部的综合保障工作机构，建立综合保障管理组的基本方案；

6）对影响战备完好性和费用的关键因素的说明；

7）保障性分析的要求和安排；

8）综合保障评审的要求和安排。

（2）方案阶段。在方案阶段，随着装备设计工作的进展，计划中需要补充、完善的主要内容有：

1）更为详细的装备系统描述；

2）使用方案；

3）保障方案；

4）保障性定性定量要求；

5）影响系统战备完好性和费用的关键因素的详细说明；

6）规划保障的要求，保障性分析工作安排；

7）初始保障计划；

8）保障性试验与评价要求，主要规定在工程研制阶段所要进行的保障性试验与评价的范围、目标、总体进度安排等内容；

9）经费预算，主要提出工程研制阶段开展综合保障工作所需的经费要求；

10）初步的部署保障计划，应根据装备部署计划初步拟订部署保障计划。

（3）工程研制阶段。在工程研制阶段，根据承制方工作的结果，主要完善下列内容：

1）保障计划；

2）装备部署保障计划；

3）停产后的保障考虑，拟采用的保障策略；

4）退役报废处理的有关保障考虑以及后续研究分析工作的安排；

5）现场使用评估计划。

（4）设计定型和生产定型阶段。在该阶段，对综合保障计划中的相关内容进行进一步的补充、修改和完善。

（二）综合保障工作计划

综合保障工作计划是承制方完成其承担的装备综合保障任务的工作程序、基本方法和进度要求的规划性文件。

在论证阶段，承制方就应根据订购方提出的装备综合保障要求和综合保障计划制订综合保障工作计划，该计划应反复修订，并需通报和得到订购方认可，随着研制工作的进展而补充完善。

1.综合保障工作计划的主要内容

《装备综合保障通用要求》(GJB 3872A—2022)给出了综合保障工作计划的主要内容,具体如下:

(1)装备说明及保障性要求和综合保障工作要求。

(2)综合保障工作机构及其职责。

(3)对影响系统战备完好性和费用的关键因素的改进,包括对这些关键因素进行改进的基本途径、方法等。

(4)保障性分析计划。详细说明承制方进行装备保障性分析的工作项目、负责单位、进度,以及与订购方保障性分析、其他专业工程分析的协调和输入输出关系,还包括对主要转承制方保障性分析工作的要求。

(5)规划保障。详细规定通过保障性分析规划使用保障、规划维修和保障资源的工作程序、负责单位、进度和结果的提交形式和时机。

(6)综合保障评审计划。应根据综合保障计划和合同要求,制订综合保障评审计划。计划中对订购方主持的评审和承制方内部的评审作出详细的安排,还应包括对转承制方评审要求。

(7)保障性试验与评价计划。应根据综合保障计划和合同要求,制订研制阶段的保障性试验与评价计划。

(8)综合保障工作的经费预算。

(9)部署保障工作的安排。根据综合保障计划的总体要求,说明需由承制方完成时间等,同时还要说明与订购方协调的方式和途径。

(10)保障交接工作的安排。应根据综合保障计划中的总体要求,说明需由承制方配合订购方进行的交接工作,列出交接内容、方法、负责单位或人员、完成时间等。

(11)停产后保障工作的安排。应根据综合保障计划中的总体安排,说明承制方需要配合订购方开展的工作,包括有关停产后保障策略和建议。

(12)提出退役报废处理保障工作建议。根据综合保障计划中退役报废处理的保障工作安排,说明有关技术要求,提出相关工作安排的详细建议。

(13)综合保障与其他专业工程工作项目的协调。主要说明综合保障的各个工作项目如何与可靠性、维修性等专业工程规定的工作项目进行协调,说明进度关系、输入输出关系等。

(14)对转承制方和供应方综合保障工作的监督和控制。说明对转承制方和供应方进行监督与控制的方式和方法等,本部分的有关内容应在有关转承制合同或订货合同中规定。

(15)工作进度表。应与综合保障计划的进度表相协调。主要是用图表的形式规定在研制阶段所应完成的所有工作的进度。

2.综合保障工作计划的制订

与订购方的综合保障计划不同,综合保障工作计划属于工作计划的性质,计划实施的结果经订购方认可后,必要时将相关内容纳入综合保障计划之中。

在方案阶段结束时,应完成综合保障工作计划的编制,详细规定在后续研制过程中应进行的各项综合保障工作安排。

第三节 装备研制阶段的"六性"管理与监督

装备"六性"管理指装备研制过程、生产过程、使用过程对"六性"工作的规划与管理。过程管理是"六性"管理的重要活动,它对保证"六性"要求的实现有重要的意义。为此,承研方的质量管理人员、驻厂(所)军事代表应对承制方、转承制方和供应方的"六性"工作实施有效管理与监督。以下仅讨论研制阶段的"六性"管理与监督。

一、研制阶段"六性"管理的任务

研制阶段"六性"管理的主要任务是:根据确定的"六性"目标,制订"六性"工作计划;组织实施"六性"设计与分析;进行"六性"设计评审;"六性"试验与评定;"六性"信息管理;等等。为了有效地实施"六性"管理,必须建立健全管理组织,重大产品应在设计师系统设置"六性"(质量)工作系统、故障审查组织,并实行有效的控制与监督。

二、研制各阶段的"六性"管理

(一)论证阶段的"六性"管理

1.论证阶段的"六性"管理的主要工作

在论证阶段,使用部门负责组织武器装备战术技术指标论证时,应提出"六性"定量、定性要求,并纳入"战术技术指标"。其指标论证报告应包括:指标依据及科学性、可行性分析,国内外同类装备水平分析,寿命剖面、任务剖面及其他约束条件,指标考核方案,经费需求分析。战术技术指标评审应包括对"六性"指标的评审。

概括地说,在论证阶段,订购方的责任是论证、提出"六性"要求,实施监控和评审;承制方的责任是通过论证,提出实现其要求的方案和措施。

2.论证阶段"六性"管理的主要内容

(1)可靠性、维修性、测试性、安全性、环境适应性管理。

1)订购方在进行装备战术技术指标论证的同时,应进行可靠性、维修性、测试性、安全性、环境适应性指标的论证。

2)任务招标单位应对国内外同类装备的可靠性、维修性、测试性、安全性、环境适应性水平进行分析,以便根据新的需求提出既先进又可行的指标。

3)提出装备的寿命剖面、任务剖面及其他约束条件,以及对这些指标的考核或验证方案的设想。

4)对可靠性、维修性、测试性、安全性、环境适应性经费需求进行风险分析。

5)在进行战术技术指标评审的同时,应对可靠性、维修性、测试性、安全性、环境适应性指标进行评审,最后纳入"研制总要求"中。

(2)保障性管理。在论证阶段,保障性工作主要应进行以下几项:

1)根据任务需求、使用方案、保障性初步要求、现有的保障能力、初步的使用要求,通过使用研究、比较分析的初步功能分析,制定初始的使用保障方案。

2)应规定有关维修保障的约束和提出初始的维修方案。

3)明确现有人员的情况以及约束条件,分析人员和技能短缺时对系统战备完好性和费用的影响。

4)确定备件和消耗品的原则和方法等。

5)确定有关保障设备的约束条件和现有保障设备的信息。

6)确定技术资料及训练保障的约束条件。

7)提出保障设施的约束条件,并向承制方提供现有设备的数据。

8)提出包装、装卸、储存和运输的要求,并提出现役装备的有关信息;承制方进行保障性分析,确定包装、装卸、储存和运输的需求。

9)提出计算机资源保障要求,并提供现役装备计算机资源保障方面的信息,承制方通过保障性分析提出装备计算机资源方面的需求。

(二)方案阶段的"六性"管理

在方案阶段,首先要对研制任务书进行充分的了解与消化,包括"六性"方面的要求,任务周期、体积、质量、费用等约束条件,相应的标准与规范。必要时,与下达任务的主管部门、使用单位进行协商,明确、补充或调整任务书的相应要求。了解同类产品的水平与特点。

在方案阶段,确定设计方案以及相应的保证措施,确定"六性"定性、定量要求及相应的考核或验证方法,制订细化"六性"工作计划以及进行费用分析,也是一项必不可少的重要工作内容。

1. 可靠性、维修性、测试性、安全性、环境适应性管理

(1)确定可靠性等定性、定量要求及相应的考核或验证方法,并对其实施评审。

(2)制订可靠性等工作计划。

(3)制定产品专用的可靠性等规范、指南等技术文件。

(4)建立故障报告、维修性数据收集、分析和纠正措施系统。

(5)对产品的可靠性等进行初步分析并与费用、进度等因素进行综合权衡,确定达到定性、定量要求必须采取的技术方案。

(6)在方案评审时,应将可靠性等作为重点内容之一进行评审。

(7)预算可靠性等经费。

2. 保障性管理工作

(1)在订购方协助下,由承制方通过功能分析,确定并制订使用保障计划,完善修订使用保障方案。

(2)承制方应根据初始维修方案,开展有关保障性分析工作,确定维修工作项目、制定备选维修方案;开展设计方案、使用方案和维修方案之间的权衡分析和各备选方案的权衡分析,进而确定维修方案。军事代表应积极配合并提供有关信息,提出有关承制方维修方案的方针政策和维修的初步建议。

(3)初步分析平时和战时使用与维修所需人力和人员,提出初步的人员配备方案。

(4)确定保障设备的初步需求。

(5)提出初步的技术资料项目要求,编制初步的技术资料配套目录,提出技术资料编制

要求等。

(6)初步确定人员的训练需求。

(7)承制方对订购方提出的保障设施要求,通过保障性分析,初步确定设施的类型、空间及配套设备需求,经分析现有设施不能满足设施的类型、空间及配套设备需求时,则应制定新的设施需求。对于装备的使用、维修、训练、保障等必需的设施,如跑道及障碍物、码头、厂房、仓库等应尽早确定。

(8)承制方通过保障性分析,提出装备计算机资源保障方面的需求。

(三)工程研制阶段的"六性"管理

1. 工程研制阶段的"六性"主要工作内容

(1)可靠性、维修性、测试性、安全性、环境适应性工作。工程研制阶段的任务是根据质量功能展开原理,按计划开展可靠性等设计、分析和试验工作,主要有:

1)进一步修改、细化和实施可靠性等工作计划。

2)在进行产品性能设计的同时,按照通用标准或专用规范、指南等技术文件进行可靠性等的分析与设计,并将其特性按照企业的核心技术系统,展开到产品的各功能部件、过程质量上,从而满足订购方要求的产品质量。

3)健全故障报告、维修性数据收集、分析和纠正措施系统,促使产品的可靠性、维修性研制阶段不断增长。

4)按照合同或其他文件,对转承制方和供应方的产品可靠性等进行监控。

5)根据产品特点,进行环境应力筛选试验、可靠性增长试验和维修性核查。

(2)保障性工作。

1)由承制方进行使用与维修保障分析,确定并制定使用保障工作的详细程序、方法和提供需要的保障资源,制订使用保障计划。

2)承制方应进一步开展质量功能分析,并重点进行各级别的维修工作项目分析,确定每项维修工作的程序、方法和所需要的保障资源,制订维修保障计划,初步确定维修管理体制。

3)修正人员配备方案,考虑人员的考核和录用,并与训练计划协调。

4)确定平时和战时所需备件和消耗品的品种与数量,编制初始备件和消耗品清单,还应提出后续供应建议。

5)确定保障设备需求,编制保障设备配套方案及保障设备配套目录,提出研制与采购保障设备的建议,按合同要求研制保障设备。

6)确定技术资料配套目录,编制技术资料并进行初步评价。

7)根据使用与维修人员必须具备的知识和技能,编制训练教材,制订训练计划,提出训练器材采购和研制建议。进行训练器材研制,并按合同要求实施训练。

8)确定对包装、装卸、储存和运输所需的程序和方法以及所需资源,并对其需求进行评审以及资源的研制。

9)承制方应制订计算机资源保障计划,并加以实施。

2. 工程研制阶段"六性"管理内容

工程研制阶段,研制单位应实施"六性"工作计划,开展"六性"设计、分析和试验工作。

完成试制任务后,对其"六性"进行验证。阶段评审时,应包括对实施"六性"工作计划的评审。具体应进行以下管理工作:

(1)装备结构设计的管理。根据基本方案进行具体的结构设计,并贯彻"六性"要求,对性能、"六性"、费用进行权衡。在某些情况下,宁可适当降低性能的要求以保证装备"六性"要求的实现。

(2)进行可靠性、维修性、测试性分配。将已经由系统分配至分系统、设备的指标分配至元器件与工艺,然后,再分配至每一个大类,每一个元器件、结构件以及导线、焊点、紧固点。不但要分配失效率,而且要分配生产制造过程中的不良率。

同时,还要进行部门的分配。从总体部门分配至设计、工艺、供应等各部门,直至每个工序和工位。分配的基本方法是"现场统计加修正"。现场统计是指将相似设备的制造和使用过程所积累的数据作为分配的基础,"加修正"是根据改进的可靠性进行必要的修正和协调,使分配更趋合理。

(3)组织进行具体的"六性"设计。在初步的结构方案确定后,组织设计人员及可靠性工程师进行各项具体设计。"六性"设计主要工作有:

1)确定"六性"定量、定性要求;

2)进行"六性"建模与预计;

3)进行故障模式影响分析和故障树分析;

4)制定和贯彻"六性"设计准则;

5)制定和实施元器件大纲;

6)进行与软件有关的"六性"设计;

7)进行保障性安全性、环境适应性分析与设计;

8)正确处理"六性"设计与试验的关系;

9)加强"六性"设计评审工作;

10)建立并深化故障报告、分析与纠正措施系统。

(4)此阶段还应按《装备综合保障通用要求》(GJB 3872A—2022)规划并研制相应的保障资源,制订保障计划,影响产品设计。

(5)可靠性、维修性、测试性预计与安全性分析。根据实际条件,采用有关方案进行可靠性、维修性、测试性、预计及安全性分析,同时进行 FMECA 及 FTA 等分析,检查是否能达到设计目标,及时发现设计中的薄弱环节,修改设计。最终的可靠性、维修性、测试性预计值必须大于或等于统计试验方案平均无故障工作时间假设值的上限值,保证在进行可靠性、维修性、测试性等鉴定试验时以大概率通过。

(6)进行"六性"设计评审。"六性"设计评审主要是评价"六性"设计满足规定要求的能力,并按设计方案的结果进行综合、系统的评价,包括"六性"设计的先进性、经济性、可行性和可检验性,指出存在问题,提出解决建议和途径,并形成设计评审报告。设计评审报告应包含:

1)所采用的"六性"设计技术与实施方法是否已将"六性"设计指标设计进产品中,并可通过工艺实践能将其制造出来;

2)"六性"薄弱环节及其控制措施的有效性;

3)所采用的材料、结构和工艺能否保证产品的"六性"要求；

4)技术性能与"六性"是否同时得到了优化,满足设计指标的程度。

"六性"评审组还应对元器件选择与降额应用、热设计、电磁兼容设计、漂移设计、三防设计、抗振设计、冗余设计、潜在电路分析、结构设计、机械概率设计、人机工程设计、失效安全设计、安全性设计、工艺设计等进行评审,以发现薄弱环节并进行改进。从当前的实际情况来看,元器件的选择与降额应用、工艺设计、电磁兼容设计及安全性设计是突出的薄弱环节,必须加强。

另外,对电原理图,结构图,印制电路板图,可靠性、维修性、测试性预计与分析报告,新采用的元器件认定报告,关键电路,结构,工艺试验报告以及各项具体的"六性"设计文件要进行评审和会签,及时发现和纠正设计缺陷。

(四)设计定型阶段的"六性"管理

设计定型阶段主要考核产品的"六性"是否达到"研制任务书"和合同的要求。定型试验大纲要包括"六性"鉴定试验项目。组织定型评审时,对"六性"是否满足"研制任务书"和合同要求等进行评审。最后,将"六性"鉴定试验结果和"六性"工作计划实施情况反映在定型报告中。

1. 设计定型阶段"六性"的主要工作

(1)可靠性、维修性、测试性、安全性、环境适应性工作。

1)在设计定型时,应按合同规定的方法,对可靠性等指标进行验证；

2)组织进行详细的设计评审和定型评审,提出有关的技术报告,对产品的可靠性等是否满足"研制任务书"或合同要求进行评审。

(2)保障性工作。

1)使用方通过适应性试验和部队试用,发现保障系统存在的问题,及时反馈给承制方。承制方应采取纠正措施、修改和完善维修保障计划。

2)根据保障性试验与评价结果,进一步修订人力和人员需求,提出人力和人员汇总报告,进一步修订备件和消耗品清单。

3)完成有关技术资料的编制、出版和发放。

4)根据保障性试验与评价结果,修订训练计划、训练教材和训练器材建议,进行训练器材的研制、采购。

5)对包装、装卸、储存和运输保障的有效性进行验证和考核,以证明其需求的适用性。在装备部署前,应完成包装、装卸、储存和运输计划的实施工作。

2. 设计定型阶段"六性"管理内容

在设计定型阶段,除应进行如前所述的"六性"工作外,还应进行以下主要管理工作。

(1)组织元器件、组件、设备筛选。对于高可靠产品以及重要的产品,对样机的元器件、组件、设备进行可靠性筛选,排除早期失效,并为制定正式的产品筛选条件提供依据。必须强调的是,进行筛选试验的样机,今后在生产中也必须进行同样的筛选,否则可靠性鉴定试验的结论是无效的。

(2)组织样机的可靠性及维修性增长试验。在样机各种性能试验通过之后,组织进行环境试验与可靠性增长试验。对环境试验与可靠性、维修性增长试验暴露的系统性设计与工艺缺陷采取改进措施并进行验证,以达到预定的增长目标。然后组织进行可靠性鉴定和维修性验证试验。如果可靠性增长和维修性、测试性验证试验的结果连续达不到预定目标,就要考虑修改设计方案或调整增长计划的目标值。

(3)组织样机的系统联试和现场试用。在环境试验和可靠性鉴定与维修性、测试性验证试验合格的条件下,组织样机的现场试用以及保障性试验,根据现场暴露的缺陷以及用户意见进一步改进设计与工艺。

(4)组织设计定型的"六性"设计评审。根据"六性"设计报告、性能测试报告,环境试验报告,可靠性维修性增长试验报告,可靠性鉴定及维修性等试验报告,电磁兼容试验报告,原材料及元器件认定试验报告,现场及用户试用报告以及设计、工艺文件,组织进行设计定型的"六性"设计评审,进一步完善设计及相应的文件,为批量试制生产做好准备。根据《军工产品定型程序和要求》(GJB 1362A—2007)规定,在设计定型时,应在设计定型审查会议上提供"六性"分析报告。

(五)生产定型阶段的"六性"管理

生产定型阶段主要鉴定或评审在批量生产条件下产品可靠性等保证措施的有效性,以及技术状态的改动对其性能影响的研究和评审。具体工作是:

(1)在生产定型时,应按合同规定的方法验证产品在批量生产条件下保证产品可靠性等措施的有效性。

(2)在生产过程中,加强质量控制;采取波动小的工艺技术;加强生产过程中环境应力筛选;当对零部件、工艺装备等技术状态更改时,必须分析其对可靠性、维修性、测试性、安全性的影响,并履行有关审批手续。

(3)继续加强对转承制方和供应方的监控以及入库检验。

(4)在试生产试验过程中,应使故障报告、分析和纠正措施系统(FRACAS)正常运行,促使产品可靠性、维修性继续增长。

三、对转承方和供应方的监督与控制

对转承方和供应方的监督与控制目的是加强其在装备研制(生产)工作中的协调,以保证装备"六性"符合装备或分系统的要求。为此在签订研制(生产)合同时,承制方应根据产品"六性"要求、产品复杂程度等提出对承制方和供应方的监督措施,并在合同中应有承制方参与转承制方的重要活动(如设计评审、"六性"试验等)。而对承制方、转承制方及供应方的"监督"是驻厂(所)军事代表必须进行的工作。军事代表应通过评审等手段进行监对承制方、转承制方和供应方"六性"工作计划进展和各项工作项目的实施效果进行监控,以便尽早发现问题并采取必要的措施。

第四节 装备"六性"评审管理

"六性"评审是保证设计符合要求,由设计、生产、使用各部门代表组成的评审机构对产品的设计方案,从"六性"的角度按事前确定的设计和评审表进行的审查。评审的主要目的是及时发现潜在的设计缺陷,加速设计的成熟,降低决策风险。

一、"六性"评审的作用

"六性"评审就是对"六性"工作计划执行情况进行连续的观察与监控,以保证计划的全面实施,并达到预期目标。具体做法是在研制过程中,设置一系列检查、评审点,实行分阶段的评审。由于产品的固有"六性"主要取决于设计,因此必须对规定的"六性"设计项目进行严格的评审,这是保证计划实现的重要管理环节,也是"六性"管理中的一项极为重要的制度,同时也是军事代表"六性"监督的重要手段。

评审对承制方、转承方和供应方来说,既是一种对设计进行监控与协调的手段,又是一项完善设计决策的技术咨询活动。通过邀请非直接参加设计的同行专家和有关方面代表,对设计成果和设计工作进行审查、评议,把专家的集体经验和智慧运用于设计之中,弥补主管设计人员知识和经验的不足。特别是对那些新方案、新技术、新器材的应用,其可靠性风险高,更需要各方面专家的帮助。

在各项评审中,要重点审查"六性"工作的进展情况、影响"六性"的主要因素及措施,以及"六性"要求的落实情况等。

"六性"设计评审的作用是:

(1)评价产品是否满足合同要求,是否符合设计规范及有关标准、准则;

(2)发现和确定产品的薄弱环节和"六性"风险及其较高的区域,研讨提出改进意见;

(3)对研制试验、检查程序和维修资源进行预先考虑;

(4)检查和监督"六性"工作计划的全面实施;

(5)检查设计更改、缩短研制周期、降低寿命周期费用。

二、评审组织及程序

评审是由一系列活动组成的审查过程,并按一定程序逐步开展和完成,大体分五个阶段。

(一)准备阶段

(1)提出评审要求、目的、范围。

(2)制定检查清单。清单中列出的项目是对"六性"有较大影响的若干重点,若干个根据设计、生产、使用经验提炼出来的准则或应注意的问题。

(3)制订评审活动计划,规定时间、地点。

(4)组成评审组,明确分工。评审组由负责设计项目的管理机构负责组织,一般由 7～15 人组成。组长职责是制订计划,明确审查小组分工,主持预审工作和评审会议,提出评审结论,签署设计评审报告。组长不应是被评审的设计项目的参加者。评审成员一般由主管设计师、非本系统的同行设计师、可靠性工程师、质量保证工程师、军事代表组成。

(5)主管设计师汇集提供评审所需的设计资料、试验数据,编写"六性"设计质量分析报告。

"六性"设计分析报告内容包括:设计依据、目标和达到的水平,设计主要特点和改进,本阶段"六性"分析、试验结果,对主要问题和薄弱环节的分析及对策,提交审查的设计、试验资料目录及有关的原始资料、结论,其他说明事项等。

(二)预审

预审由评审组成员根据设计评审检查而按分工和职责进行。对发现的问题应记录在专门表格中。评审组汇集讨论预审中发现的问题,并反馈给主管设计师。

(三)正式会议评审

由主管设计师作"六性"设计分析报告。评审组研究和讨论评审意见。

(四)编写评审报告

评审报告除应包含前所述及的各项内容外,还包括:评审组名单分工,设计目标及达到的水平,审查的项目及检查结果,重点问题审查结论,评审结论,以及其他说明事项。

若评审报告认为必须进行重大改进或追补大量工作(如追加有关可靠性等试验)时,则需定期进行复审。

(五)追踪管理

对设计评审中提出的问题要制定对策,落实到人,限期解决。

三、可靠性、维修性、测试性、安全性、环境适应性评审

《可靠性维修性评审指南》(GJB/Z 72—1995)、《装备安全性工作通用要求》(GJB 900A—2012)(工作项目103)对可靠性、维修性、测试性、安全性等评审进行了详细的规定,是组织进行评审工作的重要依据。

(一)评审的一般要求

(1)订购方和承制方在装备研制过程中应进行分阶段、分级的可靠性、维修性、测试性、安全性、环境适应性评审,以确保其工作按预定的程序进行,并保证交付的装备及其组成部分达到规定的可靠性、维修性、测试性、安全性、环境适应性要求。评审结论是转阶段决策的重要依据之一。

(2)评审应是产品可靠性、维修性、测试性、安全性、环境适应性工作计划必须规定的工作项目。在签订合同所编写的工作说明中应明确提出可靠性、维修性、测试性、安全性、环境适应性的评审要求。

(3)评审应作为装备研制阶段评审的主要内容之一,在研制程序、计划或合同规定的各主要阶段评审点实施。根据需要可以进行可靠性、维修性、测试性、安全性、环境适应性专题项目评审,其评审和专题项目评审应纳入研制程序、计划。

(4)评审主办单位在按《设计评审》(GJB 1310A—2004)规定制定的评审管理制度中应有可靠性等评审的管理内容,包括评审组织、评审程序、跟踪管理等要求。

(5)评审主办单位应按产品要求制订具体的可靠性等评审工作计划,包括评审类型、评审点设置、评审要求等。

(6)评审主办单位应参照 GJB/Z 72—1995、GJB 900A—2012 等编制评审检查项目单,以保证评审中对可靠性、维修性、测试性、安全性重要问题都能给以适当的考虑。

(二)评审的类型和评审点的设置

根据装备研制阶段、产品组成层次和评审的任务与范围的不同,一般可按下列类型选择

和设置评审及评审点。

1. 按研制阶段划分

(1)论证阶段评审;

(2)方案阶段评审;

(3)工程研制阶段评审;

(4)设计定型评审;

(5)生产定型评审。

2. 按产品组成层次划分

(1)系统分级评审;

(2)分系统分级评审;

(3)系统级及其以下级别(设备、部件等)评审。

3. 对转承制方和供应方的可靠性等专题项目评审

根据研制工作需要应进行的其他可靠性等评审。

4. 软件的可靠性可维护性评审

在系统研制和软件开发的全过程中应根据《计算机软件开发规范》(GB 8566—2021)、《军用软件质量保证通用要求》(GJB 439A—2013)规定,进行软件的可靠性可维护性评审。

(三)产品研制各阶段的评审内容

1. 论证阶段评审

论证阶段评审目的是评价所论证装备的可靠性等定性与定量要求的科学性、可行性和是否满足装备的使用要求。评审结论为申报装备战术技术指标提供重要依据。

(1)应提供的文件。在进行装备战术技术指标评审时,应当包括对可靠性等指标的评审。提交评审的文件一般应包括下列内容:

1)装备的可靠性、维修性、测试性、安全性、环境适应性参数和指标要求及其选择和确定的依据;

2)国内外相似产品或装备可靠性、维修性、测试性、安全性、环境适应性水平分析;

3)装备寿命剖面、任务剖面及其他约束条件(如初步的维修保障要求等);

4)可靠性、维修性、测试性、安全性、环境适应性指标考核方案;

5)可靠性、维修性、测试性、安全性、环境适应性经费需求分析。

(2)评审的主要内容。主要评审提出可靠性等要求的依据和约束条件以及指标考核方案设想。

详细评审内容可参考《可靠性维修性评审指南》(GJB/Z 72—1995)中附录 A《可靠性评审检查项目单》、附录 B《维修性评审检查项目单》及《装备测试性工作通用要求》(GJB 2547A—2012)等。

2. 方案阶段评审

方案阶段评审目的是评审可靠性等研制方案与技术途径的正确性、可行性、经济性和研制风险。评审结论为申报装备的"研制任务书"和是否转入工程研制阶段提供重要依据。

（1）应提供的文件。在方案阶段评审中,必须将装备的可靠性等方案作为重点内容之一进行评审。提交评审的文件一般应包括下列内容:

1）可达到的可靠性等定性、定量要求和技术方案及其分析（含故障诊断及检测隔离要求等）;

2）可靠性、维修性等工作计划及其重要保证措施;

3）可靠性等指标考核验证方法及故障判别准则;

4）采用的标准、规范;

5）可靠性等设计准则;

6）可靠性等经费预算及依据。

（2）评审的主要内容。主要评审可靠性等工作计划的完整性与可行性,相应的保证措施以及初步维修保障方案的合理性。

3.工程研制阶段评审

工程研制阶段可靠性等评审应根据实际情况具体安排,一般可进行两次评审,即初步设计评审和详细设计评审。

（1）初步设计评审。目的是检查初步设计满足研制任务书对该阶段规定的可靠性等要求的情况;检查可靠性等工作计划实施情况;找出可靠性等方面存在的问题或薄弱环节,并提出改进建议。评审结果为是否转入详细设计提供重要依据。

1）应提供的文件。在进行初步设计评审时,应当包括对装备的可靠性等设计及其工作进展情况进行评审。提供评审的文件一般应包括下列内容:

①可靠性等初步设计情况报告（含分配、预计、相应的模型框图及分析报告,各维修级别的故障检测、隔离方法等）;

②关键项目清单及控制计划;

③故障模式及影响分析（FMEA）或故障模式、影响及危害性分析（FMECA）和故障树分析（FTA）资料;

④元器件大纲;

⑤可靠性、维修性、测试性研制和增长试验及鉴定试验方案,本阶段试验结果报告。

2）评审的主要内容。主要评审在工程研制的第一阶段各项可靠性等工作是否满足要求。

（2）详细设计评审。检查详细设计是否满足任务书规定的本阶段可靠性等要求,检查其工作实施情况,检查可靠性等的薄弱环节是否得到改进或彻底解决。评审结论为是否转入设计定型阶段提供重要依据。

1）应提供的文件。在进行详细设计评审时,应当包括对装备达到的可靠性等水平及可靠性等工作计划实施情况进行评审。提交评审的文件一般应包括下列内容:

①可靠性等详细设计（含分配,预计和可靠性、维修性、测试性、安全性、环境适应性分析,对每一维修级别故障检测、隔离,设计途径和测试性的评估等）;

②可靠性等验证;

③预期的维修和测试设备清单及费用分析;

④FMEA（或 FMECA）、FTA 资料;

⑤可靠性、维修性增长。

2)评审的主要内容。主要评审可靠性等工作计划实施情况、遗留问题解决情况及可靠性等已达到的水平。

4.设计定型评审

设计定型评审目的是评审可靠性等验证结果与合同要求的符合性,验证中暴露的问题和故障分析处理的正确性与彻底性,维修保障的适应性。评审结论为能否通过设计定型提供重要依据。

(1)应提供的文件。在进行装备设计定型评审时,应当对装备可靠性等是否满足"研制任务书"、合同要求进行评审。提交评审的文件一般应包括下列内容:

1)系统可靠性等设计总结报告;

2)FMEA(FMECA)报告;

3)可靠性等工作计划实施报告;

4)装备的维修、测试设备、工具、零备件以及资料配套清单;

5)故障诊断与测试性设计的有效性分析;

6)供应单位、转承制单位配套研制的产品可靠性等鉴定报告;

7)对维修保障的影响和协调性分析。

(2)评审的主要内容。主要评审装备可靠性等是否满足"研制任务书"和合同要求。

5.生产定型评审

生产定型评审目的是确认装备批生产所有必需的资源和各种控制措施是否符合规定的可靠性等要求。评审结论为装备能否转入批生产提供重要依据。

(1)应提供的文件。在生产定型评审时,应当鉴定或评审在批生产条件下装备可靠性等保证措施的有效性。

提交评审的文件一般应包括下列内容:

1)用户试用和生产定型试验的结果符合批准设计定型时的可靠性等的分析评价报告;

2)试验和试用中出现的有关问题的分析及改进情况报告。

(2)评审的主要内容。主要评审试生产的产品是否满足规定的可靠性等要求以及在批量生产条件下装备可靠性等保证措施的有效性。

(四)评审的管理

可靠性等评审的组织管理执行《设计评审》(GJB 1310A—2004)中5.3条的规定,评审程序执行 GJB 1310A—2004 中5.2条的规定,并应同时考虑下列要求。

1.评审专业组的组成

评审专业组的组成人员应根据评审阶段和评审内容的不同,而有所选择和区别。其中可靠性方面的技术专家应不少于2/3,并尽可能从相应的专业技术机构或评审委员会中选聘。

2.评审的准备工作

(1)主管设计(论证)人员应认真准备设计(论证)工作报告及评审所需的其他文件,提出

"设计评审申请报告"。

（2）有关业务主管部门负责组织拟订评审大纲和日程计划。

3. 评审检查项目单

为了保证评审中对可靠性等的有关问题都能给予适当的考虑,评审主办单位应根据评审需要并参照《可靠性维修性评审指南》(GJB/Z 72—1995)中附录 B、附录 C 和《装备测试性工作通用要求》(GJB 2547A—2012)、《装备安全性工作通用要求》(GJB 900A—2012)以及《装备环境工程通用要求》(GJB 4239—2001)编制对可靠性、维修性、测试性、安全性、环境适应性工作情况和结果进行逐项核对与评价的检查清单。

4. 评审后的工作

（1）评审结束后,评审组长应负责整理评审记录,填写评审报告。

（2）有关业务主管部门应对评审报告中提出的问题、解决措施和实施计划进行跟踪管理,检查和监督其实施结果。

（3）跟踪管理的结果应及时向有关部门反馈,填写有关记录,并作为下一次评审的输入信息。

5. 评审文件管理

评审申请报告、评审记录、评审报告以及追踪管理的实施结果文件等应按规定传递、分发和归档。

四、综合保障评审

综合保障评审是在装备寿命周期内,为确定综合保障活动进展情况或结果而进行的评价或审查。

综合保障的评审是审查与评价订购方、承制方、转承制方综合保障工作质量和进度的主要手段,其主要目的是检查订购方、承制方及转承制方开展的所有综合保障工作的进展情况、工作结果和存在的问题,提出解决措施和建议。

（一）综合保障评审的类型

根据评审性质、产品研制进行过程,综合保障评审可以分为内部评审和合同评审,型号评审、设计评审和保障性分析专题评审以及对转承制方和供应方的评审等。

1. 内部评审和合同评审

（1）内部评审。内部评审,又进一步分为订购方的内部评审和承制方的内部评审。

订购方的内部评审是指:订购方对其自身开展的综合保障工作进行的评审,可以是对工作最终结果的评审,也可是工作过程的中间评审。例如"确定保障性要求"这项工作可以安排 2~3 次评审,以保证要求的正确性。为保证评审工作的质量,尽可能采用专家评审的方式,也可邀请外部和承制方的有关专家参加评审。

承制方的内部评审是指:承制方、转承制方对自身开展的综合保障工作进行的中间评审或合同评审前的预审,其目的是尽早地发现问题和进行改进,以保证工作的顺利进行或顺利通过合同评审。一般采用专家评审的方式,必要时可邀请订购方的军事代表参加。一次评审的内容可以是一项,也可是多项综合保障工作。

(2)合同评审。合同评审是对合同中要求承制方所开展的综合保障工作进行的评审。合同评审由订购方主持,通常在转阶段时进行,评审结果将为转阶段提供决策的依据。应成立评审委员会进行评审,邀请有专业特长的权威专家参与。

2.型号评审、设计评审和保障性分析专题评审

在内部评审和合同评审中,根据需要也可以依据有关标准,进行型号评审、设计评审和保障性分析专题评审。

(1)型号评审。型号评审是讨论装备型号研制管理中的重大设计技术问题。综合保障工作应是评审的内容之一。例如,在方案论证后期的装备需求评审时进行保障性要求评审,在工程研制阶段前的装备设计评审时进行优化保障方案评审等。这些评审工作在研制的早期进行较多,在装备设计比较固定后,评审周期会较长。综合保障工程负责人一定要积极参与型号评审,由于这类评审不是专门从保障问题出发进行的,因而容易忽视对保障工作的评审。

(2)设计评审。装备研制期间有一系列设计评审活动,设计评审是控制性分析工作输入到装备设计过程的最好机会。所有的设计评审应涉及满足各项保障性分析工作目标的进展情况,其重点是重新设计没有满足保障性要求的问题,在评审中应避免将性能要求作为设计评审时讨论的唯一主题,必须将性能与保障性的有关设计给予同等的重视。

(3)保障性分析专题评审。专题评审是评审保障性分析工作的进展情况,评审的议题比设计评审和型号评审专题的问题要深而具体,它将详细讨论保障性分析工作项目的结果正确性和充分性以及与保障有关的设计问题,这些问题的重要方面可提交型号评审和设计评审时讨论。此外还将对费用估算进行评审。

3.对转承制方和供应方的综合保障评审

承制方应负责对转承制方、供应方的装备综合保障评审,应主持或参与重要或规定的承制产品和供应品的综合保障评审。评审内容依合同规定条款进行,也可参照对承制方综合保障的评审内容。

(二)研制各阶段综合保障评审的项目和内容

综合保障评审可参考《装备综合保障评审指南》(GJB/Z 147—2006)进行。各阶段评审项目如下:

1.论证阶段评审

(1)评审目的。评审目的是审查初始保障方案、保障性要求、综合保障计划编制工作过程和结果的正确性、合理性、协调性、可行性。

(2)评审要点。

1)初始保障方案;

2)保障性定性、定量要求;

3)综合保障计划。

评审时机一般在论证阶段后期进行评审。

2.方案阶段评审

(1)评审目的。

1)审查综合保障工作计划与综合保障计划的完整性、合理性、协调性和可行性；

2)所确定的保障性要求的正确性、合理性、可行性；

3)所提出备选方案能否满足装备功能要求以及与装备使用方案等方面的协调性。

(2)评审要点。

1)综合保障计划；

2)综合保障工作计划；

3)保障方案；

4)保障性定性、定量要求。

(3)评审时机。

1)综合保障计划、工作计划宜在方案阶段早期进行评审；

2)计划的执行情况以及保障方案和保障性定性、定量要求一般在方案阶段后期进行评审。

3.工程研制阶段评审

(1)评审目的。

1)审查装备保障性设计与分析工作实现的程度及其过程与结果的正确性、合理性；

2)规划使用保障、规划维修工作及其结果的正确性、合理性、完整性和协调性。

(2)评审要点。

1)保障性设计与分析；

2)保障资源规划与研制；

3)综合保障计划、工作计划执行情况；

4)保障计划；

5)保障性试验准备。

(3)评审时机。承制方宜在工程研制阶段适时多次安排内部评审和专题评审。合同评审在工程研制阶段后期进行。

4.定型阶段评审

(1)评审目的。

1)审查保障性设计特性及有关要求满足合同规定要求的程度；

2)保障资源的有效性、适用性及其满足装备使用与维修的程度,保障资源与装备的匹配性,保障资源之间的协调性；

3)部署保障计划的可行性、完整性、有效性和经济性。

(2)评审要点。

1)保障性试验与评价；

2)部署保障计划；

3)系统战备完好性。

(3)评审时机。

1）计划的保障资源和有关初始部署前的准备工作宜在装备系统部署之前进行评审；

2）在部队试用或试验期间宜对装备系统和系统战备完好性进行初步评估；

3）系统战备完好性评估宜作为初始作战能力评估的一部分进行，一般宜在部署一个基本作战单位、人员经过了培训、保障资源按要求配备到位后进行评估；

4）在装备使用过程中，可对装备保障系统和系统战备完好性进行后续评估。

综合保障评审的详细要求和内容可参见《装备综合保障评审指南》（GJB/Z 147—2006）中附录 A《综合保障评审项目检查单》，进行有关项目评审检查。

（三）综合保障评审的管理

（1）订购方在综合保障计划中应对其内部的综合保障评审做出详细的安排，主要包括评审的项目、内容、要求、时间、方式、主持单位、参加人员、评审意见处理等；同时还应对合同评审提出明确的要求并做详细安排，主要包括评审的项目、内容、要求、时间、方式、对承制方资料准备和参加人员的要求等。

（2）承制方应根据合同要求和订购方的综合保障评审要求，制订综合保障评审计划。应明确合同评审资料准备的具体内容、格式、负责单位和进度等，计划中还应对承制方的内部评审做出详细的安排，主要包括评审的项目、内容、目的、要求、时间、方式、负责单位、参加人员、评审意见处理等。

（3）综合保障评审应与可靠性、维修性、测试性、安全性等相关专业的评审协调并尽可能结合进行；综合保障评审应协调好与保障性评价的关系，例如保障性试验与评价的结果可以作为评审的内容，又如对技术资料的评审结论也可作为评价技术资料的依据。

五、软件可靠性、可维护性评审

在软件开发的各阶段都要进行可靠性、可维护性评审，评审要求如下。

（一）软件需求分析评审

（1）可靠性和可维护性目标；

（2）可靠性和可维护性工作计划；

（3）操作顺序及不可逆操作顺序的保障要求；

（4）在功能降低使用方式下，软件产品最低功能保证的规范；

（5）选用或制定的软件的可靠性与可维护性设计准则及规范。

（二）概要设计评审

（1）可靠性和可维护性目标分配；

（2）可靠性和可维护性设计方案；

（3）设计分析、关键成分的时序、估计的运行时间、错误恢复；

（4）测试原理、要求、文件和工具。

（三）详细设计评审

（1）各单元可靠性和可维护性目标；

（2）各单元可靠性和可维护性设计（如容错设计）；

（3）测试文件；

(4)软件开发工具。

(四)软件验证和确认计划评审

(1)软件可靠性和可维护性验证与确认方法；

(2)软件可靠性和可维护性测试(计划、规范、设施)；

(3)验证与确认时所用的其他准则。

第六章　装备研制有关顶层保证大纲的编制

装备研制保证大纲是保证装备研制质量要求的基础性文件,也是编制型号装备研制质量管理与监督文件的指导性文件。根据装备研制质量管理与监督实践,保证大纲一般包括:产品质量保证大纲、产品标准化保证大纲、软件产品保证大纲、可靠性保证大纲、维修性保证大纲、保障性保证大纲、测试性保证大纲、安全性保证大纲、电磁兼容性保证大纲、系统元器件保证大纲、产品工艺保证大纲、产品保证大纲等。

在型号装备研制过程中,承制方、分承制方、供应方应根据型号产品的特点、合同要求以及订购方的要求,选择并编制具体产品的"保证大纲"(简称"大纲")作为产品研制质量保证的文件,军事代表应加强对大纲的审查与实施监督工作。

本章根据有关国家军用标准、行业标准规定,以及装备研制工程管理实践需要,就产品研制中几个常用大纲的编制要求、编制内容作一讨论。而有些大纲,本书以型号产品现有版本形式给出,可参考有关文献及标准编制。

第一节　产品质量保证大纲的编制

产品质量保证大纲(质量计划)是承制单位为承担某一研制、生产任务,针对特定产品,为满足合同(或研制任务书)要求而提出的质量保证文件。该文件应规定承制单位各部门实施质量保证的责任、权限,以及在研制、生产期间所采取的有计划的、系统的综合措施。

提出产品质量保证大纲是承制单位保证产品质量及装备"六性"要求,取得订购方信任,承担装备研制、生产任务的先决条件,是承制单位全面、经济地完成合同(或研制任务书)要求的根本保证,也是军事代表质量监督的重要措施之一。为此,有关装备承研及订购方人员一定要熟悉大纲包含的内容,并对其进行审查。以下对产品研制生产和售后技术服务质量保证的要求内容予以讨论。

一、编制产品质量保证大纲的一般要求

(一)编制大纲的依据

编制大纲应依据:

(1)与产品有关的法令、法规、相关标准要求;

(2)合同、研制任务书及订购方的质量要求等;

(3)组织的质量方针、质量目标和质量管理体系文件等;

(4)产品研制、生产计划和相关资源；

(5)组织应满足内部或外部的质量要求；

(6)供方的质量状况；

(7)其他相关的计划，如项目计划、环境、健康和安全、安全性与信息管理计划等。

(二)编制大纲的基本要求

(1)大纲应由质量部门或项目负责人在产品研制、生产开始前，确定产品实现所需要的过程后组织制定。

(2)大纲实施前应经审批。合同有要求时，大纲应提交订购方军事代表认可。

(3)大纲应明确组织或供方满足质量要求所开展的活动及可能带来的风险，并对采购、研制、生产和售后服务等活动的质量控制做出规定。具体有：

1)组织各部门实施产品质量保证的职责、权限及相互关系。

2)根据产品应达到的功能、性能、可靠性、维修性、安全性、可生产性、人机工程和其他质量特性要求，提出各阶段相应的质量控制措施、方法和活动。对可能出现的问题或故障提出预防和纠正措施及检查方法，保证在研制、生产各阶段实现上述要求。

3)质量保证活动所应提供的人力、物力、财力及时间、信息等资源保证要求。

(4)产品应按《装备维修性工作通用要求》(GJB 368B—2022)、《系统测试性工作通用要求》(GJB 2547A—2012)、《装备安全性工作通用要求》(GJB 900A—2012)和《装备综合保障通用要求》(GJB 3872A—2022)等标准的要求，分别编制可靠性、维修性、测试性、安全性等专业大纲，并作为本大纲的组成部分。

(5)适当时，大纲应进行修改。修改后的大纲应重新履行审批手续，必要时，再次提交军事代表认可。

(三)质量保证大纲的实施与监督检查

(1)组织应制定质量工作程序和操作规程，对每项活动的目的、范围、工作内容、执行人员、工作(操作)方法、控制方法和记录要求、时间、地点以及所需材料、设备和文件等做出明确规定。

(2)组织应按合同(或研制任务书)要求，对大纲贯彻执行情况、产品符合要求的程度进行监督检查。监督检查可结合内部质量审核、型号质量师系统的检查或设计评审等活动进行。

(3)监督检查应由军事代表或与检查范围无直接责任、具备资格的检查人员按规定进行。检查结束后应形成书面报告，呈报被检查单位的负责人。被检查单位应根据报告中提出的问题和存在的薄弱环节及时采取纠正措施，并进行跟踪检查，以保证纠正措施的针对性和有效性并得到落实。

二、产品质量保证大纲的内容

(一)大纲适用范围

质量保证大纲的适用范围一般包括：

(1)所适用的产品或特殊的限制；

(2)所适用的合同范围;

(3)所适用的研制或生产阶段。

(二)质量工作原则与质量目标

1.质量工作原则

组织应制定质量工作总原则,一般包括:

(1)产品质量工作总要求;

(2)技术上应用或借鉴其他产品的程度;

(3)采用新技术的比例;

(4)技术状态管理的要求;

(5)设计的可靠性。

2.质量目标

组织应制定质量目标,一般包括:

(1)对产品或合同规定的质量特性满意程度;

(2)可靠性、维修性、保障性、安全性和测试性指标等;

(3)顾客满意的重要内容。

3.管理职责

大纲应明确各级各类相关人员的职责、权限、相互关系和内部沟通的方法,以及有关职能部门的质量职责和接口的关系,并作为整个产品保证工作系统的一部分。

4.文件和记录的控制

大纲应对研制、生产全过程中文件和记录的控制做出规定。当控制要求与组织的质量管理体系文件要求一致时,可直接引用。

5.质量信息的管理

大纲中应明确规定为达到产品符合规定要求所需要的信息,以及实施信息的收集、分析、处理、反馈、贮存和报告的要求。对发现的产品质量问题应按要求实施质量问题归零,并充分利用产品在使用中的质量信息改进产品质量。

6.技术状态管理

组织应针对具体产品按《技术状态管理》(GJB 3206B—2022)的要求策划和实施技术状态管理活动,明确规定技术状态标识、控制、记实和审核的方法和要求。技术状态管理活动应从方案阶段开始,在产品的全寿命周期内,应准确清楚地表明产品的技术状态,并实施有效的控制。

7.人员培训和资格考核

根据产品的特点,大纲应规定对参与研制、生产、试验的所有人员进行培训和资格考核的要求。当关键加工过程不能满足要求,工艺参数或所需技能有较大改变,或加工工艺较长时间未使用时,应规定对有关人员重新进行培训和考核的要求。

8.顾客沟通

大纲应规定与顾客沟通的内容和方法,一般包括:

(1)产品信息,包括产品质量信息;

(2)问询、合同或订单的处理,包括对其进行的修改;

(3)顾客反馈,包括抱怨及其处理方式。

(三)设计过程质量控制

1. 任务分析

组织应对产品任务剖面进行分析,仅确认对设计最有影响的任务阶段和综合环境,通过任务剖面分析确定可靠性、维修性、保障性、安全性、人机工程等各种定量和定性因素,并将结论纳入规范作为设计评审的标准。

2. 设计分析

应遵循通用化、系列化、组合化的设计原则,对性能、质量、可靠性、费用、进度、风险等因素进行综合权衡,开展优化设计。通过设计分析研究,确定产品特性、容差以及必要的试验和检验要求。

3. 设计输入

(1)应确定产品的设计输入要求,包括产品的功能和性能、可靠性、维修性、安全性、保障性、环境条件等要求,以及有关的法令、法规、标准等要求。

(2)应编制设计规范和文件,以保证设计规范化。设计规范和文件应符合国家和国家军用标准的要求。为使设计采用统一的标准、规范,在进行设计前,应编制文件清单,供设计人员使用。

4. 可靠性、维修性、测试性、保障性、安全性设计

大纲应规定按可靠性大纲、维修性大纲、保障性大纲、测试性大纲、安全性大纲等实施可靠性设计工作项目。

5. 元器件、零件和原材料的选择和使用

大纲应规定按《装备可靠性工作通用要求》(GJB 450A—2004)中的规定选择和使用元器件、零件和原材料。按《元器件降额准则》(GJB /Z35—1993)的要求开展元器件降额设计。

6. 软件设计

大纲应规定按《军用软件开发文档》(GJB 438C—2021)、《军用软件质量保证通用要求》(GJB 439A—2013)、《武器系统软件开发》(GJB 2786A—2009)和《软件可靠性和安全性设计准则》(GJB /Z 102A—2012)的要求对软件的开发、运行、维护进行工程化管理,并按《军用软件能力成熟度模型》(GJB 5000B—2021)的规定进行软件的分级、分类,对软件整个生存周期内的管理过程和工程过程实施有效的控制。

7. 人机工程设计

大纲应规定编制人机工程大纲的要求,在保证可靠性、维修性、安全性的条件下,能确保操作人员正常、准确的操作。

8. 特性分析

大纲应按《特性分类》(GJB 190—1986)的原则进行特性分析,确定关键件(特性)和重

要件(特性)。

9.设计输出

大纲应规定设计输出的要求,一般包括:

(1)满足设计输入的要求;

(2)包含或引用的验收准则;

(3)给出采购、生产和服务提供的适当信息;

(4)规定并标出与产品安全和正常工作关系重大的设计特性如操作、贮存、手动、维修和处理的要求;

(5)根据特性分类,编制关键件、重要件项目明细表,并在产品设计文件和图样上作相应标识,设计输出文件在放行前应得到批准。

10.设计评审

大纲应根据产品的功能级别和管理级别,按《设计评审》(GJB 1310A—2004)的有关要求,规定需实施分级、分阶段的设计评审。当合同要求时,应对顾客或其代表参加评审的方法做出规定。如需要,应进行专项评审或工艺可行性评审。

11.设计验证

大纲应规定所要进行的设计验证项目及验证方法。在整个研制过程中,应能保证对各项验证进行跟踪和追溯.

在转阶段或靶场试验前,应对尚未经过试验验证的关键技术、直接影响试验成功和危及安全的问题,组织同行专家和专业机构的人员进行复核、复算等设计验证工作。

12.设计确认/定型(鉴定)

大纲应依据所策划的安排,明确规定确认的内容、方式、条件和确认点以及要进行鉴定的技术状态项目,根据使用环境,提出要求并实施。

对需要定型(或鉴定)的产品,按《装备产品定型程序和要求》(GJB 1362A—2007)及有关产品定型(或鉴定)工作规定的要求完成定型(或鉴定)。

13.设计更改的控制

大纲应规定按《技术状态管理》(GJB 3206B—2022)实施设计更改控制的具体要求。

(四)试验控制

(1)应制订实施试验综合计划,该计划包括研制(生产和交付)过程中应进行的全部试验工作,以保证有效地利用全部试验资源,并充分利用试验的结果。

(2)应规定按《可靠性增长试验》(GJB 1407—1992)、《装备维修性工作通用要求》(GJB 368B—2022)等的要求进行可靠性研制试验、可靠性鉴定试验、可靠性增长试验、维修性验证试验和环境应力筛选试验,以及按《大型试验质量管理要求》(GJB 1452A—2004)的规定进行大型试验质量管理的要求。

(五)采购质量控制

1.采购品的控制

(1)应按《器材供应单位质量保证能力评定》(GJB 1404—1992)和《厂(所)际质量保证

体系工作指南》(GJB /Z 2A—2017)要求规定采购所需要的文件,内容包括:

1)对具有关键(重)特性的采购产品,应规定适当的控制方式;

2)选择、评价和重新评价供方的准则,以及对供方所采用的控制方法;

3)适用时,对供方大纲或其他大纲要求的确认及引用;

4)满足相关质量保证要求(包括适用于采购产品的法规要求)所采用的方法;

5)验证采购产品的程序和方法;

6)向供方派出常驻或流动的质量验收代表的要求;

7)采购信息所包含的采购要求应是充分与适宜的。

(2)应规定采购新研制产品的质量控制要求、使用和履行审批的手续,以及各方应承担的责任。

(3)需要时,对供方的确认应征得顾客或其代表的同意。

2.外包过程的控制

应规定在产品实现过程中,对所有外包过程的控制要求,一般包括:

(1)正确识别产品在实现过程中所要的外包过程;

(2)针对具体的外包过程如设计外包、试制外包、试验外包和生产外包等过程,制定相应的控制措施和方法;

(3)对外包单位资格的要求;

(4)对外包单位能力的要求(包括设施和人员要求);

(5)对外包产品进行验收的准则;

(6)对外包单位实行监督的管理办法等。

(六)试制和生产过程质量控制

1.控制的要素

大纲首先应对试制、生产、安装和服务过程做出规定,包括:

(1)过程的步骤;

(2)有关的程序和作业指导书;

(3)达到规定要求所使用的工具、技术、设备和方法;

(4)满足策划安排所需的资源;

(5)监测和控制过程(含对过程能力的评价)及产品(质量)特性的方法,包括规定的统计或其他过程控制方法;

(6)人员资格的要求;

(7)技能或服务提供的准则;

(8)适用的法律法规要求;

(9)新产品试制的控制要求。

2.具体控制的项目

(1)工艺准备。在完成设计资料的工艺审查和设计评审后应进行工艺准备,一般包括:

1)按产品研制需要提出工艺总方案、工艺技术改造方案和工艺攻关计划并进行评审;

2)对特种工艺应制定专用工艺文件或质量控制程序;

3)进行过程分析,对关键过程进行标识、设置质量控制点及规定详细的质量控制要求;

4)工艺更改的控制及有重大更改时进行评审的程序;

5)试验设备、工艺和检测器具应按规定检定合格;

6)有关的程序和作业指导书;

7)在工艺文件准备阶段,按《工艺评审》(GJB 1269A—2021)的有关要求,实施分级、分阶段的工艺评审。

(2)元器件、零件和原材料的控制。质量保证大纲应规定器材(含半成品)的质量控制要求及材料代用程序,确保:

1)合格的元器件、零件、原材料和半成品才可投入加工和组装。

2)外购、外协的产品应经进厂复验、筛选合格,附有复验合格证或标记,方可投入生产。使用代用料时,应履行批准手续。

3)在从事成套设备生产时,贮存的装配件和器材应齐全并做出适当标记。

4)经确认易老化或易受环境影响而变质的产品应加以标识,并注明保管有效期。

5)元器件选用、测试、筛选符合规定的要求。

(3)基础设施和工作环境。质量保证大纲应明确针对具体产品或服务的基础设施、工作场所等方面的特殊要求。

当工作环境对产品或过程的质量有直接影响时,大纲应规定特殊的环境要求或特性,如清洁室空气中的粒子含量、生物危害的防护等。

(4)关键过程控制。大纲应规定按工艺文件或专用的质量控制程序、方法,对关键过程实施质量控制的要求。

(5)特殊过程控制。大纲应规定按工艺文件或专用的质量控制程序、方法,对关键过程实施质量控制的要求。主要有:

1)规定对过程评审和批准的准则;

2)对设备的认可和人员资格的鉴定;

3)使用针对具体过程的方法和程序;

4)必要的记录,如,能证实设备认可、人员资格鉴定、过程能力评定等活动的记录;

5)再次确认或定期确认的时机。

(6)关键件、重要件的控制。按《关键件和重要件的质量控制》(GJB 909A—2005)的有关规定进行控制。

(7)试制、生产准备状态检查。按《试制和生产准备状态检查》(GJB 1710—2004)的有关规定,对试制、生产准备状态进行检查。

(8)首件鉴定。应按《首件鉴定》(GJB 908A—2008)的有关规定对首件进行鉴定。

(七)对产品成品的质量控制

对产品成品质量控制应规定以下 12 项工作内容:

1. 产品质量评审

质量保证大纲中应明确按《产品质量评审》(GJB 907A—2006)的有关规定,规定对产品质量进行评审的程序,以及对评审中提出的问题,由谁负责处理、保存评审记录和问题处理记录的要求。

2.装配质量控制

质量保证大纲应规定对装配质量进行控制的要求,包括编写适宜的装配规程或作业指导书等。

3.标识和可追溯性

(1)应按《产品标识和可追溯性要求》(GJB 726A—2004)的有关规定对产品标识和有可追溯性要求的产品进行控制。

(2)应按《军工产品批次管理的质量控制要求》(GJB 1330A—2019)有关规定对批次管理的产品进行标识和记录。

4.顾客财产

质量保证大纲应规定对顾客提供的产品如材料、工具、试验设备、工艺装备、软件、资料、信息、知识产权或服务的控制要求。包括:

(1)验证顾客提供产品的方法;

(2)顾客提供不合格产品的处置;

(3)对顾客财产进行保护和维护的要求;

(4)损坏、丢失或不适用产品的记录与报告的要求。

5.产品防护

在贮存、搬运或制造过程中,对器材(含半成品)或产品应采取必要的防护措施,并明确规定:

(1)按《军品包括、装卸、运输、储存的质量管理要求》(GJB 1443A—2015)的要求,对搬运、贮存、包装、防护和交付等活动进行控制;

(2)确保不降低产品特性,安全交付到指定地点的要求。

6.监视和测量

大纲应规定对产品进行监视和测量的要求与方法。包括:

(1)对所采用的过程和产品(包括供方的产品)进行监视和测量的方法与要求;

(2)需要进行监视和测量的阶段及其质量特性;

(3)每一个阶段监视和测量的质量特性;

(4)使用的程序和接收准则;

(5)使用的统计过程控制方法;

(6)测量设备的准确度和精度,包括其校准批准状态;

(7)人员资格和认可;

(8)要求由法律机构或顾客进行的检验或试验;

(9)产品放行的准则;

(10)检验印章的控制方法;

(11)生产和检验共用设备用作检验手段时的校验方法;

(12)保存设备使用记录,以便发现设备偏离校准状态时,能确定以前测试结果的有效性。

7.过程检验

大纲应按《检验工作要求》(GJB 1442A—2019)的要求,依据检验程序对试制和生产进行过程检验,做好原始记录。

8.验收试验和检验

在加工装配完成后,应进行验收试验和检验。

(1)验收试验和检验的操作应按批准的程序、方法进行;

(2)验收试验和检验结束后,均应提供产品质量和技术特性数据;

(3)在试验和检验中发生故障,均应找出原因并在采取措施后重新进行试验和检验。

9.例行试验(典型试验)

应按规定进行例行试验,并实施必要的监督,以保证产品性能、可靠性及安全性满足设计要求,根据环境条件的敏感性、使用的重要性、生产正常变化与规定公差之间的关系、工艺变化敏感程度、生产工艺(过程)的复杂性和产品数量确定所需测试的产品,并征得顾客的认可。

10.无损检验

应按《理化试验质量控制规范》(GJB 466—1988)和《无损检测质量控制规范 超声纵波和横波检验》(GJB 593.1—1988)的有关规定对无损检验进行控制。

11.试验和检验记录

大纲应规定保存试验、检验记录的要求,并根据试验或检验的类型、范围及重要性确定记录的详细程度。记录应包括产品的检验状态、必要的试验和检验特性证明、不合格品报告、纠正措施及抽样方案和数据。

12.不合格品的控制

大纲应规定对不合格品进行识别和控制的要求,以防止其非预期使用或交付。有关不合格品的标识、评价、隔离、处置和记录执行《不合格品管理》(GJB 571A—2005)的规定。

(八)售后服务

当合同有要求时,大纲应按协议或合同要求组织技术服务队伍到现场,指导正确安装、调试、使用和维护,及时解决出现的问题。

三、军事代表对质量保证大纲的审查

产品质量保证大纲适用于装备产品研制、生产阶段质量保证要求。由于产品类别不同,从事装备产品研制、生产的组织在编制大纲时,可以根据产品特点或合同要求或研制、生产的不同阶段,对大纲内容进行适当的剪裁。

应该指出的是:质量保证大纲是保证产品研制、生产质量的规范性文件,大纲应由产品质量部门或项目负责人在产品研制、生产开始前,确定产品实现所需过程后编制,但大纲实施前应经过军事代表评审和认可,以保证军事代表装备采购质量监督的有效性。

军事代表对质量保证大纲审查重点是:

(1)是否针对合同中和产品的每一个特殊要求与风险点均制定了相应的质量保证措施；

(2)是否规定了必须进行的工作项目；

(3)是否明确了质量要求和具体责任者,提出了检查、控制的方法等。

四、示例:某型号产品质量保证大纲纲目

《产品质量保证大纲》(GJB 1406A—2021)规定了产品研制、生产过程质量保证的原则性要求,具体到型号产品,应根据产品特点、要求对大纲内容进行剪裁编制。以下列举某型号产品质量保证大纲的纲目,供参考。

1.大纲适用范围

2.大纲引用文件

3.型号任务和工作目标

　　3.1研制阶段

　　3.2研制阶段主要工作任务

　　3.3研制阶段完成标志

　　　　3.3.1方案阶段

　　　　3.3.2工程研制阶段

　　　　3.3.3设计定型阶段

4.××系统总体方案及系统组成

　　4.1××系统

　　4.2××系统组成

　　4.3××系统责任单位

5.质量目标与工作原则

　　5.1质量目标

　　5.2工作原则

6.管理职责

　　6.1质量保证工作系统

　　6.2各级各类人员质量职责

　　　　6.2.1型号总指挥质量职责

　　　　6.2.2型号设计师质量职责

　　　　6.2.3型号项目办质量职责

　　　　6.2.4承制单位质量职责

　　　　6.2.5主要人员

　　　　　　6.2.5.1质量人员及质量职责

　　　　　　6.2.5.2设计人员及质量职责

　　　　　　6.2.5.3工艺人员及质量职责

　　　　　　6.2.5.4计划调度人员及质量职责

　　6.3大纲的实施与监督检查

7.研制各阶段质量保证工作要点

7.1 方案阶段

7.2 工程研制初样机阶段

7.3 工程研制试样机阶段

7.4 设计定型阶段

8. 合同管理

9. 设计过程质量控制

9.1 任务分析

9.2 设计策划

9.3 组织和技术接口

9.4 设计原则

9.5 设计输入

9.6 可靠性设计

9.7 安全性设计

9.8 维修性设计

9.9 保障性设计

9.10 软件设计

9.11 特性分析

9.12 设计输出

9.13 设计评审

9.14 设计验证

9.15 设计确认/定型(鉴定)

9.16 设计更改

10. 技术状态管理

11. 试验控制

12. 采购质量控制

12.1 采购品的控制

12.2 外包产品质量控制

13. 研制阶段的生产过程质量控制

13.1 工艺保证

13.2 元器件、零件和原材料的控制

13.3 基础设施和工作环境

13.4 关键过程控制

13.5 特殊过程控制

13.6 关键件、重要件的控制

13.7 试制和生产准备状态检查

13.8 首件鉴定

13.9 装配和总装质量控制

13.10 标识和可追溯性

13.11 产品防护

13.12 监视和测量

13.12.1 检验一般要求

13.12.2 工序检验

13.12.3 无损检查

13.12.4 最终检验

13.12.5 例行试验

13.12.6 检验记录

13.12.7 检验和试验状态标识

13.12.8 强制性检验

13.12.8.1 确定强制性检验的原则

13.12.8.2 强制性检验点的评审

13.12.8.3 强制性检验有关文件

13.13 产品质量评审

14.检验、测量和试验设备控制

15.不合格的控制

16.质量问题归零

17.产品质量检查确认要求

18.交付

18.1 交付准备

18.2 交付要求

18.3 交付验收

19.型号出厂评审

20.质量信息管理

第二节 装备可靠性保证大纲的编制

可靠性保证大纲是装备研制过程中实现装备可靠性要求的基本文件,该大纲规定了装备研制、生产过程中可靠性工作通用要求以及所进行的工作项目,使承研承制单位通过装备可靠性要求所制定的型号可靠性保证大纲来规范装备的所有可靠性工作,以保证可靠性要求的实现。

一、装备可靠性保证大纲的要求

(1)承制单位应根据合同要求及《装备可靠性工作通用要求》(GJB 450B—2021)的规定,制定并实施可靠性大纲,其内容包括实现可靠性所需工作项目,实施工作程序、组织或人员及职责,需要的资源等,以便通过可靠性设计、分析、试验与纠正措施的落实实施可靠性增长,达到规定的可靠性要求。

(2)可靠性大纲应适合装备类型、项目性质(新型或改进)及研制、生产程序阶段,并与装备重要性、要求的严格程序、设计的复杂性、通用性及所需生产技术协调一致。

（3）可靠性大纲应与维修性大纲及研制、生产任务一起筹划拟订，应制定保证可靠性工程活动为设计过程一个组成部分的措施，并与维修性工程、人素工程、系统安全性或其他相关工程相联系，其工作项目尽可能与维修性大纲、保障性大纲、测试性大纲、安全性大纲等要求的工作项目结合进行。

二、装备可靠性保证大纲的内容

编制产品可靠性大纲的具体工作项目有：可靠性管理项目、可靠性设计与分析、可靠性试验与评价等工作项目。

（一）可靠性管理项目

可靠性管理项目包括：编制可靠性工作计划，对承制方、转承制方和供应方的监督与控制，可靠性评审，建立故障报告、分析和纠正措施系统（FRACAS），建立故障审查组织，可靠性增长管理等工作。

1. 编制可靠性工作计划

编制可靠性工作计划目的是使承制方应按工作计划来组织、指挥、协调、检查和控制全部可靠性工作，以实现合同中规定的可靠性要求。

工作项目要点：

（1）编制可靠性工作计划的原则。

1）应包括从产品的论证、设计开始，到使用阶段的整个寿命周期；

2）编制实施各种业务的日程表，以便审查计划的进展情况；

3）预算执行各项任务所需的设备、经费及时间，明确负责人的职责和权限；

4）反映定期检查计划执行情况，必要时，可对计划进行补充和修正。

（2）编制可靠性工作计划应考虑的因素。

1）产品可靠性水平的高低。当产品可靠性要求越高，工作安排要越细，可靠性工作项目就越多。

2）应针对产品研制的不同阶段，制定不同的工作项目。

3）考虑产品的种类及同类产品的可靠性水平状况，不同类型产品的可靠性要求不同，可靠性工作项目也就不同。

4）要考虑产品研制的其他要求，如资金和进度等。

（3）可靠性工作计划的内容。

1）实施可靠性工作保证的指导思想。

2）可靠性工作项目的实施细则可以分为产品的不同阶段，对工作项目要求、工作内容、完成状况及检查方法等进行描述。一般包括以下内容：

①实施可靠性工作计划的主要内容；

②产品研制各阶段可靠性工作项目的实施细则；

③可靠性工作组织及人员；

④可靠性进度表；

⑤每一阶段的节点及检查或评审点；

⑥可靠性信息的收集、传递、分析、处理、使用的程序及方法等内容。

2. 对承制方、转承制方和供应方的监督与控制

订购方对承制方、承制方对转承制方和供应方的可靠性工作要进行监督与控制，必要时采取相应的措施，目的是确保承制方、转承制方和供应方交付的产品符合规定的要求，并可督促承制方全面落实可靠性工作计划，以实现合同规定的各项可靠性要求。

工作项目要点：

(1)承制方应明确对转承制方产品和供应方产品的可靠性要求，并与装备的可靠性要求相一致。

(2)承制方应明确对转承制方和供应方产品的可靠性的工作要求和监控方式。

(3)承制方对转承制方和供应方的要求均应纳入有关合同，主要内容如下：

1)可靠性定量与定性要求以及验证方法；

2)对转承制方可靠性工作项目的要求；

3)对转承制方可靠性工作实施监督和检查的安排；

4)转承制制方执行 FRACAS 的要求；

5)承制方参加转承制方产品设计评审、可靠性试验的规定；

6)转承制方或供应方提供产品规范、图样、可靠性数据资料和其他技术文件等要求。

3. 可靠性评审

可靠性评审目的是评审可靠性满足合同要求的程度及存在的问题，主要包括订购方内部的可靠性评审和按合同要求对承制方、转承制方进行的评审，还应包括承制方和转承制方内部的可靠性评审。

工作项目要点：

(1)订购方内部评审主要内容是可靠性定量、定性要求和可靠性工作项目要求。

(2)承制方内部的可靠性评审应制订详细的可靠性评审计划，包括评审点的设置、评审内容、评审方式及评审要求等。

(3)可靠性评审结果应形成文件，主要包括评审结论、存在问题、解决措施及完成日期等。

4. 建立 FRACAS 系统

建立 FRACAS 系统目的是确立并执行故障记录、分析和纠正程序，防止故障的重复出现，以使产品的可靠性增长。

工作项目要点：

(1)按《故障报告、分析和纠正措施系统》(GJB 841—1990)建立 FRACAS 并保证其贯彻实施。

(2)FRACAS 的工作程序应包括故障报告、故障原因分析、纠正措施的确定和验证，以及反馈到设计、生产中的程序。

(3)故障纠正的基本要求是定位准确、机理清楚、能够复现、措施有效。

(4)应建立故障报告和分析的记录、纠正措施的实施效果及故障审查组织的审查结论立档归档,使其具有可追溯性。

5.建立故障审查组织

建立故障审查组织,目的是负责审查重大故障、故障发展趋势、纠正措施的执行情况和有效性。

工作项目要点:

(1)承研承制方应建立包括设计制造和军事代表等各方面代表组成的专门故障审查组织,其主要工作是:

1)审查故障原因分析的正确性和纠正措施执行情况的有效性;

2)批准故障处理结果。

(2)故障组织在遇到产品重大故障时,应及时审查,并将组织的活动和资料归档。

6.可靠性增长管理

可靠性增长管理目的是在装备研制的方案阶段就制订并实施可靠性增长管理计划,并按可靠性增长计划实施可靠性增长。

工作项目要点:

(1)承制方应在研制早期开始对关键的分系统或设备实施可靠性增长管理。

(2)承制方按《可靠性增长管理手册》(GJB/Z 77—1995)的规定确定可靠性增长目标,制订可靠性增长计划。

(3)承制方应将产品研制的各项有关试验纳入试验、分析与改进(TAAF)的可靠性增长管理轨道。

(二)可靠性设计与分析

可靠性设计与分析工作项目包括:建立可靠性模型,进行可靠性分配、预计,进行故障模式、影响与危害性分析,进行故障树分析、潜在分析、电路容差分析,制定可靠性设计准则,元器件、零部件和原材料选择和控制,确定可靠性关键产品,确定功能测试、包装、贮存、装卸、运输和维修对产品可靠性的影响,有限元分析、耐久性分析等。

1.建立可靠性模型

建立可靠性模型目的是用于定量分配、预计和评价产品的可靠性。

工作项目要点:

(1)采用《可靠性模型的建立和可靠性预计》(GJB 813—1990)规定的程序和方法建立以产品功能为基础的可靠性模型,可靠性模型应包括可靠性框图和相应的数学模型。可靠性框图应以产品功能框图、原理图、工程图为依据且相互协调。

(2)可靠性模型应随着可靠性和其他相关试验获得的信息,以及产品结构、使用要求和使用约束条件等方面的更改而修改。

(3)应根据需要分别建立产品的基本可靠性模型和任务可靠性模型。

2.进行可靠性分配

进行可靠性分配目的是将产品的可靠性定量要求分配到规定的产品层次,即大纲规定的层次(包括软件),作为可靠性设计和提出外协、外购产品可靠性定量要求的依据。具体的可靠性分配值应列入相应的技术规范。所有可靠性分配值应与可靠性模型相一致。

3.进行可靠性预计

进行可靠性预计目的是预计产品的基本可靠性和任务可靠性,评价所提出的设计方案是否能满足规定的可靠性定量要求。应对装备、分系统和设备进行可靠性预计。必要时,应分别考虑每一种工作模式。

工作项目要点:

(1)基本可靠性,以便为寿命周期费用分析和保障性分析提供依据;

(2)任务可靠性,以便估计产品在执行任务过程中完成其规定功能的能力。

(1)应按《可靠性模型的建立和可靠性预计》(GJB 813—1990)、《电子设备可靠性预计手册》(GJB /Z 299—2006)中提供的方法,或订购方认可的其他方法进行预计。

(2)对机械、电气和机电产品的预计可采用相似产品数据和其他适合的方法进行,但需经订购方认可。

(3)预计时应利用所建立的可靠性模型,采用 GJB/Z 299—2006,所采用的模型和数据均需订购方认可。

(4)当有充分依据(例如通过 FMEA)确认某产品的故障不影响规定的任务可靠性时,可不进行该产品的任务可靠性预计,但需经订购方认可。

4.进行故障模式、影响及危害性分析(FMECA)

进行故障模式、影响及危害性分析目的是通过系统地分析,确定元器件、零部件、设备、软件在设计和制造过程中所有可能的故障模式,以及每一故障模式的原因及影响,以便找出潜在的薄弱环节,并提出改进措施。

工作项目要点:

(1)应在规定的产品层次上进行 FMEA(故障模式影响分析)或故障模式、影响及危害性分析(FMECA)。应考虑在规定产品上所有可能的故障模式,并确定其影响。

(2)FMEA 或 FMECA 应全面考虑寿命剖面和任务剖面内的故障模式,分析对安全性、战备完好性、任务成功性以及对维修和保障资源要求的影响。

(3)FMEA 或 FMECA 工作应与设计和制造工作协调进行,使设计和工艺能反映FMEA(FMECA)工作的结果和建议,例如关键件、重要件的建立应与分析结果相吻合。分析结果也可为设计的综合权衡、保障性分析、安全性、维修性、测试性等有关工作提供信息。

(4)可参照《故障模式、影响与危害性分析》(GJB 1391—2006)提供的程序和方法在不同阶段采用功能法、硬件法和工艺法进行分析。

(5)软件的 FMEA 可参考功能法和工艺法进行。

5.进行故障树分析(FTA)

进行故障树分析目的是运用演绎法逐级分析,寻找导致某种故障事件(顶事件)的各种可能原因,直到最基本的原因,并通过逻辑关系的分析确定潜在的硬件、软件的设计缺陷,以便采取改进措施。

工作项目要点:

(1)应在普遍进行 FMEA 的基础上,以灾难的或致命的故障事件作为顶事件,进行故障树分析(FTA)。

(2)FTA 工作应参照《故障树分析指南》(GJB/Z 768A—1998)进行。

6.潜在分析

潜在分析目的是在假定所有元件、器件均正常的情况下,分析确认能引起非期望的功能或抑制所期望的功能的潜在状态。

工作项目要点:

(1)根据所分析对象,潜在分析可分为针对电路的潜在电路分析(SCA)、针对软件的潜在分析和针对液、气管路的潜在通路分析。

(2)对任务和安全关键的产品应进行潜在分析。

(3)应在设计的不同阶段,利用已有的设计和制造资料(包括原理图、流程图、结构框图、设计说明、工程图样和生产文件等)及早开展潜在分析,并应随着设计的逐步细化,及时进行更新分析。

(4)进行 SCA 时应利用线索表或其他合适的方法,通过分析,识别潜在路径、潜在时序、潜在指示和潜在标记,并根据其危害程度采取更改措施。

7.电路容差分析

电路容差分析目的是分析电路的组成部分在规定的使用温度范围内其参数偏差和寄生参数对电路性能容差的影响,并根据分析结果提出相应的改进措施。

工作项目要点

(1)应对受温度和退化影响的关键电路的元器件特性进行分析。

(2)可参照《电路容差分析指南》(GJB/Z 89—1997)提供的方法和程序进行电路容差分析。

(3)对安全和任务关键的电路应进行最坏情况分析。

(4)应在初步设计评审时提出需进行分析的电路清单。

(5)容差分析的结果应形成文件并采取相应的措施。

8.制定可靠性设计准则

制定可靠性设计准则目的是用可靠性设计准则指导设计人员进行产品的可靠性设计。

工作项目要点:

承制方应根据合同规定的可靠性要求,参照相关的标准和手册,并在认真总结工程经验的基础上制定专用的可靠性设计准则(包括硬件和软件),供设计人员在设计中贯彻实施。

(1)设计准则主要包括以下方面:

1)采用成熟的技术和工艺;

2)简化设计;

3)合理选择、正确使用元器件、零部件和原材料;

4)降额设计准则,元器件降额准则应参照《元器件降额准则》(GJB/Z 35—1993)制定;

5)容错、冗余和防差错设计;

6)电路容差设计;

7)防瞬态过应力设计;

8)热设计准则,电子产品应参照《电子产品可靠性热设计手册》(GJB/Z 27—1992)制定;

9)环境防护设计(包括工作与非工作状态);

10)与人的因素有关的设计。

(2)设计准则符合性报告应作为设计评审的内容,以保证设计与准则相符。

9. 元器件、零部件和原材料选择与控制

元器件、零部件和原材料选择与控制目的是控制元器件、零部件以及原材料的选择与使用。

工作项目要点:

(1)承制方应根据研制产品的特点制定元器件、零部件及原材料的选择和使用控制要求并形成控制文件。

(2)承制方应根据《电子元器件选用管理要求》(GJB 3404—1998)对元器件的选择、采购、监制、验收、筛选、保管、使用(含电装)、故障分析及相关信息等进行全面管理。必要时,应进行破坏性物理分析。

(3)承制方应制定型号的元器件、零部件及原材料的优选目录,并经订购方认可。

(4)承制方应制定相应的元器件、零部件和原材料的选用指南。

(5)承制方应对元器件、零部件淘汰问题,提出相应的对策和建议。

10. 确定可靠性关键产品

确定可靠性关键产品目的是确定和控制其故障对安全性、战备完好性、任务成功性和保障要求有重大影响的产品,以及复杂性高、新技术含量高或费用昂贵的产品。

工作项目要点:

(1)应通过 FMECA、FTA 或其他分析方法来确定可靠性关键产品,列出清单并对其实施重点控制。还应专门提出可靠性关键产品的控制方法和试验要求。

(2)应通过评审确定是否需要对关键产品清单及控制计划和方法加以增删,并评价关键产品控制和试验的有效性。

(3)应确定可靠性关键产品的所有故障的根源,并实施有效的控制措施。

可靠性关键产品应包括硬件和软件。

11. 确定功能测试、包装、贮存、装卸、运输和维修对产品可靠性的影响

通过测试与分析确定功能测试、包装、贮存、装卸、运输、维修对产品可靠性的影响。

工作项目要点:

(1)承制方应制定并实施测试和分析程序,评价或估计功能测试、包装、贮存、装卸、运输、维修对产品可靠性的影响,由此可获得以下结果:

1)受包装、贮存、装卸和运输过程影响的产品和对产品主要特性的影响程度。

2)定期现场检查和测试的程序、贮存可靠性评价的方法和步骤,包括测试产品的数量和可接受的性能水平。

3)具体的修复方法和步骤。

利用上述工作的结果,可以确定允许测试的次数,确定包装、贮存、装卸、运输要求和修复计划,还可用于预计产品的故障率和设计权衡等。

(2)对长期贮存(尤其是一次性使用)的产品,应尽早进行贮存分析,确定贮存时间、环境条件变化对产品性能及可靠性的影响,以便采取有效措施,保证产品的贮存可靠性。

12.有限元分析

有限元分析目的是在设计过程中对产品的机械强度和热特性等进行分析和评价,尽早发现承载结构和材料的薄弱环节及产品的过热部分,以便及时采取设计改进措施。

工作项目要点:

(1)在产品研制进展到设计和材料基本确定时应进行有限元分析(FEA)。

(2)进行 FEA 的关键是要正确建立产品结构和材料对负载或环境响应的模型。

(3)对安全和任务关键的机械结构件和产品应尽量实施 FEA。

13.耐久性分析

耐久性分析目的是发现可能过早发生耗损故障的零部件的根本原因和可能采取的纠正措施。

工作项目要点:

应尽早对关键零部件或已知的耐久性问题进行耐久性分析。

(1)应通过评价产品寿命周期的载荷与应力、产品结构、材料特性失效和机理等进行耐久性分析。

(2)随着产品设计过程的进展,耐久性分析应迭代进行。

(三)可靠性试验与评价

可靠性试验与评价的目的是发现产品在设计、材料和工艺方面的缺陷,确认是否符合可靠性定量要求并为评价产品战备完好性、任务成功性、维修人力费用和保障资源费用提供信息。可靠性试验与评价的工作项目有:环境应力筛选、可靠性研制试验、可靠性增长试验、可靠性鉴定试验、可靠性验收试验、可靠性分析评价、寿命试验等。

1.环境应力筛选

环境应力筛选目的是为研制和生产的产品建立并实施环境应力筛选(ESS)程序,以便发现和排除不良元器件、制造工艺和其他原因引入的缺陷造成的早期故障。ESS 主要适用于电子,也适用于电气、机电、光电和电化学产品。

工作项目要点:

(1)承制方应对电子产品的电路板、组件和设备层次尽可能百分之百地进行 ESS,对备件也应实施相应层次的 ESS。承制方一般还应按规定和有关要求对进厂的元器件进行二次筛选。

(2)对设备应按《电子设备环境应力筛选方法》(GJB 1032A—2020)进行 ESS,有条件时,也可按《电子产品定量环境应力筛选指南》(GJB /Z 34—1993)进行定量 ESS;对电路板和组件应按有关标准或 GJB 1032A—2020 进行 ESS;除机械产品以外的非电产品可参考GJB 1032A—2020 进行 ESS。

(3)承制方应在产品出厂前对其进行 ESS。

(4)在研制和生产过程中,承制方应制定并实施 ESS 方案,方案中应包括实施筛选的产品层次及各层次的产品清单、筛选方法、筛选应力类型和水平、筛选过程中监测的性能参数、实施和监督部门及其职责等。生产阶段的 ESS 方案应经订购方认可。

2. 可靠性研制试验

可靠性研制试验目的是通过对产品施加适当的环境应力、工作载荷,寻找产品中的设计缺陷,以改进设计,提高产品的固有可靠性水平。

工作项目要点:

(1)承制方在研制阶段应尽早开展可靠性研制试验,通过试验、分析、改进(TAAF)过程来提高产品的可靠性。

(2)可靠性研制试验是产品研制试验的组织部分,应尽可能与产品的研制试验结合进行。

(3)承制方应制定可靠性研制试验方案,并对可靠性关键产品,尤其是新技术含量较高的产品实施可靠性研制试验。必要时,可靠性研制试验方案应经军事代表认可。

(4)可靠性研制试验可采用加速应力进行,以识别薄弱环节并诱发故障或验证设计余量。

(5)对试验中发生的故障均应纳入 FRACAS,并对试验后产品的可靠性状况作出说明。

3. 可靠性增长试验

可靠性增长试验目的是通过对产品施加模拟实际使用环境的综合环境应力暴露产品中的潜在缺陷并采取纠正措施,使产品的可靠性达到规定的要求。

工作项目要点:

(1)可靠性增长试验应有明确的增长目标和增长模型,重点是进行故障分析和采取有效的设计更改措施。

(2)为了提高任务可靠性,应把纠正措施集中在对任务有影响的故障模式上;为了提高基本可靠性,应把纠正措施的重点放在频繁出现的故障模式上。为了达到任务可靠性和基本可靠性预期的增长要求,应该权衡这两方面的工作。

(3)承制方应按《可靠性增长试验》(GJB 1407—1992)的要求对产品进行可靠性增长试验。

(4)可靠性增长试验应在环境鉴定试验和 ESS 完成后,可靠性鉴定试验前进行。

(5)成功的可靠性增长试验可以代替可靠性鉴定试验,但应得到订购方的批准。

(6)可靠性增长试验前和试验后必须进行评审,需要时,还应安排在试验过程中评审。

4. 可靠性鉴定试验

可靠性鉴定试验目的是验证产品的设计是否达到了规定的可靠性要求。

工作项目要点:

(1)有可靠性指标要求的产品,特别是任务关键的或新技术含量较高的产品应进行可靠性鉴定试验。可靠性鉴定试验一般应在第三方进行。

(2)可靠性鉴定试验应尽可能在较高层次的产品上进行,以充分考核接口的情况,提高试验的真实性,可靠性鉴定试验可结合产品的定型试验或寿命试验进行。

(3)鉴定试验的受试产品应代表定型产品的技术状态,并经订购方认定。

（4）应按《可靠性鉴定和验收试验》(GJB 899A—2009)或其他有关标准规定的要求和方法进行可靠性鉴定试验。可靠性鉴定试验方案需通过评审并经订购方认可。

（5）可靠性鉴定试验应在环境鉴定试验和 ESS 完成后进行。

（6）可靠性鉴定试验前和试验后必须进行评审。

5. 可靠性验收试验

可靠性验收试验目的是验证批生产产品的可靠性是否保持在规定的水平。

工作项目要点：

（1）可靠性验收试验的受试产品应从批生产产品中随机抽取，受试产品及数量由订购方确定。

（2）应按 GJB 899A—2009 或其他有关标准规定的要求和方法进行可靠性验收试验。

（3）可靠性验收试验方案需经订购方认可。

（4）可靠性验收试验应在 ESS 完成后进行。

（5）可靠性验收试验前和试验后必须进行评审。

6. 可靠性分析评价

可靠性分析评价目的是通过综合利用与产品有关的各种信息，评价产品是否满足规定的可靠性要求。

工作项目要点：

（1）可靠性分析评价一般适用于样本量少的复杂产品。可靠性分析评价应在设计定型阶段完成。

（2）可靠性分析评价应当充分利用相似产品和产品组成部分的各种试验数据和实际使用数据。

（3）承制方应尽早制定可靠性分析评价方案，详细说明所利用的各种数据，采用的分析方法（包括仿真方法）和置信水平等。该方案应经订购方认可。

（4）应对可靠性分析评价的方案和结果进行评审。

7. 寿命试验

寿命试验目的是验证产品在规定条件下的使用寿命、贮存寿命。

工作项目要点：

（1）对有寿命要求的产品应进行寿命试验。

（2）为缩短试验时间，在不改变失效机理的条件下可采用加速寿命试验方法。

（3）可以利用同类产品的贮存数据和低层次产品贮存寿命试验数据来评价产品的贮存寿命。

（4）承制方应当尽早制定寿命试验方案，说明受试样品的品种和数量、应力水平、测试周期等。该方案应经订购方认可。

（5）寿命试验前和试验后必须进行评审。

三、装备可靠性保证大纲的审查

大纲由承制方编制，但需军事代表审查，审查时应重点审查。

(1)《产品可靠性保证大纲》是否能保证产品达到规定的可靠性要求。

(2)《产品可靠性保证大纲》规定的工作项目是否与其他研制工作协调,是否纳入型号研制综合计划。

(3)所定方案的可靠性指标与维修性、安全性、保障性、性能、进度和费用之间进行综合权衡的情况是否合理。

(4)可靠性指标的目标值是否已转换为合同规定值,门限值是否转换为合同最低可接受值。

(5)系统可靠性模型是否正确,相应的指标分配是否合理。

(6)可靠性预计结果是否能满足规定指标要求。

(7)装备系统是否进行了可靠性的比较与优选。

(8)装备所确定的设计方案是否采取了简化设计方案,是否尽可能采用成熟技术。如果采用新技术、新材料、新工艺是否有充分试验证明其可靠及性能满足要求。

(9)可靠性指标及其验证方案是否已经确定并纳入相应合同或任务书中。

(10)方案中的可靠性关键项目与薄弱环节及其解决途径是否正确、可行。

(11)可靠性设计分析与试验是否规定了应遵循的准则、规范或标准。

(12)可靠性工作所需的条件经费是否得到落实等。

四、示例:某型产品可靠性保证大纲纲目

《装备可靠性工作通用要求》(GJB 450B—2021)是产品可靠性保证的原则要求,各型号产品可根据其特点及合同要求剪裁其中有关内容,以下列举某型号产品可靠性保证大纲纲目,供参考。

1.大纲范围

2.引用文件

3.定义

4.总则

　4.1 实施××系统可靠性保证大纲的目标

　4.2 可靠性工作基本原则

　4.3 可靠性定量要求

　4.4 可靠性工作项目要求

5.详细要求

　5.1 制订可靠性工作计划

　　5.5.1 目的

　　5.5.2 工作要点

　5.2 建立与运行可靠性工作系统

　　5.2.1 目的

　　5.2.2 工作要求

　5.3 对产品承制单位和供应方的监督与控制

　　5.3.1 目的

5.3.2 工作要点

5.4 可靠性评审

5.4.1 目的

5.4.2 工作要点

5.5 建立故障报告、分析与纠正措施系统

5.5.1 目的

5.5.2 工作要点

5.6 建立可靠性模型

5.6.1 目的

5.6.2 工作要点

5.7 可靠性分配

5.7.1 目的

5.7.2 工作要点

5.8 可靠性预计

5.8.1 目的

5.8.2 工作要点

5.9 故障模式影响与危害性分析

5.9.1 目的

5.9.2 工作要点

5.10 制定可靠性设计准则

5.10.1 目的

5.10.2 工作要点

5.11 元器件、零部件和原材料选择和控制

5.11.1 目的

5.11.2 工作要点

5.12 确定可靠性关键产品

5.12.1 目的

5.12.2 工作要点

5.13 确定功能测试、包装、贮存、装卸、运输和维修对产品可靠性影响

5.13.1 目的

5.13.2 工作要点

5.14 有限元分析

5.14.1 目的

5.14.2 工作要点

5.15 耐久性分析

5.15.1 目的

5.15.2 工作要点

5.16 环境应力筛选

5.16.1 目的

5.16.2 工作要点

5.17 可靠性研制试验

5.17.1 目的

5.17.2 工作要点

5.18 可靠性鉴定试验

5.18.1 目的

5.18.2 工作要点

5.19 可靠性分析评价

5.19.1 目的

5.19.2 工作要点

5.20 寿命试验

5.20.1 目的

5.20.2 工作要点

6.军事代表对型号产品可靠性的监督

第三节 产品标准化保证大纲的编制

产品标准化保证大纲是指导产品研制标准化工作的基本文件,新研制产品应按系统、分系统、设计等不同层次分别编制产品标准化保证大纲。上层次产品标准化保证大纲对下层次产品标准化保证大纲起指导和约束作用,下层次产品标准化保证大纲应贯彻和细化上层次产品标准化保证大纲的规定和要求。

同一研制单位研制同一型号的不同层次产品或类似产品时可以编制一个产品标准化保证大纲。

一、编制产品标准化保证大纲的一般要求

(一)编制标准化保证大纲的依据和原则

1.编制产品标准化保证大纲的依据

(1)编制系统层次产品标准化保证大纲的主要依据。

1)订购方"主要战术技术指标"或"初步总体方案";

2)系统研制总体方案及研制合同中提出的标准化要求;

(2)编制分系统层次产品标准化保证大纲的主要依据。

1)系统层次产品标准化保证大纲;

2)分系统研制方案及合同(协议书)中提出的标准化要求。

(3)编制设备层次产品标准化保证大纲的主要依据。

1)上层次产品标准化保证大纲;

2)设备研制方案及合同(协议书)中提出的标准化要求。

2.编制产品标准化保证大纲的原则

编制产品标准化保证大纲应符合以下基本原则：

(1)贯彻国家标准化方针、政策和有关法律、法规,落实《武器装备研制生产标准化工作规定》的有关要求;

(2)以系统管理思想为指导,明确型号标准化工作的目标和要求,按研制阶段确定工作任务和内容,综合考虑资源保障条件;

(3)紧密结合研制产品,满足研制需要,符合实际条件,切实可行;

(4)积极采用现行有效的各级标准,采用国际标准和国外先进标准;

(5)内容全面、要求具体、相互协调。

(二)标准化保证大纲编制的时机和方式

1.编制的时机

产品标准化保证大纲应在方案阶段随产品研制方案同步协调编制,并按《标准化评审》(GJB/Z 113—1998)规定的程序和要求进行评审,按有关规定签署、批准后执行。

2.编制方式

产品标准化保证大纲可采用下列不同方式组织编写:

(1)由型号标准化工作系统或相应标准化机构提出初稿,并组织有关部门讨论、修改定稿。

(2)由有关部门分别就不同内容(如某重大标准实施方案)提出初步意见,由型号标准化工作系统或相应标准化机构综合形成初稿并组织有关部门讨论、协调定稿。

二、产品标准化保证大纲的构成

产品标准化保证大纲一般由下列各部分组成:

(1)封面与首页;

(2)目次;

(3)文件名称;

(4)技术内容;

(5)参考资料。

1.封面与首页

封面与首页应符合各行业或企业有关文件管理标准的规定。封面上一般应包括文件名称、编号、编制单位和发布日期。

2.目次

当内容较多时可设目次。

3.文件名称

产品标准化保证大纲的名称一般由三部分组成:产品型号(代号)、产品名称、文件主题。

示例1:×××火控系统标准化保证大纲

示例2：×××液压助力器标准化保证大纲

4.技术内容

根据《武器装备研制生产标准化工作规定》要求,产品标准化保证大纲一般包括下列内容：

(1)概述；

(2)标准化目标；

(3)标准化实施要求；

(4)产品通用化、系列化、组合化要求和接口、互换性要求；

(5)建立型号标准化文件体系要求；

(6)图样和技术文件要求；

(7)标准化工作范围和研制各阶段的主要工作；

(8)标准化工作协调。

5.参考资料

为帮助理解和实施产品标准化保证大纲,应列出在制定过程中参考的主要资料,包括标准、法规、技术文件及其他资料。

三、产品标准化保证大纲的详细内容

(一)概述

概述部分应说明大纲编制依据、适用范围、概略描述研制产品的基本情况和特点。

概述部分一般包括下列内容：

(1)任务来源；

(2)产品用途；

(3)产品主要性能；

(4)研制类型和特点；

(5)产品组成和特点；

(6)产品研制对标准化的要求；

(7)配套情况。

(二)标准化目标

在编制产品标准化保证大纲时,应首先分析和确定标准化目标。标准化目标一般包括下列内容：

(1)水平目标。指产品标准化期望达到的水平,如：标准实施的水平、产品标准化系统,通用化、系统化、组合化程度等。

(2)效果目标。指预期的军事、技术、经济效果,如：对提高装备效能的作用,预计节约的研制经费、缩短的研制周期等。

(3)任务目标。指计划制定的型号标准化文件及贯彻实施标准的数量等工作任务。

(三)标准实施要求

标准实施要求一般包括下列内容:一般要求,重大标准实施要求,标准选用范围,标准件、元器件、原材料选用范围。

1.一般要求

产品标准化保证大纲应规定产品研制时实施标准的一般要求,主要包括下列内容:

(1)贯彻实施标准的原则,包括《军用标准选用和剪裁导则》(GJB/Z 69—1994)规定的标准选用和剪裁的有关要求;

(2)实施标准的程序、审批、会签和更改等要求;

(3)实施标准的时效性要求,例如实施标准的年限、版本界定、新旧版标准代替的规定和要求;

(4)对实施标准进行监督的要求;

(5)处理实施中各类问题的原则或程序等。

2.重大标准实施要求

(1)应根据战术技术指标要求和贯彻实施标准一般要求,对产品研制有关的重大标准进行全面的综合分析,提出"重大标准贯彻实施方案"。

(2)"重大标准"主要有以下几种:

1)贯彻实施涉及面宽、难度大的标准;

2)贯彻实施经费投资大的标准;

3)贯彻实施组织和协调复杂的标准;

4)影响战术技术指标实现的标准;

5)与安全关系密切的标准;

6)对提高产品通用化、系列化、组合程度及节约费用等有重大影响的标准。

3.标准选用范围

(1)标准选用范围是特定产品研制时对设计人员选用标准的推荐性规定。其中所列标准通过产品图样和技术文件的采用才能作为直接指导生产或验收的依据。

(2)标准选用范围应列入下列标准:

1)法律、法规和研制合同及其他相关文件规定执行的标准;

2)与保证产品战术技术指标和性能有关的标准;

3)产品研制全过程设计、制造、检验、试验和管理等各方面所需的标准,列入的标准应是现行有效。

(3)标准选用范围视管理方便可作为产品标准化保证大纲的附录,也可作为独立文件。

(4)标准选用范围应实施动态管理,随着研制进展,及时补充需要的或调整其中不合适的标准项目,保持其有效性。

4.标准件、元器件、原材料选用范围

标准件、元器件、原材料选用范围是特定产品研制时,对设计人员选用标准件、元器件、原材料的品种规格的推荐性规定,其目的是减少品种规格,提高产品"三化"水平。

(1)编制标准件、元器件、原材料选用范围的原则。

应根据产品研制要求和资源情况,遵循下列原则:

1)推荐采用经鉴定合格、质量稳定、有供货来源、满足使用要求的品种规格;

2)限制或有条件地采用正在研制或尚未定型的品种规格,必要时补充限制要求;

3)在满足产品研制要求的前提下最大限度地压缩品种规格的数量。

(2)标准件、元器件、原材料选用范围。

1)标准编号;

2)标准名称;

3)推荐或限制的品种规格;

4)生产工厂;

5)选用(限用)相应品种规格的说明和指导意见。

(3)标准件、元器件、原材料选用范围的编制。标准件、元器件、原材料选用范围的编制可综合编制也可按标准件、元器件、原材料分别编制;视管理方便和习惯,标准件、元器件、原材料选用范围可作为产品标准化保证大纲的附录,也可作为独立文件。

(4)标准件、元器件、原材料选用范围的管理。对标准件、元器件、原材料选用范围的管理实施动态管理,随着研制进展,要及时补充需要或调整其中不合适的品种规格,保持其有效性。

(四)产品通用化、系列化、组合化设计要求和接口、互换性要求

1. 产品通用化、系列化、组合化设计要求

(1)鉴于产品通用化、系列化、组合化(以下简称"三化")工作的规律性和特殊性,标准化工作系统或相应标准化机构应在编制产品标准化保证大纲之前尽早介入产品研制方案的讨论和编制,指导和督促设计部门贯彻国家有关"三化"的方针政策,并为编制产品标准化保证大纲作准备。

(2)产品标准化保证大纲应提出产品研制时开展"三化"设计的要求,在条件成熟并和研制方案协调前提下,还可提出开展"三化"的具体工作项目,以作为检查和评审相关工作,指导工作设计,推动"三化"工作的依据。

(3)"三化"设计要求既要体现国家关于标准化的方针政策,又要和产品研制条件相适应。主要包括下列内容:

1)贯彻订购方提出的"三化"要求及开展"三化"设计的一般要求;

2)论证并采用下一层次通用或现有设备、部组件要求;

3)论证并提出新研产品是否纳入系列型谱及修订系列型谱的意见;

4)对采用现有产品进行可行性分析及试验验证的要求;

5)应用"三化"产品数据库的要求;

6)对研制方案和设计进行"三化"评审的要求。

(4)应针对不同层次的产品提出不同重点的"三化"设计要求。

1)对系统、分系统层次产品应重点分析和提出采用下一层次现有分系统、设备的要求以及是否纳入系列谱标准的方案;

2)对设备层次产品应重点分析和提出采用通用模块、通用零部件、通用结构形式和尺寸参数的要求以及是否纳入相应系列与型谱的方案。

(5)产品"三化"设计要求一般由标准化工作系统或标准化机构会同设计部门讨论提出。

2. 接口、互换性要求

(1)产品标准化保证大纲应根据产品使用特性和订购方提出的要求,明确产品设计时应贯彻实施的接口标准及其要求。主要包括下列各方面:

1)机械接口标准;

2)电气接口标准;

3)软件接口标准;

4)信息格式标准;

5)人-机界面接口标准等。

(2)产品标准化保证大纲应根据产品使用特性和订购方提出的要求,明确产品设计时应贯彻实施的接口标准化及其要求。主要包括下列各方面:

1)计量单位制规定;

2)零件尺寸公差等制造互换性标准;

3)各类机械联接结构互换性标准;

4)对单件配制等非互换性制造方法的限制要求等。

(五)建立型号标准化文件体系要求

1. 型号标准化文件体系表

(1)型号标准化文件体系表要求。

1)完整性,即型号标准化文件体系能满足型号标准化工作管理和技术的需要,满足研制各阶段、各方面标准化工作的需要。

2)动态性,即型号标准化文件体系能满足型号标准化工作管理和技术的需要,满足研制各阶段、各方面标准化工作的需要。

3)协调性,即型号标准化文件体系中的文件在项目、内容和要求等方面要做到和相关文件协调一致。

(2)型号标准化文件体系表的构建程序。

1)在研制的方案阶段,根据产品复杂程序和研制生产需要,进行型号标准化文件的需求分析。需求分析包括管理和技术两个方面,覆盖从方案阶段到设计定型阶段对标准化文件的需求。还应根据现有资源条件分析直接采用现有文件或制定新文件的可能性、紧迫性。

2)在需求分析的基础上编制初步的型号标准化文件体系表。

3)初步的型号标准化文件体系表作为安排文件编制和组织实施的根据。随着研制进展,调整和补充编制需要的文件,逐步形成满足产品定型和生产需要的型号标准化文件体系。

4)每一项需要新编制的型号标准化文件应作为研制各阶段标准化工作内容纳入型号标准化文件制订计划。

2.型号标准化文件项目表

根据确定的型号标准化文件体系表编制型号标准化文件项目表,型号标准化文件项目表一般包括下列内容:

(1)文件名称;

(2)文件作用;

(3)文件界面和适用范围;

(4)文件主要内容;

(5)与相关文件的协调说明等。

(六)图样和技术文件要求

1.图样和技术文件的完整性、正确性、统一性要求

(1)完整性要求。应按研制生产全过程和设计、试验、装配、验收、出厂包装、运输各方面的需要,对图样成套性有关标准进行合理剪裁,制定产品图样及技术文件成套性要求项目表。

(2)正确性要求。要对图样和技术文件的正确性和协调性提出要求。

(3)统一性要求。图样和技术统一的编制要求如下:

1)图样绘制标准和要求、计算机辅助设计(CAD)文件交换格式要求;

2)图样统一的编号的方法(隶属编号还是分类编号);

3)图样及技术文件内容构成及编写要求;

4)图样及技术编号的构成、格式和字符位数字等。

当采用 CAD 和传统常规设计联用时,应提出使两者保持统一协调的要求,例如界面相关数据和符号、代号的统一协调要求。

2.图样和技术文件的管理要求

(1)管理的协调性。要对在不同时间、用各种方法编制的各类图样和技术文件的管理提出协调性要求,例如:要针对图样和技术文件的编制是采用 CAD 或传统常规设计,还是两者联用等实际情况提出相应的管理要求。

(2)借用件管理要求。应对借用件作出管理规定。其主要内容包括:

1)被借用文件的最低要求;

2)借用的合法性程序和登记;

3)借用文件相关标识;

4)被借用文件更改时通知借用方的规定等。

(3)更改管理要求。应按技术状态管理、图样及技术文件管理等标准规定的更改类别对下列相关要求作出规定:

1)更改程序;

2)审批权限;

3)更改方法和更改文件的格式与使用;

4)更改文件的传递;

5)更改实施和善后处理等。

(4)审批会签要求。应根据文件的性质、涉及的范围和重要性设置不同的审签层次,明确逐级审签的要求。应规定设计部门内容、外部会签的项目、军事代表会签项目、会签单位和会签顺序等。

对于推行 CAD 和管理的单位,应对网上审签的授权、限制、签署方式等作出规定。

3.表述要求

对图样和技术文件的完整性、正确性、统一性要求及管理要求,在满足特定产品要求的前提下,一般可引用有关标准,对于不能满足部分则编制相应的型号标准化文件。

(七)标准化工作范围和产品研制各阶段的主要工作

1.标准化工作范围

标准化工作范围主要是指涉及的工作领域(例如标准化工作涉及的质量、计量、环境、可靠性等专业领域)及工作的广度和尝试(例如为实施标准组织事先研究或攻关等)。在确定研制各阶段标准化工作的内容时应充分考虑涉及的工作范围。

2.产品研制各阶段的主要工作

产品研制各阶段标准化工作内容可结合产品的具体情况参照表 6.1 进行适当剪裁和作必要的分解或综合后形成具体的工作项目,并落实到研制各阶段的工作计划中。

表 6.1 产品研制各阶段标准化主要工作内容

研制阶段	主要工作内容
方案阶段	1.编制方案阶段工作计划 ——研究课题计划 ——文件制定计划 ——年度工作计划等 2.进行标准化目标分析,确定标准化目标和要求 3.研究提出型号标准化文件体系表和标准体系表 4.组织提出标准实施一般要求、管理办法和重大标准实施方案 5.组织提出产品"三化"设计要求,评审研制方案中的"三化"方案 6.编制标准选用范围,标准化、元器件、原材料选用范围 7.组织标准化方案论证,编制产品标准化保证大纲 8.提出缺项标准制(修)订寻访 9.起草标准化管理文件、技术文件 ——标准化过程管理规定 设计文件编制要求等 10.组织标准化文件评审 11.编写方案阶段标准化工作小结

续表

研制阶段	主要工作内容
工程研制阶段	1.编制工程研制阶段工作计划 　——研究课题实施计划 　——文件制定计划 　——年度工作计划 2.编制或补充完善各类型号标准化文件 　——各种大纲支持文件 　——工艺标准化综合要求 　——组织协调实施中有关问题 3.组织"三化"方案实施、监督和检查 　检查"三化"要求的落实,推动、协调和检查"三化"方案的实施 4.开展图样和技术标准化检查,切实和反馈标准实施的信息 5.组织标准实施和产品标准化保证大纲实施评审,参与组织"三化"方案实施的评审 6.进行工作研制阶段标准化工作小结
设计定型(鉴定)阶段	1.制定设计定型阶段工作计划 2.编制设计定型阶段相关文件 　——设计定型标准化要求 　——修订提出设计定型用标准选用范围,标准件、元器件、原材料选用范围 　——修订型号标准文件 3.全面检查型号标准化工作 　——全面检查标准实施情况 　——检查产品"三化"工作 　——督促"三化"设计试验验证 4.进行设计定型图样和技术文件标准化检查 5.进行产品标准化保证大纲终结评审,编写"设计定型(鉴定)标准化审查报告",参与设计定型 6.对型号标准化工作进行全面总结

(八)标准化工作协调管理要求

对复杂的系统、分系统,一般应编制标准化工作协调管理要求。标准化工作协调管理一般应包括下列内容:

(1)标准化工作协调的原则要求;

(2)标准化文件协调程序和传递路线;

(3)标准化文件在系统内审批、会签或备案的范围和权限;

(4)标准化文件更改在系统内审批、会签或备案的范围和权限及传递要求等。

四、产品标准化保证大纲的审查

对标准化保证大纲审查的重点内容是:

(1)大纲涉及的产品代号和命名是否符合上级规定；

(2)大纲涉及的图样及设计文件质量及完整性是否符合《产品图样和设计文件管理制度》，文件的编制格式是否符合有关标准；

(3)大纲中产品设计及试制中贯彻"标准化综合要求"的情况及存在问题；

(4)大纲产品是否保证符合系列化标准和发展系列的要求；

(5)大纲对贯彻各级标准包括材料适用和借用情况，有无明确规定；

(6)大纲对产品可靠性等有无分析评估内容；

(7)大纲规定的标准化经济效果分析和计算方法是否按《标准化经济效果的评价原则》进行；

(8)大纲涉及生产定型产品图样及设计文件的完整性如何；

(9)大纲规定的产品研制各阶段标准化工作内容是否完备、齐全等。

五、示例：某型号产品标准化保证大纲纲目

以上依据《产品标准化保证大纲编制指南》(GJB/Z 114A—2005)规定的项目进行了讨论。针对具体产品，可根据产品类别、特点以及研制合同要求，编制具体产品的标准化保证大纲。以下给出某型号产品标准化大纲纲目，供参考。

某型号产品标准化大纲包括的纲目如下：

1. 范围

2. 引用文件

3. 产品概述

　3.1 任务来源

　3.2 产品用途及组成

　　3.2.1 导弹

　　3.2.2 维修保障系统

　　3.2.3 训练

4. 标准化工作主要原则

5. 标准化目标

6. 标准实施要求

　6.1 一般要求

　6.2 标准选用范围

　6.3 元器件、原材料和紧固件选用范围

7. 产品通用化、系列化、组合化设计要求和接口、互换性要求

　7.1 产品通用化、系列化、组合化设计要求

　　7.1.1 通用化

　　7.1.2 系列化

　　7.1.3 组合化

　7.2 接口、互换性要求

8. 图样和技术文件要求

8.1 完整性要求

8.2 正确性、协调性要求

8.3 系统性要求

　8.3.1 工具软件

　8.3.2 编号要求

　8.3.3 内容和编制要求

　8.3.4 文件名称

　8.3.5 阶段标记和特性分类标识

8.4 图样、技术文件管理要求

　8.4.1 签署、审批要求

　8.4.2 更改要求

　8.4.3 借用要求

　8.4.4 会签要求

8.5 工艺文件的编制

8.6 软件文档标准化要求

9. 标准化工作范围

10. 各阶段标准化工作重要任务

10.1 方案阶段标准化任务

10.2 工程研制阶段标准化任务

10.3 设计定型阶段标准化任务

第四节　产品工艺保证大纲的编制

产品工艺保证大纲是产品工艺保证的基本文件。该文件规定了产品研制各阶段工艺保证的要求和内容，是开展型号工艺工作的重要依据。

以下列举某型产品工艺保证大纲示例，供编制具体工艺保证大纲时参考。

某型产品工艺保证大纲的内容如下。

1. 范围

本大纲依据《产品系统产品保证大纲》和 Q/RJ251《战术型号工艺保证大纲》等文件要求，结合型号任务特点，规定了产品系统产品研制的工艺管理要求和相关工艺工作。

本大纲适用于产品系统产品方案阶段、工程研制阶段、设计定型阶段全过程的工艺保证，是开展型号工艺工作的重要依据。

2. 引用文件（略）

3. 工艺管理

3.1　工艺保证目标

工艺保证目标为在××系统产品的各研制阶段，确保工艺满足任务的要求。

3.2　工艺队伍的组织与职责

3.2.1　工艺保证组织机构（略）

3.2.2 工艺保证组织职责(略)

4.一般要求

4.1 各承制单位应根据相关要求对各研制阶段型号工艺工作进行细致策划,制订型号工艺保证措施和工艺工作计划,型号工艺工作计划应纳入型号科研生产计划并组织实施。

4.2 各承制单位应根据各研制阶段的特点,按 QJ1885《航天产品设计文件工艺性审查》的要求组织开展产品设计文件工艺性分析和审查,并形成型号产品工艺性审查报告。

4.3 各承制单位应组织工艺人员参加各研制阶段设计方案论证和设计评审工作,并在充分了解产品设计要求的基础上,依据型号工艺保证大纲和各阶段工艺标准化综合要求,结合本单位生产能力及资源,按 Q/QJA38《工艺总方案的编制和管理要求》编制工艺总方案。原则上工艺总方案应按产品研制阶段进行编制并评审。

4.4 各承制单位应按照 QJ903A《航天产品工艺文件管理制度》、Q/RJ235《工艺文件格式和填写规则》和本单位工艺文件管理制度的相关要求,在各研制阶段编制相应的工艺文件。工艺文件应做到"完整、正确、统一、协调、清晰和及时",并按 Q/RJ46《工艺文件签署规定》的要求签署完整。

4.5 各承制单位应根据产品各研制阶段制造难点确定分级、分阶段的工艺技术攻关项目,并按照××号《中国××集团公司第×研究院航天产品工艺技术攻关管理办法》的要求组织和实施。

4.6 各承制单位应根据研制程序和研制计划确定分级、分阶段的工艺评审项目,并按照××号《中国××集团公司第×研究院航天产品工艺评审管理办法》的要求组织并实施工艺评审。

4.7 在产品研制全过程中,工艺技术状态应符合产品设计技术状态;工艺应保证研制产品生产质量的一致性和稳定性。工艺文件更改应按照 QJ903.6A《航天产品工艺文件管理制度 工艺文件更改规定》的要求执行。

5.详细要求

5.1 各研制阶段工艺工作程序与主要内容、完成标志

5.1.1 方案阶段

5.1.1.1 方案阶段工艺工作程序与主要内容

a. 依据方案论证报告中提出的关键技术,明确工艺技术途径,提出工艺技术攻关项目和重大工艺技术改造项目。

b. 工艺师系统配合设计师系统开展设计方案的工艺可行性分析,设计师系统编制设备、分系统产品设计方案工艺可行性分析报告,并通过评审。(××系统设计工艺性分析在××研制总方案中予以明确)。

c. 开展模样产品研制生产的工艺技术准备工作,进行工艺技术攻关和工艺试验,处理研制中的工艺技术问题,验证设计方案的工艺可行性。

d. 对可能承担外协任务的单位进行工艺技术与保障能力确认。

e. 完成本阶段工艺工作总结,对本阶段形成的工艺文件、资料进行归档。

5.1.1.2 方案阶段工艺工作的完成标志

a. 建立型号工艺队伍;

b. 确定工艺技术改造项目和关键工艺技术项目；

c. 完成方案阶段工艺技术攻关；

d. 配合设计师系统完成设计方案工艺可行性分析报告，并通过评审；

e. 完成方案阶段工艺总结及相应文件的归档。

5.1.2　工程研制阶段

工程研制阶段包括初样研制阶段（程控批）和试样研制阶段（制导批）。

5.1.2.1　初样研制阶段（程控批）的工艺工作程序与主要内容

a. 对设计文件进行工艺性审查，确定程控批产品的工艺技术状态；

b. 根据型号产品研制计划，制定工艺总方案并进行评审，编制工艺技术准备计划；

c. 实施工艺技术改造；

d. 开展工艺技术准备工作，做好工艺技术文件评审和检查确认；

e. 对关键工艺技术项目，组织进行工艺技术攻关、工艺试验，及时处理工艺技术问题；

f. 完成本阶段工艺检查确认工作，对本阶段工艺技术问题进行清理，对工艺工作进行总结，完成转阶段工艺评审；

g. 对本阶段形成的工艺文件、资料进行整理归档。

5.1.2.2　试样研制阶段（制导批）的工艺工作程序与主要内容

a. 对试样研制阶段设计文件进行工艺性审查，确定产品的工艺技术状态；

b. 修订工艺总方案并进行评审，编制试样研制阶段工艺技术准备计划；

c. 开展工艺技术准备和工艺检查确认工作，对关键件、重要件和确定的关键工序，制定相应的控制措施，并进行工艺评审；

d. 完成工艺技术攻关工作，及时处理工艺技术问题，对重大工艺更改项目进行试验验证和工艺评审；

e. 完成本阶段工艺检查确认工作，对本阶段工艺技术问题进行清理，对工艺工作进行总结；

f. 对本阶段形成的工艺文件、资料进行归档。

5.1.2.3　工程研制阶段工艺工作的完成标志

a. 完成工程研制阶段工艺文件的编制；

b. 完成工程研制阶段工艺技术攻关并通过验收；

c. 完成工程研制阶段规定的各项工艺评审；

d. 完成工艺技术问题的清理和处理；

e. 完成工艺总结和文件、资料的归档。

5.1.3　设计定型阶段

5.1.3.1　设计定型阶段的工艺工作程序与主要内容

a. 对定型批产品出现的工艺问题（主要包括设计工艺性问题、材料问题、工艺技术问题等）进行清理，同时从批生产的角度对拟定型的设计文件进行工艺性审查，对清理和审查提出的改进意见和建议与设计师系统进行商处，协助设计师系统完成定型设计图样和技术文件的优化和整理；

b. 结合定型设计图样和技术文件的整理，提出为适应批生产需求改进的技术项目；

c. 根据定型设计图样和技术文件确定的产品技术状态,编制设计定型阶段工艺总方案和工艺文件,为后续批生产做准备。

5.1.3.2　设计定型阶段工艺工作的完成标志

a. 完成研制阶段专用工艺装备和非标准设备的清理和完善;

b. 完成设计定型阶段工艺文件的编制。

5.2　设计文件工艺性审查

5.2.1　各单位主管领导应积极组织有关工艺人员参加设计方案论证、设计评审、设计技术交底,并开展设计文件工艺性审查工作。工艺性审查工作是在满足产品性能的前提下,根据各研制阶段的特点,对产品设计文件进行工艺性分析和审查,将合理的工艺建议纳入设计文件,以提高产品研制的可制造性和经济性。

5.2.2　工艺性审查由各承制单位总工艺师负责,型号主任(副主任)工艺师具体组织实施。各单位总工艺师组织工艺部门,针对型号研制特点并着眼于批生产,按照 QJ1885《航天产品设计文件工艺性审查》的要求,对设计文件进行全面、细致的工艺性审查,主要原则如下:

a. 对达不到设计技术要求,经确认不影响产品总体性能和接口关系的零、部(组)件,建议设计师系统更改相应的设计技术要求。

b. 对达不到设计技术要求且影响产品性能,但现有加工条件又无法保证的项目,工艺师必须提出相应的工艺技术攻关、工艺质量技术改进以及工艺技术改造项目等,限期完成。

c. 工艺师系统将审查意见以书面形式提交设计师系统,并及时与设计师系统进行商处(商处须留下记录);若双方存在分歧意见,由工艺师系统书面汇总后逐级上报协调解决,对协调解决不了的技术问题上报院型号工艺主管,直至型号总设计师组织审查并裁决。

5.2.3　设计文件工艺性审查完成后,型号主任(副主任)工艺师应编制型号产品工艺性审查报告,工艺性审查报告应包括以下内容:

a. 产品概述;

b. 设计文件的完整性;

c. 产品设计的可生产性、可实现性;

d. 工艺性审查提出的意见和建议采纳或不采纳情况汇总和必须上报协调情况;

e. 工艺性审查结论。

5.2.4　设计文件工艺性审查是型号研制工作的重要工作程序,应列入产品的科研生产计划,并根据产品的复杂程度,给予必要的工艺审查周期,一般应为相应设计文件编制周期的四分之一至十分之一。

5.2.5　送交工艺部门进行工艺性审查和会签的设计文件应成套。产品复杂、设计周期较长的设计文件应以组件(整件)送交审查和会签。

5.2.6　未经工艺会签的设计文件,不能正式用于工艺技术准备和生产;凡经过工艺性审查和会签的产品设计文件,如有更改,必须重新履行工艺性审查和会签。

5.2.7　工艺性审查应重点注意的事项

a. 外购件、原材料是否有明确的技术条件和标准以及焊接、电子装联、胶接、组件组装和总装等专业的工艺性要求。

b. 根据 QJ3012《航天电子电气产品元器件通孔安装技术要求》的规定,当轴向引线元器件每根引线承重不小于 7 g,径向引线元器件每根引线承重不小于 3.5 g,设计文件应对元器件规定采用夹子、定位架、粘接、绑扎或其他方法进行加固。

c. 印制电路板的每个元件的焊盘孔,只允许焊一根元器件引线,不允许在元器件引线上或印制导线上搭焊其他元器件(高频电路除外),连接线也不允许拼接。

d. 组件组装和总装中设计结构上应避免装配过程中多余物的产生,即使产生多余物,也应能便于清理。总装过程中应避免采用机械加工,如钻孔、铰孔、攻丝和铆接。

e. 对有黏接强度要求和有力矩装配要求的紧固件,设计图样上应明确黏接强度和力矩装配设计值,并要考虑力矩扳手的施工空间。

f. 弹簧垫圈应采用原航天工业总公司天质〔1998〕0213 号文件《关于在航天型号产品上限制使用弹簧垫圈的通知》规定的不锈钢弹簧垫圈或机械镀锌的弹簧垫圈。

g. 工艺性审查应贯彻执行航天工业行业强制性标准,并严格控制使用航天产品禁、限用工艺。

5.3　工艺总方案的制定和评审

5.3.1　工艺总方案的制定

从工程研制阶段开始,各承制单位总工艺师应组织工艺部门,在充分了解产品设计技术要求和开展设计文件工艺性审查的基础上,根据产品技术要求、生产类型和本单位的生产条件,对产品工艺进行全面策划,提出产品研制及生产工艺准备、生产组织任务和措施,制定本阶段产品工艺总方案。具体由型号主任(副主任)工艺师按照 Q/QJA38《工艺总方案的编制和管理要求》编制。工艺总方案的一般构成如下:

a. 任务来源和产品技术状态;

b. 产品结构、性能和工艺特点;

c. 生产类型、规模、周期;

d. 生产线的建议或调整方案及承制部门分工原则;

e. 部、组(整)件的互换协调原则和配套产品的厂(所)间的互换协调原则;

f. 工艺文件的编制和验证原则;

g. 主要工艺流程;

h. 主要工艺方法;

i. 工艺关键项目及攻关措施、工艺试验项目;

j. 采用新工艺、新技术、新材料的项目及实施途径;

k. 关键工序的工艺措施;

l. 主要检测、试验项目及实施方案;

m. 工艺评审要求;

n. 首件鉴定项目及实施要求;

o. 外协加工的项目和要求;

p. 为生产本产品须增添的主要设备;

q. 专用工艺装备及非标准仪器、仪表、设备的配置、设计、制造、验证原则和鉴定要求;

r. 产品工艺质量保证措施及特殊安全、环保措施;

s. 工艺标准化要求;

t. 工艺准备完成的形式和要求;

u. 工艺文件管理和归档要求。

5.3.2 工艺总方案的评审

5.3.2.1 工艺总方案均应进行厂(所)级工艺评审,分系统和系统级产品的工艺总方案须提交院级工艺评审,工艺总方案的评审级别按表1(略)。

5.3.2.2 各承制单位按照××文《中国××集团公司第×研究院航天产品工艺评审管理办法》的要求组织工艺总方案的评审工作。

5.3.2.3 工艺总方案应在工艺文件编制前完成评审,工艺总方案经评审通过后方可实施。

5.4 ××产品的厂(所)际机械结构接口工艺协调

5.4.1 从初样研制阶段开始,导弹总装单位组织相关单位开展导弹弹体产品结构工艺协调工作。

5.4.2 制导批产品生产前,根据初样研制阶段导弹弹体产品结构工艺协调取得的经验,对导弹产品厂(所)际机械结构接口工艺协调重新进行清理和补充,具体要求如下:

a. 院项目办组织召开导弹产品厂(所)际机械结构接口工艺协调会,明确产品厂(所)际机械结构接口工艺协调的内容、职责和协调原则,并形成《导弹产品厂(所)际机械结构接口工艺协调文件》;

b. 各承制单位依据工艺协调文件规定的要求,签订厂(所)际工艺协调技术协议书,明确具体协调内容、技术要求、产品交付验收条款和质量条款。

5.5 工艺文件要求

5.5.1 工艺文件编制要求

5.5.1.1 工艺文件编制的主要依据是产品设计文件、型号工艺保证大纲、型号工艺总方案、质量保证大纲、工艺标准化综合要求及有关标准和规范。编制时应结合本单位生产条件和工艺手段,充分考虑采用工艺实施方案的先进性、可行性、合理性及经济性。

5.5.1.2 工艺文件的编制应按 QJ903A《航天产品工艺文件管理制度》、Q/RJ235《工艺文件格式和填写规则》和本单位工艺文件管理制度的相关要求进行。工艺文件应做到"完整、正确、统一、协调、清晰和及时",编制中应贯彻如下原则:

a. 工艺文件应明确规定产品的加工条件、工艺过程、技术规范、检验要求以及所使用的设备、工艺装备、主要材料、辅助材料等。生产过程使用的各种表格原则上都应在工艺文件中明确规定。

b. 应沿用成熟的工艺方法;采用经鉴定(或评审)的新工艺;采用先进、可行、经济合理的工艺技术和实施方案;引证经生产验证并有效的典型工艺和通用工艺。

c. 应落实航天行业的相关强制性标准。

d. 贯彻执行××号文《关于发布新版〈航天产品禁(限)用工艺目录〉的通知》,对目录中明确的禁用工艺应严禁使用,原则上不能采用限用工艺,对有特殊原因确需使用的限用工艺,应满足使用要求,并将限制使用条件写入工艺文件。

e. 机加工工艺规程应尽可能增加工艺附图。

f. 工艺文件中须明确零、部(组)件和产品在周转、贮存等环节中的包装和防护等工艺措施。

g. 对有静电敏感器件的产品,在装配、调试生产过程中,工艺文件中应按照 QJ2711《静电放电敏感器件安装工艺技术要求》的规定,对元器件的保存、运输、装配和调试全过程制定有效的防静电保护措施。

h. 对工作场地的环境条件有特殊要求的产品,应在工艺规程中明确,并根据 Q/RJ90《航天产品文明生产区域等级划分及其管理要求》和 QJ2850《航天产品多余物预防和控制》的要求,对生产、调试过程中环境和多余物的控制制定有针对性的工艺措施。

i. 贯彻"操作者自检为主、专检把关"的原则,会同检验技术人员合理设置专检点,并在工艺规程上明确检验项目和要求。若用户有特殊要求,应设立强制检验点。

j. 关键工序工艺文件应按××号《中国××集团公司第×研究院关键过程控制管理办法》的要求进行制订。

k. 特殊过程工艺文件的编制应按照沪航天质字〔2005〕1183 号《×院特殊过程质量管理规定》文中 3.1.2 的要求执行。特殊过程工艺文件中的关键参数应经过试验确认,符合特殊过程质量控制要求方可使用。特殊过程的工艺文件应明确提出关键工艺参数和有关内容记录的要求。

l. 电装工艺文件中,对需用环氧胶在印制板上粘固元器件的,应明确防止环氧胶污染元器件引脚的具体措施;对导线剥线应尽量采用热剥,如只能进行冷剥的剥线工艺应规定正式操作前的试剥要求;电连接器的插拔,工艺文件应按 Q/QJA12《电连接器插拔操作通用要求》明确要求。

m. 以实现产品调试工程化为目标,当产品转入试样研制阶段时,应按照 QJ3155《航天电子产品调试工艺编写规定》和调试文件,开始编制调试工艺规程,并力求做到步骤明确可操作。调试工艺规程的编制可由工艺人员或设计人员承担,并通过调试人员(原则上调试者不应是文件的编制者)进行操作验证,产品调试工艺规程应逐步补充完善。

n. 工艺外协应按 Q/RJ85《航天产品工艺外协管理办法》的要求签订技术协议书,技术协议书应编号、受控并归档管理。

o. 工艺文件应采用计算机辅助设计系统进行编制和管理。

5.5.2　工艺文件复查要求

a. 根据本型号产品设计文件和技术状态,对所有借用其他型号产品的设计文件、工艺文件、专用工艺装备和非标准设备进行全面复查,确保借用的工艺文件、专用工艺装备和非标准设备的正确性,以满足设计文件的要求。

b. 转阶段工艺评审前应对本阶段工艺文件进行全面复查和整理,保证本阶段已通过评审的工艺攻关成果、工艺优化和工艺改进的有效措施、质量问题归零中采取的有效工艺措施落实到工艺文件中。

5.5.3　工艺文件签署要求

工艺文件签署一般按"编制"、"校对"、"审核"、"标检"和"批准"的顺序进行签署,必要时增加"会签";在确保签署流程受控的前提下,允许采用电子签名;工艺文件签署按照 Q/RJ46《工艺文件签署规定》的要求执行。

5.5.4　工艺文件更改要求

经批准的工艺文件需要更改时,应编制相应的工艺更改单,应保证更改内容的正确、统一、协调、清晰;关键件、重要件的工艺文件,其更改单的批准级别应提高一级进行批准,工艺文件更改单的最高批准人为本单位总工艺师。工艺文件的更改应按 QJ903.6A《航天产品工艺文件管理制度　工艺文件更改规定》的要求进行。

5.5.5　工艺文件完整性要求

工艺文件完整性原则上应满足表 6.2 要求。

5.5.6　工艺文件的检查确认

工艺文件发出前,应按 Q/QJ16《航天产品质量检查确认要求》中第 6.3 条"工艺检查确认内容"的要求完成工艺文件的检查确认工作,并按第 7 条"检查确认结论报告编写要求"的要求,编写工艺文件检查确认报告,并将主要情况在相应的工艺总结报告中予以说明。

5.5.7　工艺文件标识要求

各承制单位投产前对全套工艺文件检查确认后,按照型号技术文件相关管理要求的规定,加盖与设计文件相同的标识章。

表 6.2　工艺文件完整性要求

序号	工艺文件名称	方案（M）	工程研制		设计定型（D）
			初样（C）	试样（S）	
1	工艺文件目录		○	△	△
2	工艺总方案		△	△	△
3	工艺路线表		△	△	△
4	各类工艺规程	△	△	△	△
5	关键工序明细表		○	△	△
6	专用工艺装备明细表		△	△	△
7	专用工艺装备设计文件		△	△	△
8	非标准仪器、仪表、设备明细表		△	△	△
9	非标准设备设计文件		△	△	△
10	外协件明细表		△	△	△
11	工艺状态表		○	△	△
12	模线样板明细表		△	△	△
13	厂(所)际协调互换工艺文件		△	△	△
14	产品技术协调工艺文件		△	△	△
15	材料消耗工艺定额文件		○	△	△
16	技术协议书		△	△	△

注:①表 6.2 规定的工艺文件是用于生产和工艺管理最基本的文件,各承制单位可根据实际情况增补;

②△表示应编制的工艺文件;○表示根据需要而定。

5.6 工艺技术攻关

5.6.1 各承制单位应根据设计文件和图样的要求,在各研制阶段对"技术难度大、制造工艺不稳定、质量难以保证和明显影响产品研制周期"的工艺技术,提出工艺技术攻关项目,采取有效的技术措施(包括工艺方法、工艺手段、测试装备及其相关制造技术),解决型号研制中的关键工艺技术难题。

5.6.2 工艺技术攻关应按照产品研制程序分阶段进行,并实现分级管理。

5.6.3 工艺技术攻关项目完成后,经评审通过后方能用于型号产品生产。

5.6.4 工艺技术攻关按照沪航天质字〔2006〕843 号《中国航天科技集团公司第八研究院航天产品工艺技术攻关管理办法》的要求执行。

5.7 工艺优化和工艺改进

5.7.1 各承制单位在研制过程中应根据产品制造特点,紧紧围绕"产品质量高稳定、生产高效率和成本合理"的研制生产目标,积极组织工艺人员做好工艺优化和工艺改进工作。如:优化加工工艺路线、改进加工工艺方法、改进加工设备、改进检测手段、做好工艺装备的研制和完善工作等。必要时提出工艺质量技术改进项目。

5.7.2 工艺质量技术改进项目按照××号《×院工艺质量技术改进项目管理规定》的要求执行。

5.8 工艺装备

5.8.1 各承制单位应根据产品研制需要和工艺总方案中工艺装备配置原则,组织开展工艺装备的设计和制造。对大型、关键的工艺装备设计方案应进行评审。

5.8.2 工艺装备制造完成并检验合格后,方能投入产品的生产使用。

5.8.3 产品所用的专用工艺装备都应编号,并编制专用工艺装备明细表。

5.8.4 各承制单位应建立和完善专用工艺装备的管理制度,建立和健全专用工艺装备履历书,并根据专用工艺装备使用要求进行周期检定或使用前的复验,确保对专用工装的全寿命周期进行有效管理。

5.8.5 专用工艺设备的设计文件应齐全、正确并归档保存。

5.9 非标准设备

5.9.1 各承制单位应根据产品研制需要和工艺总方案中非标准设备配置原则,组织开展非标准设备的设计和制造。

5.9.2 非标准设备制造完成并通过鉴定后,方能投入产品的生产使用。

5.9.3 非标准设备的设计文件应齐全并归档保存。

5.10 首件鉴定

各承制单位工艺部门根据《首件鉴定》(GJB 908—1990)的要求,分析产品和生产实际情况,制定首件鉴定目录,并经质量部门会签后实施(若首件鉴定作为合同指定的项目,首件鉴定目录还应请主管军代表室会签);工艺部门协助质量部门组织完成首件鉴定工作。

5.11 工艺评审

5.11.1 工艺评审点一般设置在各研制阶段工艺设计工作完成后,投产开始前。对评审未通过和未按规定要求进行工艺评审的项目,其工作不得转入下一阶段。

5.11.2 工艺评审项目主要包括:

a. 工艺总方案的工艺评审；

b. 关键件、重要件、关键工序工艺文件的工艺评审；

c. 特殊过程工艺文件的工艺评审；

d. 新工艺、新技术应用的工艺评审；

e. 工艺技术攻关的工艺评审；

f. 大型、复杂工艺装备设计方案的工艺评审；

g. 转阶段的工艺评审；

h. 重大工艺技术改造方案、重大工艺改进的工艺评审；

i. 其他规定项目的工艺评审。

5.11.3 为加强对协作单位工艺质量的控制,各承制单位在与协作单位签订产品研制合同或技术协议书时,根据需要规定工艺评审的具体项目和内容。

5.11.4 工艺评审按××号《中国航天××公司第×研究院航天产品工艺评审管理办法》的要求执行。

5.12 返修工艺

产品返修必须编制专门的返修工艺,并经签署批准后严格按返修工艺执行,严禁返修工作的随意性。

5.13 工艺过程的控制

工艺过程的控制按照 Q/RJ251《战术型号工艺保证大纲》中 6.8"工艺过程的控制"的规定执行。

5.14 工艺纪律

5.14.1 参与导弹系统研制的各类人员,包括型号指挥、设计、工艺、质量、调度、检验和操作等有关岗位人员,应严格遵守工艺纪律,按照经过审批后的产品设计文件、工艺文件和有关技术标准组织产品的研制生产。

5.14.2 操作人员(含工人和调试人员等)应做好生产前的准备工作,在加工、装配和调试过程中,依据工艺文件进行操作,发现问题应及时反馈。无工艺文件或装调文件,不允许进行操作。

5.14.3 新上岗的操作人员须经培训、考核合格后上岗;关键岗位的操作人员应定岗定员,并由相关技术人员进行技术交底,重点培训、考核上岗。

5.14.4 各承制单位应根据沪××号《中国××集团公司第×研究院加强工艺纪律的管理办法》的要求制定本单位的工艺纪律查评办法和实施细则,明确规定车间、工艺和质量管理等部门和人员的责任。由本单位主管领导牵头组织科研、设计、工艺、检验等相关部门定期或不定期地进行工艺纪律的检查,并形成检查记录,使工艺纪律查评工作制度化,×院质量技术保障部负责组织抽查。

6. 其他要求

6.1 质量问题的处理

6.1.1 工艺师系统对产品研制中出现的与工艺相关的质量问题,应按有关要求组织开展原因分析,提出预防和改进措施,并会同设计师系统制定和实施处理方案,质量问题的归零应按 Q/QJA10《航天产品质量问题归零实施要求》的要求实施。

6.1.2　工艺师系统对产品研制中的超差、代料和技术质疑等处理应按照 QJ3105《超差、代料、质疑单管理规定》的要求实施。

6.2　工艺外协管理

各承制单位生产计划部门应依据《外协件明细表》《工艺路线表》和 Q/RJ85《航天产品工艺外协管理办法》进行产品外协(含工序外协)管理；工艺部门负责与协作单位签订技术协议书，明确规定加工方法、技术要求和验收质量条款及条件等，技术协议书应编号、受控并归档管理。

印制电路板的生产应在原××总公司定点单位或×院定点的××公司生产。

6.3　工艺总结要求

各承制单位在型号产品转阶段时，应按照相关要求进行工艺清理，完成研制阶段工艺工作总结，编制"型号产品研制阶段工艺总结报告"。

6.4　工艺文件的归档

工艺文件的归档应符合有关要求的规定。

第五节　产品保证大纲的编制

产品保证大纲是产品研制过程尤其高新装备研制过程，保证研制任务完成的基本文件。该大纲规定了产品在方案阶段、工程研制和设计定型阶段应进行的重要工作及要求，以保证装备的研制工作质量。对研制合同有要求的装备应编制产品研制保证大纲。

以下列举某型号系统产品保证大纲编制的主要基本格式和主要内容，仅供参考。

某型号产品保证大纲的主要内容如下。

1.主题内容和适用范围

本大纲规定了××型号系统研制过程的产品保证要求。

本大纲适用于((型号系统在方案、工程研制和设计定型阶段的产品保证。

2.引用文件(略)

3.产品保证管理

3.1型号任务和目标

3.2××型号总体方案及系统组成

3.2.1型号总体方案(略)

3.2.2系统组成(略)

3.3研制工作特点

3.3.1技术难度大(略)

3.3.2研制周期短(略)

××型号的研制周期按立项综合论证报告确定为五年，作为一型全新的型号，技术难度又如此之大……。

3.3.3对外协调工作量大，不定因素多(略)

3.3.4有国际合作项目(略)

3.3.5型号研制队伍年轻人多(略)

3.3.6 型号研制工作的基础薄弱(略)

3.4 研制工作的风险分析

通过对已经基本确定的战技指标分析可知,×××××中距红外空空导弹具有国际先进水平,根据已定的目标和任务,研制工作中主要风险有以下几个方面:

3.4.1 技术上的风险(略)

3.4.2 进度上的风险(略)

3.5 型号产品保证的目标

由于型号是一个全新的型号,为了使研制工作顺利进行,必须强调方案质量、设计质量;应该对研制工作执行严格的规范化管理;通过过程控制确保产品质量,以达到一次成功的目标。

为此,在研制过程中应遵循"设计正确、管理规范、过程受控、一次成功"的思想,从源头抓起,严格管理,确保全过程质量受控。通过对可能产生的缺陷、不合格、危险和故障进行控制,确保其产生的后果不会影响到人员、设备的安全和合同任务的完成。

3.6 产品保证工作系统

为确保研制顺利按时定型,型号实行项目管理,型号总指挥对产品保证工作负全责,对与本型号研制生产有关的人、财、物实行有效的协调管理。型号总设计师在型号总指挥的领导下,对型号产品研究、设计、试验、生产等技术工作负全责。

3.6.1 组织机构

建立型号指挥、设计师、质量师和工艺师系统等。

3.6.1.1 型号指挥系统(略)

3.6.1.2 设计师系统(略)

3.6.1.3 质量师系统(略)

3.6.1.4 工艺师系统(略)

3.6.2 主要人员和系统职责

3.6.2.1 型号总指挥职责(略)

3.6.2.2 型号总设计师职责(略)

3.6.2.3 项目办职责(略)

3.6.2.4 设计师系统职责(略)

3.6.2.6 工艺师系统职责(略)

3.7 产品保证文件和型号研制计划

3.7.1 产品保证文件

制定《产品系统产品保证大纲》,并与标准化大纲相协调。产品保证大纲对产品保证管理进行详细规定,同时编制下列专业大纲作为本大纲的支撑性文件,相关内容本大纲从简。

a.××其他专业大纲;

b.××系统质量保证大纲;

c.××系统工艺保证大纲;

d.××系统元器件保证大纲;

e.××系统软件保证大纲;

f. ××系统可靠性保证大纲；

g. ××系统安全性保证大纲；

h. ××系统保障性保证大纲；

i. ××系统维修性保证大纲；

j. ××系统电磁兼容性保证大纲。

本大纲及其支撑性文件是各承制单位对所承制产品开展研制、监督、检查、审核和评价的依据，各大纲需评审并经主管军代表室会签后实施。承制单位的产品保证活动应符合本大纲产品保证要求，并按 QJ2171A《航天产品保证要求》编制本单位的产品保证要求，在制定时可根据承制产品特点进行适当裁剪，但不得降低本大纲的要求。各承制单位所编制的产品保证要求需评审并经主管军代表室会签后实施。

本大纲应根据研制进展情况及时修订和完善。

3.7.2 型号研制计划

按照综合立项报告，要求型号在×××年×月完成设计定型。综合考虑各种因素，××型号的研制计划可以按下述思路安排。

3.7.2.1 方案阶段

由于××型号的可行性论证工作时间较紧，方案阶段的工作量较大，同时为打好型号的研制基础，因此考虑安排一年的时间来完成。根据设计师系统提出的思路，方案阶段又可分为方案论证和方案设计两项工作。

3.7.2.1.1 方案论证

在这个阶段，总体部在初步方案论证的基础上，下达各分系统产品的初步设计要求，各分系统在进行初步方案论证以后生产模样产品并进行必要的地面验证试验，在完成这些工作以后，各分系统完成方案论证，总体部在此基础上完成导弹总体方案论证工作。在这个阶段还要完成初步××试验和××地面点火试验，产品保证大纲等基础性文件也应在这一阶段完成评审并下发执行。

3.7.2.1.2 方案设计

总体部在方案论证的基础上进行方案设计工作，完成导弹系统总体方案评审，提出工程研制阶段地面火箭弹、空中火箭弹的技术状态和设计要求。

各分系统在总结模样产品试制的基础上，进一步完善、细化方案和设计，必要的话进行第二轮模样产品的研制。

这一阶段的主要地面试验有：××试验、××地面点火试验，并开始进行××干扰验证性吹风试验。

这一阶段还要完成结构协调弹的生产并完成模态试验。

3.7.2.2 工程研制阶段

按照综合立项论证报告，工程研制阶段应该在××××年×月份结束，但按有关规范和研制程序，定型批导弹应在工程研制阶段完成生产。定型阶段的工作主要是完成设计定型试验和定型审查，因此，可以将工程研制阶段延长至××××年×月结束，工程研制阶段又可以分两个阶段，即程控批阶段和制导批阶段。

3.7.2.2.1 程控批

这一阶段的工作主要围绕……

3.7.2.2.2 制导批

这一阶段的工作主要围绕……

由于在工程研制阶段就要完成定型批导弹的生产,因此,设计定型技术状态的确定和审查以及定型批导弹的生产应在制导批靶试完成以后立即进行,在××××年一季度完成。

3.7.2 设计定型阶段

设计定型阶段的工作主要是完成设计定型试验和设计定型审查,可安排在××××年三季度进场靶试,在××年×月完成设计定型审查。

3.8 对承制单位的管理

3.8.1 分工定点

×××产品各舱段及主要配套产品的分工定点已基本明确:

• 总体设计:……

• 分系统:……

3.8.2 管理要求

承制单位可分为配套单位和外协单位,配套单位由院与其签订研制合同、产品总体单位下研制任务书;外协单位由产品总成单位签订合同并下研制任务书;配套单位的产品保证工作由院负责认定、监督和检查,外协单位的产品保证工作由产品总体单位负责认定、监督和检查。

外协产品的质量控制是产品质量控制的薄弱环节,各配套单位的外协单位应报院项目办备案,必要时院项目办可组织对外协单位的产品保证工作进行检查。

3.8.3 对×合作的管理

对×合作是××型号研制工作的重要组成部分,×方是型号的一个特殊外协单位,对×方产品的质量、进度的控制也应纳入型号的管理范围,明确对×合作的责任单位是××,××应该与×方保持经常的联系,掌握×方的质量、进度情况。

3.9 大型试验的管理

大型试验可分为地面试验和飞行试验,从组织管理上分,又可分为由院组织的大型试验和由各有关单位组织的大型试验。所有大型试验都必须有试验大纲,试验大纲应签署完整并通过评审或审查,必须制定详细的试验计划,试验结束以后必须出具试验报告。

3.10 技术攻关的管理

由于型号研制工作难度较大,在各研制阶段应集中力量对关键技术组织技术攻关,在方案阶段已初步确定如下几项关键技术攻关:

随着研制工作的深入,在不同的阶段,可组织不同的关键技术攻关项目。

关键技术攻关应由所在单位提出项目申请,经评审通过后报型号两总系统审核批准,并由院项目办和相关单位签订攻关合同,安排专项经费支持攻关工作。关键技术攻关项目应组建项目组,在承制单位行政指挥领导下,实行项目组长责任制。

关键技术攻关项目既包含设计、试验项目,也包含工艺、检验、测试项目。

3.11 ×××国产化

产品国产化是×××型号研制工作的关键……

应花大力气、下定决心解决××国产化问题，一定要跟上整个型号的研制进度。

3.12 经费管理

××型号研制经费如何通过多方筹集资金为型号所用，如何管好用好型号的经费是型号管理工作重点要考虑的一个问题。

3.12.1 经费的筹措（略）

3.12.2 经费的分配（略）

3.12.4 预算和决算（略）

3.13 对外协调（略）

3.14 项目管理

项目办是型号两总的参谋部和办事机构，是型号研制工作的司令部，院项目办人员应作适当分工，充分发挥每一个人的积极性，各单位调度系统也应明确主管人员，形成型号指挥调度网。

3.14.1 计划管理

应严格执行计划管理，强调计划的严肃性。制订计划时应充分协调、考虑周全，并适当留有余地。一旦计划正式下达，各有关单位均应严格执行，若由于种种原因造成计划明显拖延，应有专题书面报告，说明原因及采取的措施，及时调整计划。对由于研制任务需要临时提出的工作（如地面试验等），应履行一定的审查程序，制订专题计划，实行闭环管理。

3.14.2 日常管理

总体项目办和各有关单位指挥调度系统的日常工作应逐步形成制度化、规范化，可考虑制定型号日常管理规范，使型号的日常管理工作有章可循。应充分利用院计算机局域网进行各类信息的传递和交流，以提高办事效率。

3.14.3 简报

各单位每月应按要求时间上报型号研制工作简报，简报一般应包括：本月工作进展情况、质量问题、下月的工作安排、存在问题及解决措施、需要协调的问题及其他重大情况。

3.14.4 月例会

应坚持召开型号月例会制度，调度会原则上应每月召开，质量分析会、工艺工作例会、资料和标准化工作例会可视情况每季度召开一次。月例会除了进行工作进展情况汇报、各单位工作协调以外，还可以进行工作交流和研讨，使型号研制工作的各条线都处于激活状态，月例会均应形成会议记录或会议纪要。

3.14.5 文档管理

日常管理文件（含每周安排，各类会议记录或纪要等）、简报、月例会纪要（记录）等均应在计算机中建立文件夹予以保存并做好备份，重要的文件也可打印成纸质文件，纸质文件和光盘应按年度归入档案室保存。

3.14.6 影像资料

型号的重要活动应保存照相和摄像资料。影像资料可分为两类，一类由院项目办或各单位保存，一类由技术基础所保存。一般活动可由院项目办或各单位进行照相或摄像，重大活动则由基础所照相摄像。各类资料均应指定密级专人保管。

每年年终应将本年度型号研制工作进展情况制成多媒体资料归档，也可用于工作总结及工作会使用。

3.14.7 与军代表的协调

驻院军事代室和驻有关承研厂所军代室按照《装备研制过程质量监督要求》(GJB 3885A—2006)以及军方相关文件,对型号的研制全过程进行监督。院项目办和各有关单位在型号研制过程中,应主动、积极、及时与驻本单位军代室进行沟通和协调,积极配合军代表做好研制质量监督工作。

3.15 研制队伍建设

组建一支具有精选的研制队伍,是完成型号研制任务的关键,也是型号产品保证工作的基础.在研制队伍建设方面应开展以下工作:

3.15.1 组建研制队伍(略)

3.15.2 教育培训(略)

3.15.3 人才培养(略)

3.16 产品保证的审核

根据型号研制工作需要,承制单位应对本单位和分承制单位的产品保证要求执行情况进行针对性的产品保证审核,主要包括型号涉及的设施、人员、程序和质量管理体系运行情况。承制单位应制订产品审核计划,明确审核类型、项目、程序,并将审核结果形成审核报告,承制单位应根据报告中提出的不足和问题,采取纠正措施并验证措施的有效性,实施闭环管理。

产品保证要求的审核可参照 QJ2237A《内部质量审核指南》适时开展。

3.17 产品保证活动报告

建立信息管理系统,及时准确地通报、传递产品质量与可靠性信息。

型号进入工程研制阶段后,承制单位应结合型号调度会向项目办上报本单位承制产品的保证活动情况。上报内容包括产品保证活动概况、产品质量问题、关键项目控制情况、元器件控制、软件控制及技术状态控制等情况。

项目办负责将产品保证活动及时向军事代表室通告。

3.18 产品数据包的建立

产品数据包应按×××号文《关于开展××航天产品质量与可靠性数据包建设工作的通知》中附件 2《××航天产品质量与可靠性数据包管理办法(试行)》规定,从初样研制阶段开始建立,一个产品(独立代号)建一个数据包,并按初样、正样(试样)、定型阶段分别建立。

产品数据包建立应充分反映产品研制、生产过程质量控制情况及其结果,并能满足产品保证大纲、产品技术要求和用户及上一级技术抓总单位的相关要求。

产品交付验收时,应向产品接收或使用单位提交《产品数据包项目清单》,根据产品接收或使用单位要求提供查询,并提交双方约定的文档和记录。

4 质量保证

应按《产品质量保证大纲要求》(GJB 1406A—2021)编制《型号系统质量保证大纲》。应重视对外协产品和专用测试设备的质量控制。

承制单位应按《质量管理体系要求》(GJB 9001C—2017)建立、完善质量体系并保持有效运行。策划并组织实施型号研制过程中相应的质量保证、质量控制措施和方法,保证产品在各研制阶段的硬件、软件和相关文件的质量要求明确并得以实现。

承制单位应按《××导弹系统质量保证大纲》要求编制相应《××导弹产品质量保证实施细则》，纳入研制计划并组织实施。对整个研制过程实施有效的质量管理和质量控制，确保产品质量满足合同和使用要求。在各研制阶段应制定具体的质量控制要求并贯彻实施。

5　元器件、原材料保证

元器件的控制要求应保证产品满足型号的环境要求。应根据 QJ3057《航天用电气、电子和机电(EEE)元器件保证要求》制定《××导弹系统元器件保证大纲》，元器件的选用应尽量保持各研制阶段一致。进入工程研制阶段后，各承制单位须按元器件"五统一"的要求进行元器件管理，明确元器件选用、目外申报、采购、监制、验收、筛选、DPA、失效分析、装机元器件复查、信息管理等节点的质量管理要求。

原材料的选用应按 RJ/K11A002《××导弹系统标准化大纲》中规定的原材料选用范围执行，采购、验收、代用、发放等管理按相关质量管理规定进行。

6　工艺保证

应按照 QJ3125《航天产品材料、机械零件和工艺保证要求》及 Q/RJ251《战术型号工艺保证大纲》的要求制订《×××导弹系统工艺保证大纲》，提出×××型号产品工艺管理和相关工艺工作要求。在设计时就应考虑产品的工艺性，严格工艺审查，保证产品设计的可实现性。尽量采用已经验证的成熟工艺。产品在加工、生产、试验过程中，严格工艺纪律，严格按工艺文件进行操作，工艺操作记录完整、准确，保证可追溯性。

7　软件产品保证

××型号系统软件由导弹弹上系统软件、训练系统软件、维修系统软件组成。在××型号系统研制中实行软件工程化管理，应按《武器系统软件开发》(GJB 2786A—2009)、QJ3126《航天软件产品保证要求》、Q/QJA 30《航天型号软件工程化管理要求》制定《×××导弹系统软件产品保证大纲》，开展软件工程化管理工作，使软件从开发到使用、维护的质量处于受控状态。

8　可靠性保证

为保证任务一次成功，降低寿命周期费用，应进行可靠性管理、设计与分析、试验与验证的技术与管理活动，通过识别、评价、控制可能导致任务失败的任何潜在故障，控制研制风险。

建立××型号可靠性工作系统，明确专(兼)职人员负责可靠性设计工作，进行可靠性分析，制订可靠性工作计划，进行相应的可靠性试验。根据《装备可靠性工作通用要求》(GJB 450A—2004)，结合承制产品特点制定《××型号系统可靠性保证大纲》，提出可靠性目标和工作要求，确定可靠性保证工作项目。

9　安全性保证

应根据 QJ2236A《航天产品安全性保证要求》，分析型号特点，制定《××型号系统安全性保证大纲》，明确安全性的技术和管理要求，对产品本身的安全性和产品形成过程的安全性加以控制。

10　保障性保证

为满足××型号战备完好性要求，降低寿命周期费用，综合考虑系统的保障问题，确定保障性要求,进行保障性设计,规划并研制保障资源,及时提供系统保障所需的管理和技术活动,明确系统寿命周期综合保障的工作要求,应根据《装备综合保障通用要求》(GJB 3872A—2022)制订《××型号系统保障性保证大纲》。

11 维修性保证

应根据《装备维修性工作通用要求》(GJB 368B—2022)要求,结合产品的维修性特点,制定《××型号系统维修性保证大纲》,提出为满足维修性要求所采取的措施,开展维修性管理、维修性设计与分析、维修性试验与验证的技术与管理活动,使有故障的产品,在恢复或保持其规定的功能状态时所需的维修活动简便、准确、安全和经济。

12 电磁兼容性保证

应根据《军用设备和分系统电磁发射和敏感度要求》(GJB 151A—1997),分析××型号的产品特点,制定《×××导弹系统电磁兼容性保证大纲》。

本章讨论了装备研制的产品质量保证大纲、可靠性保证大纲、标准化保证大纲、工艺性保证大纲、产品保证大纲的编制内容与要求,对维修性、保障性、测试性、安全性、环境适应性保证大纲以及电磁兼容性保证大纲、系统元器件保证大纲等的编写限于篇幅未进行讨论。当装备研制合同或者订购方有要求时,承制方亦应根据相应的国家军用标准及相关规定,参考本章已讨论的保证大纲的编制格式和内容要求,编制相应的保证大纲。

第七章　研制过程有关文书编写讨论

研制过程有关文书是装备研制工作的规范性文件,是研制工作质量的集中体现,也是研制过程质量监督的重要内容。装备承研、承制单位一定要按有关标准及上级规定做好研制文书的写作,承研单位军事代表必须对文书规范性、准确性、实用性实施审查。

本章重点讨论装备产品定型文件、研制过程有关质量保证文件以及常用科技公文的写作等内容。

第一节　装备产品定型文件及管理

定型文件是装备产品定型的主要依据,也是产品生产和检验验收规范制定的基础。定型审查会通过对定型文件的审查,可以作出该装备产品研制过程和结果能否符合研制任务书或研制合同要求的评价。国家定型机构对定型文件的审查结果可以作为该产品能否批准正式定型的依据。另外,定型文件也可作为发生重大技术质量问题时查证产品设计(制造)情况的依据。为此,对定型文件的编制和审查是承研方和使用方对装备质量监督的一项重要工作。

一、装备产品定型应提供的文件

1.设计定型应提供的文件

《军工产品定型程序和要求》(GJB 1362A—2007)规定,设计定型应提供以下 23 个文件:

(1)设计定型审查意见书;

(2)设计定型申请报告;

(3)军事代表机构或军队其他有关单位对设计定型的意见;

(4)设计定型试验大纲和试验报告;

(5)产品研制总结;

(6)研制总要求(或研制任务书);

(7)研制合同;

(8)重大技术问题的技术攻关报告;

(9)研制试验大纲和试验报告;

(10)产品标准化大纲、标准化工作报告和标准化审查报告;

(11)质量分析报告；

(12)可靠性、维修性、保障性、测试性、安全性评估报告；

(13)主要的设计和计算报告(含数字模型)；

(14)软件(含源程序、框图及说明等)；

(15)软件需求分析文件；

(16)软件设计、测试、使用、管理文档；

(17)产品全套设计图样；

(18)价值工程和成本分析报告；

(19)产品规范；

(20)技术说明书、使用维护说明书、产品履历书；

(21)各种配套表、明细表、汇总表和目录；

(22)产品相册(片)和录像片；

(23)二级定委要求的其他文件。

2. 生产定型应提供的文件

GJB 1362A—2007 规定,生产定型必须提供以下 22 个文件：

(1)生产定型审查意见书；

(2)生产定型申请报告；

(3)产品试生产总结；

(4)工艺和生产条件考核报告；

(5)部队试用大纲和试验报告；

(6)生产定型试验大纲和试验报告；

(7)产品全套图样；

(8)工艺标准化综合要求；

(9)工艺、工装文件；

(10)工艺标准化工作报告和审查报告；

(11)软件(含源程序、框图及说明等)；

(12)软件需求分析文件；

(13)软件设计、测试、使用、管理文档；

(14)可靠性、维修性、保障性、测试性、安全性评估报告；

(15)配套产品、原材料、元器件及检测设备的质量和定点供应情况报告；

(16)产品质量管理报告；

(17)产品价值工程分析和成本核算报告；

(18)产品规范；

(19)技术说明书；

(20)使用维护说明书；

(21)各种配套表、明细表、汇总表和目录；

(22)二级定委要求的其他文件。

二、定型文件的制作规定

1.定型技术文件的格式

定型文件的编写要符合以下要求：

(1)幅面采用 A 系列规格纸张的 A4 幅面,上下边距分别为 25 mm,左右边距分别为30 mm;

(2)打印字按照有关标准或行政规定执行,一般用四号字;

(3)封面和扉页样式见 GJB 1362A—2007 附录 B。

2.产品图样绘制

产品图样绘制应符合以下要求：

(1)幅面、格式、代号、符号、阶段标识、填写要求等应符合有关标准;

(2)要按规定进行签署;

(3)图样为蓝图;

(4)封面和扉页样式可见 GJB 1362A—2007 附录 B。

3.产品照片与录像片

产品照片(含底片)应为主要能反映产品全貌、主要侧视面、主要工作状态(战斗状态、行军状态)和主要组成部分的照片,幅面为 120 mm×90 mm 或 240 mm×180 mm。录像片的放映时间一般不超过 20 min,并附有解说词文本。解说词要实事求是,简明扼要,通俗易懂。主要内容包括产品研制生产概况,产品主要组成、用途和性能,主要试验项目和试验结果,评语等。

三、定型文件的管理

1.定型文件的整理

定型文件应按以下要求整理：

(1)技术文件和产品图样一般要分别装订,加盖定型印章的与不加盖印章的不得混装。

(2)技术文件要分类装订成册,每册要有目录,厚度不得超过 25 mm。

(3)图样应装订成册,并编张号,每册厚度不得超过 50 mm。

(4)定型文件一般采取穿线装订,产品技术说明书、使用维护说明书等也可按图书装订。

(5)定型文件成册后应有硬质封面,不应用塑料和漆布面。封面的颜色:设计定型文件为天蓝色,生产定型文件为紫红色。

(6)定型文件的封面应使用产品的正式命名名称,文件中也可沿用产品的研制代号。随产品交付的文件一律使用产品的正式命名等。

2.定型文件汇总上报

产品通过定型审查后,承研承制单位应按照定型审查提出的意见和要求,修改、补充、完善定型文件,并按定型文件清单的规定进行编写整理,待产品批准定型后,会同军事代表机构或军队其他有关单位共同加密保存,上报二级定委的定型可只列目录。计算机软件文件上报按《军用软件产品定型管理办法》的要求办理。

上报书面文件的同时,按照《军工产品定型电子文件要求》(GJB 5159—2004)的有关规定上报定型电子文件。

3.定型文件盖章

二级定委、承研承制单位、军事代表机构或军队其他有关单位等持有的产品全套图样、底图、产品规范、各种配套表、明细表、汇总表和目录等定型文件,必须加盖定型专用章。未加盖定型专用章的技术文件不得用于产品的生产。

4.定型文件的修改

已批准定型产品的定型文件的修改,按照下列规定办理:

(1)改变产品主要战术技术性能和关键结构的修改,由总部有关的部门、军兵种装备部审查后报二级定委审批;

(2)不改变产品主要战术技术性能和关键结构但影响其通用性、互换性的修改,由总部分管有关的部门、军兵种装备部审批后,报二级定委备案;

(3)凡不涉及上述两项的修改,由承研单位和军事代表机构或军队其他有关单位商定,并上报采购部门备案。

四、定型文件的使用

定型文件只用于产品生产和检验验收,定委保存的定型文件,作为发生重大技术质量问题时查证产品设计、制造情况的依据。持有定型文件的单位负有保守国家秘密,尤其是技术秘密、知识产权的责任和义务,如有违反,将依据国家和军队有关法律、法规追究其责任。

第二节 设计定型和生产定型文件的编写

编写设计定型和生产定型文件是装备产品工程管理与质量监督的一项重要工作内容。文件编写的质量关系到能否准确反映装备产品的质量水平,能否通过定型审查并最终通过有关定委的产品批准定型。本节根据有关文件及标准规定,对文件编写内容予以讨论,供参考。

一、设计定型文件的写作内容

设计定型文件包括的 23 个文件,可参考如下内容写作。

(一)设计定型审查意见书

设计定型审查意见书由审查组讨论通过,全体成员签署,通常包括以下内容:

(1)审查工作简况。可写××年×月×日,某定型委员会在××地主持召开了某型产品(产品型号、名称)设计定型审查会,参加会议的有××个单位×××名代表,会议成立了以×××为组长单位,×××为副组长单位的设计定型审查组。审查组观看了产品录像,听取了×××作的《×××研制工作总结》等报告。审查组依据《装备产品定型工作条例》及有关标准,对设计定型进行了全面审查。

(2)产品简介。简述产品用途及组成。

（3）产品研制、设计定型试验概况。简述产品自××年×月通过研制总要求的方案评审,转入工程研制阶段,×××年×月产品通过初样机评审;×××年×月完成正样机评审,转入设计定型阶段。以下简述研制阶段设计、试验的主要工作等。

（4）实际达到的性能和批准要求的对比表。简述产品实际达到的性能并和批准要求对比,可用表格。

（5）存在问题的处理意见。简述研制试验中出现的问题及解决过程。

（6）对生产定型条件和时间的建议。写出生产定型条件具备程度,并给出时间建议。

（7）产品达到设计定型标准和要求的程度,审查结论意见。简述产品达到设计定型标准的程度,并给出审查结论。

审查结论、意见、建议由下列用语适当剪裁和扩充。

该系统（产品）符合《常规武器装备研制程序》要求,其性能满足研制总要求（及其补充要求）规定的主要战术技术指标及使用要求;符合通用化、系列化、组合化要求;软件经测试合格;组成系统的×××、×××和×××均已通过设计定型审查（独立考核的分系统、配套设备、软件、部件、原材料已逐级考核）;设计定型试验中出现的技术问题已得到解决;产品图样和技术文件完整准确,符合标准化要求;产品配套齐全,配套产品质量可靠,有稳定的供货来源;承制单位具备认可的装备科研生产资格。

审查委员一致认为该产品符合装备产品设计定型标准和要求建议批准设计定型（或调整指标后批准设计定型或修改完善后重新办理设计定型手续）。

当审查组成员有不同意见时,可以书面形式附在审查结论意见后。

（二）设计定型申请报告

当产品通过设计定型试验且符合规定的标准和要求时,由承制单位会同军事代表机构或军队其他单位向二级定委提出设计定型书面申请。当承制单位与军事代表机构或军队其他单位意见不统一时,经二级定委同意承研承制单位可以单独提出装备产品设计定型申请,军事代表机构或军队其他单位应对装备产品设计定型提出意见。

一般申请设计定型报告连同附件由产品研制单位会同军事代表室提出,报告应抄报装备使用部门和研制主管部门。

1.设计定型申请报告的内容

设计定型申请报告通常包括以下内容:

（1）产品研制任务的由来。应描述产品研制任务的依据文件（含文件号、文件名称、正式命名的装备名称）、完成时间要求及成果形式、数量等。

（2）产品简介和研制、设计定型试验概况。应使用简短的语言叙述产品的组成及承研单位研制各阶段工作过程中的主要工作、设计定型试验和软件测评简况以及测评过程中发现的主要问题和解决验证情况。需要在定型试验结束后进行验证的,应注明验证试验大纲批复单位、批复时间及文号、承试单位。

（3）符合研制总要求和规定标准的程度。应描述实际战术技术指标与研制总要求规定的战术技术指标符合程度;还可写图样及技术文件整理情况、军厂双方的联审情况等。

（4）存在的问题及解决措施。应描述研制过程中出现的技术、质量问题,并采取了什么样的解决措施。

(5)设计定型(鉴定)意见。宜采用下列典型用语描述:"经必要的试验证明:××(产品型号名称)关键技术问题已经解决;经试验或检验证明产品能够达到研制总要求;设计图样(含软件源程序)和相关的文件资料齐全,能够满足设计(鉴定)试验的需要,已具备设计定型(鉴定)的条件。"

(6)结束语。宜采用下列典型用语:"根据对有关设计定型(鉴定)文件的评审,特申请××(产品型号、名称)设计定型(鉴定)。"

2.设计定型申请报告的附件

设计定型申请报告附件一般包括:

(1)产品研制总要求(或研制任务书);

(2)产品研制总结;

(3)军事代表机构质量监督报告;

(4)质量分析报告;

(5)价值工程和成本分析报告;

(6)标准化工作报告;

(7)可靠性等"个性"评估报告;

(8)设计定型文件清单;

(9)二级定委规定的其他文件。

(三)军事代表机构或军队其他有关单位对产品设计定型(鉴定)的意见

军事代表机构或军队其他有关单位对产品设计定型(鉴定)的意见主要内容有:

(1)研制任务的由来。可参照申请设计定型报告来写。

(2)达到批准的研制总要求和规定的标准情况。

(3)符合通用化、系列化、组合化的要求情况。

(4)设计图样(含软件源程序)和相关文件资料完整、准确情况。

(5)产品配套齐全、能独立考核的配套产品已完成逐级考核情况。

(6)配套的设备、部件、原材料、软件质量可靠,并有稳定供货来源情况。

(7)承研、承制单位具备国家认可的装备科研、生产资质情况。

(8)研制过程中重大问题解决情况,有无遗留问题。

(9)对产品是否可以进行设计定型(鉴定)审查的意见。宜采用以下语言描述:"综上所述,××(产品型号、名称)已达到研制合同和技术书规定的战术技术指标和使用要求,符合通用化、系列化、组合化要求;设计图样和相关文件完整、准确,技术条件及使用说明书齐备;产品配套齐全,配套设备、部件、原材料、软件质量可靠,有稳定的来源;质量管理体系健全并通过装备承研承制单位资格审查;研制过程中重大问题已经解决,没有遗留问题(或遗留问题已有解决措施),同意提交××(产品型号名称)设计定型(鉴定)审查"。

(四)设计定型试验大纲和试验报告

1.设计定型(鉴定)试验大纲

设计定型(鉴定)试验大纲由承担设计定型(鉴定)试验单位根据产品的战术技术指标,

作战、使用要求、维修保障要求以及有关国家试验规范拟制,并征求总部分管装备的部门、军兵种装备部、研制总要求论证单位、军事代表机构、承研承制单位意见,承试单位将附有编制说明的试验大纲呈报二级定委审批,并抄送有关部门。试验大纲编制说明应详细说明试验项目能否全面考核研制总要求规定的战术技术指标和作战使用要求,以及有关试验规范的引用情况及剪裁。试验大纲的内容包括:

(1)编制大纲的依据;

(2)试验目的和性质;

(3)被试品、陪试品、配套设备的数量和技术状态;

(4)试验项目、内容和方法(含可靠性、维修性、测试性、保障性、安全性、环境适应性实施方案和统计评估方案);

(5)主要测试、测量设备名称、精度、数量,并对测试设备提出计量要求;

(6)试验数据处理原则、方法和合格判定准则;

(7)试验组织、参试单位及试验任务分工;

(8)试验网络图和试验的保障措施及要求;

(9)试验安全保障要求。

2.设计定型(鉴定)试验报告

设计定型(鉴定)试验报告由承试单位编写,上报二级定委,并抄送总部分管装备有关的部门、军兵种装备部研制总要求论证、军事代表机构或军队其他有关单位承研承制等有关单位。一级定型产品设计定型试验报告应同时报一级定委。报告通常包括以下内容:

(1)试验概况;

(2)试验项目、步骤和方法;

(3)试验数据(含表格、曲线)资料;

(4)试验中出现的主要技术问题及处理情况;

(5)试验结果、结论;

(6)存在的问题和改进建议;

(7)试验样品全貌、主要侧面、主要试验项目照片,试验中发生的重大技术问题的特定照片;

(8)主要试验项目的录像资料(光盘);

(9)关于编制、训练、作战使用和技术保障等方面的意见和建议。

(五)产品研制总结

产品研制总结由承制单位编写,通常包括以下内容。

1.研制任务来源

(1)下达研制任务的单位、日期、文号、文件名称、产品命名;

(2)签订研制合同的单位、日期、合同名称、合同编号;

(3)下达研制总要求的单位、日期、文号、文件名称。

2.产品概述及主要研制过程

(1)产品概述。应用简短语言叙述产品组成和主要功能以及承研承制分工。

(2)主要研制过程。

1)方案论证阶段的内容包括：

①方案论证的起始时间；

②方案阶段突破的关键技术；

③方案评审的日期、主持单位、评审结果。

2)工程研制阶段的内容包括：

①原理样机、初样机、正样机设计评审的日期、主持单位、评审结果；

②样机试制、试验完成时间，样机试制和试验中出现的问题及解决结果；

③样机评审(鉴定)的日期、主持单位、评审(鉴定)结果；

④正样机鉴定试验大纲的编制和批准情况，正样机鉴定试验结论。

3.设计定型试验情况

设计定型试验包括以下内容：

(1)试验基地试验、部队试验的承试单位、时间、地点；

(2)试验中出现的问题及处理情况；

(3)承试单位提出的建议及处理情况；

(4)试验结论。

4.主要重大技术问题及解决情况

主要重大技术问题及解决情况包括：正样机试验、鉴定试验和产品设计定型试验中出现的主要问题的现象、原因、解决措施和解决措施效果验证情况。

5.主要配套成品、设备、材料的定型(鉴定)及其质量、供货情况

主要配套成品、设备、材料的定型(鉴定)及其质量、供货情况包括：主要配套成品、设备、专用元器件、特种原材料的名称、承制、定型(鉴定)、质量、供货情况以及产品使用进口件和国产化情况。

6.产品可靠性、维修性、测试性、保障性、安全性、环境适应性情况

产品"六性"情况主要包括对产品可靠性、维修性、测试性、保障性、安全性、环境适应性的总体评价。

7.贯彻产品标准化大纲情况

(1)产品图样和技术册数；

(2)贯彻产品标准化大纲具体情况；

(3)标准化审查结论。

8.产品工艺性、经济性评价

(1)从设计中选用的原材料、元器件、工艺等方面评价产品的工艺性；

(2)对采用成本高昂的技术、原材料、元器件、零部件的情况说明；

(3)产品预计价格与国内外同类产品的比较。

9.产品主要战术技术指标和使用要求达到情况

(1)产品主要战术技术指标和使用要求达到情况的总体评价；

(2)产品达到战术技术性能情况对照表。

10.产品尚存在问题及解决措施

(1)产品遗留的问题及解决措施；

(2)需要研究或需要上级明确的问题。

11.对产品设计定型的意见

产品达到装备产品设计定型标准的情况。

(六)研制任务书

研制任务书一般包括以下内容：

(1)前言,阐述任务的来源(依据)及目的。

(2)技术要求,包括：

1)产品用途和组成；

2)性能要求；

3)使用要求；

4)环境要求；

5)设计要求。

(3)研制总进度及分阶段进度安排意见。

1)质量要求；

2)标准化要求；

3)可靠性、维修性、测试性、保障性、安全性、环境适应性要求。

(4)其他要求及说明事项。

(5)验收与交付。

(6)完成形式。

(7)任务周期和研制经费。

(七)研制合同

(1)合同当事人；

(2)研制依据；

(3)合同标的；

(4)研制进度；

(5)合同价款和支付；

(6)研制工作要求；

(7)验收和交付；

(8)研制成果约定；

(9)密级和保密事项；

(10)合同的变更和解除；

(11)违约责任和合同鼓励；

(12)合同纠纷处理方式；

(13)附件,包括：

1)附录 A(工作说明);

2)附录 B《技术规范(技术规格书)》;

3)其他附件。

(八)重大技术问题的技术攻关报告

重大技术问题的技术攻关报告应包括以下内容:

(1)质量问题叙述。应包括问题描述、问题对产品及系统性能(质量)的影响、问题的技术难度。

(2)问题原因分析及采取的技术措施。应写问题的评价分析、采取的技术措施和解决问题的过程,技术措施(方案)的选择、解决问题的效果情况。

(3)试验验证情况。

(4)结论。应写取得的技术成果、效益及经验。

(5)遗留问题的处理方法。

重大技术问题的技术攻关报告应包括整个研制阶段重大技术问题的技术攻关。

(九)研制试验大纲和试验报告

研制试验大纲和试验报告由承研承制单位编写,并征得军事代表室和上级主管部门同意。

1.研制试验大纲

研制试验大纲一般包括以下内容:

(1)概述。主要写编制大纲的依据。

(2)试验性质、目的。

(3)被试品、陪试品、配套设备的数量和技术状态。

(4)试验方案、项目、内容和方法(含"六性"实施方案和评估方案。

(5)主要测试、测量设备的名称、精度、数量。

(6)试验数据处理原则、方法和合格判定准则。

(7)试验组织、参试单位及试验任务分工。

(8)试验网络图和试验的保障措施及要求。

(9)试验安全保障要求。

2.研制试验报告

研制试验报告一般包括以下内容:

(1)试验依据;

(2)试验概述,主要包括试验项目、步骤和方法;

(3)参试设备状态;

(4)试验过程及试验数据;

(5)试验中出现的主要技术问题及处理情况;

(6)试验结果分析;

(7)试验结论。

(十)产品标准化大纲、标准化工作报告和标准化审查报告

1. 产品标准化大纲

产品标准化大纲的内容有:

(1)概述。主要包括任务来源、产品用途、产品主要性能、研制类型和特点、产品组成和特点、产品研制对标准化的要求、配套情况。

(2)标准化目标。主要包括:水平目标,指产品标准化期望达到的水平,如标准实施水平,产品标准化系数,通用化、系列化、组合化程度;效果目标,指预期的军事、技术、经济效果,如对提高装备效能的作用、预计节约的研制经费、缩短的研制周期等;任务目标,指计划制定的型号标准化文件及贯彻实施标准的数量等工作任务。

(3)目标实施要求。主要包括一般要求,重大标准实施要求,标准选用范围,标准件、元器件、原材料选用范围。

(4)产品通用化、系列化、组合化要求和接口互换性要求。主要包括"三化"设计要求,接口、互换性要求。

(5)型号标准化文件体系要求。主要包括型号标准化文件体系表、型号标准化文件项目表。

(6)图样和技术文件要求。主要包括图样和技术文件的完整性、正确性、统一性要求,管理要求。

(7)标准化工作范围和研制各阶段的主要工作。主要包括标准化工作范围、产品研制各阶段的主要工作。

(8)标准化工作协调管理要求。主要包括标准化工作协调的原则要求,标准化文件协调程序和传递路线,在系统内审批、会签或备案范围和权限,文件更改在系统审批、会签或备案的范围和权限及传递要求等。

2. 标准化工作报告

标准化工作报告包括的内容有:

(1)产品概述。主要包括产品组成、产品功能、主要战术技术指标。

(2)研制依据。主要包括依据上级装备部门下达的批准研制装备的文件(含文件号、文件名称等)。

(3)型号标准化文件体系建设。主要包括型号标准化文件体系表、文件项目表。

(4)标准的贯彻实施与监督。主要包括标准化工作主要原则,贯彻标准的原则,标准化目标,标准化要求(含产品设计要求,对产品图样及设计文件的要求,对基础标准的要求,镀层及涂覆要求,热处理要求,对产品特性分类要求,产品可使用性标准化要求,产品研制、生产标准化要求,产品图样和设计文件签署和技术责任制的规定),标准化工作。

(5)通用化、系列化、组合化(模块化)设计与应用情况。

(6)设计定型(鉴定)状态标准采用情况。主要包括产品图及设计文件与其他有关该产品的文字和表格内容的设计贯彻标准化大纲情况(含标准化目标的实施情况,标准的选用,标准化大纲执行情况)。

(7)标准化效益分析评估。主要对采用标准化技术带来的效益进行分析和预测。

（8）存在的问题分析及解决措施。

（9）结论与建议。

3.标准化审查报告

设计定型标准化审查报告主要包括以下内容：

（1）概述。

1）对产品进行简要说明，包括产品代号和命名，主要性能和用途；

2）标准化组织机构的设置和运行情况（对大型复杂产品）；

3）标准化大纲的制定情况。

（2）标准化工作主要情况。

1）标准化工作组织管理概况（标准化工作的层次关系、组织关系和相应的工作制度，以及标准化组织协调工作情况）；

2）标准化工作任务的开展和落实情况（标准化大纲规定的标准化工作任务，在各研制阶段的开展情况，包括主要工作项目及其做法、解决的主要问题、取得的主要成效）。

（3）标准及标准化要求的贯彻和实施情况。

1）有关标准的采用及剪裁情况，说明未予贯彻有关标准的主要原因；

2）编制产品标准情况及目录；

3）通用零部件、元器件、原材料的选用和控制情况；

4）通用化、系列化、组合化及接口互换性情况。

（4）标准化审查情况。

1）标准化审查的依据；

2）标准化审查主要内容；

3）对标准化及标准化工作的监督审查情况；

4）产品图样和技术文件的质量和完整性；

5）标准化系数的计算；

6）标准化方面存在的问题及解决情况。

（5）标准化经济效果分析。主要评价和计算贯彻国家标准、专业标准（部标准）、企业标准及采用国际标准和国外先进标准的经济效果，包括选择基准和基准年度、考虑的主要因素、评价指标体系、计算公式与数据收集、计算与评价结果等。

（6）标准化审查结论。主要是标准化情况的综合评价，包括产品图样和设计文件的完整性、统一性和质量水平的评价，实际达到标准化系数情况的差距，标准化方面尚存在的不足之处等。从标准化角度提出产品是否可以定型的意见。

（十一）质量分析报告

质量分析报告由承研单位撰写，包括以下主要内容。

1.产品概况

产品概况包括产品用途、特点、系统组成及质量保证工作的重点和难点。

2.质量保证组织与文件

质量保证组织与文件主要内容包括：

(1)组织机构设立情况；

(2)质量文件的编制情况；

(3)质量文件的执行情况。

3.研制质量的控制

研制质量的控制主要内容包括：

(1)样机试制质量的控制情况；

(2)外购外协件和加工工装的质量控制情况；

(3)软件质量的控制情况；

(4)重要试验的质量控制情况。

4.技术状态的变更

技术状态的变更主要内容包括：

(1)图样和技术文件的变更及审查签署情况；

(2)试制过程中不合格品的处理情况；

(3)原材料及元器件的代用情况。

5.质量分析和评价

质量分析和评价主要内容包括：

(1)发生的重大质量问题及解决情况；

(2)对尚存在的技术质量问题的分析及拟采取的措施；

(3)对产品研制质量的评价。

6.对产品质量结论的意见

对产品质量给出结论性意见。最后明确提出是否具备设计定型(鉴定)条件,给出可否申请设计定型(鉴定)的结论。

(十二)可靠性、维修性、保障性、测试性、安全性等评估报告(可合并写作,也可单独写作)

1.可靠性分析报告

可靠性分析报告主要内容包括：

(1)概述。主要说明产品用途、特点、系统组成、可靠性工作重点和难点。

(2)可靠性指标(定性、定量要求)。系统可靠性指标和各分系统可靠性指标。

(3)可靠性工作概况。主要包括：

1)可靠性工作组织机构及运行管理情况；

2)可靠性文件的制定与执行情况。

(4)可靠性设计及试验情况分析。主要包括：

1)可靠性框图；

2)可靠性预计与分配；

3)可靠性设计主要技术措施；

4)可靠性工程设计改进和可靠性增长情况；

5)可靠性试验验证、分析以及改进措施；

6)可靠性鉴定试验和验证结果;

7)重要故障分析改进设计的验证情况。

(5)对产品可靠性的总体评价。建议采用以下典型用语:

综上所述,该产品研制过程质量管理体系运行良好,研制过程质量得到可靠控制,××产品(型号产品)的性能特性及可靠性指标符合要求,满足了研制合同和技术协议书中的规定。

2.维修性分析报告

维修性分析报告包括以下内容:

(1)概述。主要写产品用途、特点、组成及维修性工作重点和难点。

(2)维修性指标(定性、定量要求)。

(3)维修性工作概况。包括:

1)维修性工作组织机构及运行管理情况;

2)维修性文件的制定与实施情况。

(4)维修性设计与验证情况分析。包括:

1)维修性建模、指标分配情况;

2)维修性分析设计及采用的主要技术措施;

3)维修性评审结论与验证结果;

4)维修性设计改进的主要措施。

(5)对产品维修性设计水平的基本评价。可参考可靠性基本评价的格式写作。

3.保障性分析报告

保障性分析报告内容包括:

(1)概述。主要写产品用途、特点、组成及保障性工作重点和难点。

(2)保障性指标(定性、定量要求)。主要写总系统、分系统保障资源与保障系统参数指标。

(3)保障性工作概况。主要包括:

1)保障性工作组织机构设置及运行管理情况;

2)保障性文件的制定与实施情况。

(4)保障性设计及验证评审情况分析。主要包括:

1)对保障系统分析及保障需求确定的情况;

2)保障性设计的主要技术措施;

3)保障性验证与评审的结论;

4)保障性设计改进的主要措施。

(5)对保障性设计水平的基本评价。可参考可靠性基本评价格式写作。

4.测试性分析报告

测试性分析报告主要内容包括:

(1)概述。包括产品用途、特点、组成及测试性工作重点和难点。

(2)测试性指标(定性、定量要求)。

（3）测试性工作概况。主要包括：

1）测试性组织机构设置及运行管理；

2）测试性文件的制定与实施情况。

（4）测试性设计与验证情况分析。主要包括：

1）测试性分析设计及采取的主要技术措施；

2）测试性设计存在的主要问题分析及解决情况；

3）测试性试验验证与评审结论；

4）测试性设计改进主要措施。

（5）对测试性设计水平的基本评价。可参考可靠性基本评价格式写作。

5.安全性分析报告

安全性分析报告主要内容包括：

（1）概述。包括产品用途、特点、组成及安全性工作重点和难点。

（2）安全性指标（定性、定量要求）。

（3）安全性工作概况。包括：

1）安全性组织机构设置及运行管理；

2）安全性文件的制定与实施情况。

（4）安全性设计与验证情况分析。

1）安全性分析及设计的主要技术措施；

2）安全性设计存在的主要问题分析；

3）安全性验证与评审结论；

4）安全性改进设计主要措施。

（5）对安全性设计分析水平的基本评价。同可靠性基本评价格式写作。

6.电磁兼容性分析报告

电磁兼容性分析报告主要内容包括：

（1）概述。主要写产品用途、特点、组成及电磁兼容性工作重点和难点。

（2）电磁兼容性指标（定性、定量要求）。

（3）电磁兼容性工作概况。主要包括：

1）电磁兼容性组织机构设置及运行管理；

2）电磁兼容性文件的制定与实施情况。

（4）电磁兼容性设计与验证情况分析。包括：

1）电磁兼容性分析及设计的主要技术措施；

2）电磁兼容性设计存在的主要问题分析；

3）电磁兼容性验证与试验结论；

4）电磁兼容性改进设计主要措施。

（5）对电磁兼容性设计水平的总体评价。同可靠性基本评价格式。

(十三)主要的设计和计算报告(含数字模型)

1.概述

(1)产品名称、组成和用途;

(2)简要说明产品的工作原理和主要功能。

2.计算依据

(1)经批准的与计算有关的战术技术指标,注明批文单位和文号;

(2)自行给定的指标,附简明论证。

3.简图

布置简图、结构简图和计算简图等。

4.结构说明

(1)结构特点、动作原理;

(2)润滑、密封、支承等的说明;

(3)拆装的方法。

5.性能计算

(1)计算项目名称及该项目的确切含义与作用;

(2)计算方法、已知数据、计算结果;

(3)对计算结果的说明和结论。

6.几何尺寸与强度、刚度计算

一般结构件只进行几何尺寸计算,受力件要补充进行强度、刚度计算。计算内容包括:

(1)计算项目的名称和种类;

(2)受力分析和受力分析简图;

(3)计算公式和已知数据;

(4)计算结果;

(5)对计算结果的分析和最终修正。

7.子组部件、系统的设计计算

一般对大型复杂系统进行计算。主要内容包括:

(1)原理设计计算、参数设计计算与元器件的选择;

(2)冗余设计、优化设计、潜在通路分析、热设计、电磁兼容性设计等方面的计算;

(3)计算结果的说明和结论。

8.尺寸链计算

分别编写各计算项目的内容。主要内容包括:

(1)项目名称(包括计算项目的名称和计算尺寸的符号)。

(2)计算条件(包括要求的或假设的计算条件)。

(3)结构简图(包括绘出参加尺寸链的各零件的装配关系简图、在简图上标出各零件的件号、各零件尺寸代号和计算尺寸的符号)。

（4）尺寸链图（包括绘制封闭环与组成环，形成封闭尺寸链回路并标注各环的代号）。

（5）尺寸链方程（包括按适用的计算方法建立尺寸链数学计算方程式，并确定解法步骤）。

（6）已知数据（用表格列出计算所需的相应图样给出的数据）。

（7）计算过程（除计算机计算时，只列出代入的数据和计算结果外，一般包括三个步骤：根据尺寸链方程列出计算公式；将已知数据代入计算公式求解；计算结果，列出所得计算结果）。

（8）结论（根据计算结果给出能否满足装配技术要求或使用性能要求的明确结论）。

9.可靠性设计计算

根据产品规定的任务、使用寿命、使用环境条件等，对确定的可靠性指标（如可靠度、平均故障间隔时间、耐用寿命等）进行计算。

10.结论

（1）是否满足战术技术要求；

（2）设计的优缺点和改进方向；

（3）与国内外同类产品的性能对比；

（4）工艺性、经济性等说明。

（十四）软件（含源程序、框图及说明）

该文件一般包括以下内容：

（1）软件研制总要求或系统研制总要求。

（2）软件研制总结报告。

（3）软件产品规范。

（4）软件测评（试验）报告：厂（所）级鉴定报告、定型测评报告、部队试验报告。

（5）重要研制阶段的软件评审报告，包括软件需求分析阶段评审报告。

（6）软件运行程序及源程序。

（7）软件开发文档，包括：软件需求规格说明（含接口需求规格说明）、软件设计文档（接口设计文档）、其他要求的软件开发文档。

（8）软件配置状态报告。

（9）软件使用、维护文档。

（10）软件质量管理文档。

（十五）软件需求分析文件

软件需求分析文件是了解用户对软件的需求，定义设计软件的功能，并产生一份正确描述软件全部需求的软件需求说明。它包括以下分析文件：

（1）软件功能需求分析。

（2）软件与硬件或其他外部系统接口分析。

（3）软件的非功能需求分析。

（4）软件的反向需求。

（5）软件设计和实现上的限制分析。

(6)阅读支持信息分析。

(十六)软件设计、测试、使用、管理文档

软件设计、测试、使用、管理文档一般包括以下内容：

(1)系统和阶段设计文件；

(2)软件开发计划；

(3)软件需求规格说明；

(4)接口需求规格说明；

(5)接口设计文档；

(6)软件设计文档；

(7)软件产品规格说明；

(8)版本说明文档；

(9)软件测试计划；

(10)软件测试说明；

(11)软件测试报告；

(12)计算机系统操作员手册；

(13)软件用户手册；

(14)软件程序员手册；

(15)固件保障手册；

(16)计算机资源综合保障文件。

(十七)产品全套设计图样

产品全套设计图样按设计文件管理制度编制。

(十八)价值工程和成本分析报告

价值工程和成本分析报告是对课题(项目)的价值经费概算、预算、决算和经济效益进行分析和评价。主要内容包括：

1.概述

概述主要写产品的名称、代号、组成、研制周期，投入人力、物力情况。

2.研制成本

研制成本主要指成本计算的依据和方法，成本组成及费用、成本分析。

3.生产成本估算

生产成本估算主要包括制造成本、期间费用、工时。

4.寿命周期费用分析

寿命周期费用分析主要包括使用期间费用、退役阶段费用分析。

5.评价意见

对产品研制生产过程形成的价值工程和成本控制工作给出评价意见。

6.存在问题和建议

(1)影响经济性的环节和原因分析；

（2）改进措施和建议。

(十九)产品规范

产品规范主要指产品技术条件和验收技术条件。

1. 产品技术条件

产品技术条件主要编写内容如下：

（1）概述。主要叙述本技术条件的用途、适用范围及使用的有关设计文件。建议用以下规范用语：

本技术条件规定了×××产品的分类、配套、使用条件、技术要求、试验方法、检验验收规则、标志、包装、运输、储存、产品证明书的编写等。

（2）引用文件。主要说明技术条件中直接引用的标准及文件，按国家标准、国家军用标准、行业标准、企业标准，按标准号由小到大的顺序编制。

（3）产品分类。主要说明产品的品种、形式、规格等。

（4）配套。主要说明产品的品种、形式、规格等。

（5）使用条件。主要说明只能由承制方保证的、在使用环境下必须具备的技术性能、参数指标，包括常温和例行条件工作要求，还应有绝缘状况、质量、可靠性、维修性、测试性和安全性要求等。

（6）技术要求。主要说明产品满足使用所必须具备的技术性能、指标以及表面处理等要求。一般应包括制造要求、性能要求、质量要求、使用性能、理化性能、稳定性、卫生安全要求、材料要求、工艺要求、其他要求等。但由于产品特点不同可作适当增减。

（7）试验方法。主要说明对产品各项技术要求进行试验的方法和条件，以及对试验记录和结果处理的要求等。一般包括试验条件和试验前的准备、试验的顺序、内容和方法，试验结果的记录、计算、分析和评定等。

（8）检验验收规则。主要说明对产品必须进行的检验项目、分组方法、抽样和检验程序以及验收规则等。一般包括检验分类和受检内容，组批与抽样，检验方法和检验的结果判定、复验规则等。

（9）标志、包装。主要说明对产品的标志和包装上的标志的要求，以及对产品的包装要求。

1）标志。

①产品应有铭牌，并应符合相应产品铭牌标准；

②交付用户的产品应有包装标志，包装标志一般包括收发货标志、储运图示标志、危险货物包装及其他标志。

2）包装。

①需要包装的产品均应在产品技术条件中规定包装要求或引用有关的包装标准；

②产品的包装要求一般包括包装技术要求、包装材料、对内装物的要求、包装试验方法、包装检验规则。

（10）运输、贮存。主要说明产品在运输过程中的防护要求及在库房中的保管要求。

1）运输。一般包括运输方式（铁路、公路）、运输条件、运输中产品固定方法和要求、运输注意事项等。

2)贮存。一般包括贮存场所、贮存条件、贮存期限、贮存期内的检查和维修等。

(11)产品说明书。主要说明产品在验收合格后,应按技术条件中规定的项目和技术参数制备和填写产品证明书的具体要求。

(12)其他。其他还需在技术条件中说明的事项。

2.产品验收技术条件

产品验收技术条件按设计文件格式编制,一般包括以下内容:

(1)概述。概括性地说明产品的用途、性能、结构特征、工作原理等。

(2)基本要求。包括:

1)主要规定产品的材料、零部件及产品外观等的要求。

2)零部件必须有符合图纸要求的合格证。

3)产品零部件及装配后的产品必须符合有关技术条件的要求。

(3)技术要求。同技术条件的"技术要求"。

(4)环境试验要求。可根据有关需要填写以下内容:

1)环境试验条件;

2)环境试验要求。

(5)产品验收。

1)检验验收项目;

2)检验验收方式;

3)检验验收程序;

4)合格判据(包括不合格处理);

5)检验验收标识。

(6)产品交付。包括:

1)包装前检查;

2)产品应按规定填写"产品证明书",并随产品提供给用户;

3)装箱;

4)标志,同技术条件标志。

(二十)技术说明书、使用维护说明书、产品履历书

1.技术说明书

技术说明书编制成两种格式说明书:一种格式按设计文件的格式编制,一种格式按《机载电子设备可靠性试验规范》编制,幅面为A4。两种格式技术说明书内容一致,研制单位自己存档的为设计文件格式的技术说明书。主要编写内容如下:

(1)产品用途和功能。叙述产品(系统、分系统、功能组件)的使用和功能,以及与其他产品(系统、分系统、功能组件)交联后的功能。

(2)产品性能和数据。产品性能和数据应是上级批准或合同规定的性能和数据。

(3)产品的组成、结构和工作原理。产品组成或按系统或配套产品的形式叙述,也可按功能组件叙述。产品结构要指明产品(系统、分系统、功能组件)的工作原理、主要叙述产品

（系统、分系统、功能组件）实现用途和功能所基于的物理、化学、数学基本原理。叙述时应结合产品的具体情况，以定性概念为主，配以适当的框图、线路图、分解图和数学公式。尽量避免冗长的理论论证和数学推导。电子计算机及其控制的系统不必详细地叙述源程序和设计原理。

（4）产品技术特点。通常包括以下内容：

1）战术技术性能方面的特点；

2）技术体制方面的特点；

3）技术措施（途径、方案）方面的特点；

4）结构方面的特点；

5）采用新材料、新工艺方面的特点；

6）环境适应性方面的特点；

7）可靠性、维修性方面的特点；

8）其他。

（5）产品配套及其交联接口关系。技术说明书应对产品的配套及外部交联接口（包括机构、电气、管路等）进行详细的说明，有定量数据的应列出其数据。

（6）产品在使用中的限制和注意事项。必要时，技术说明书应对产品（系统、分系统、功能组件）在使用中有关安全、保密及特殊问题加以说明。

（7）附录、附图。技术说明书中的某些内容，必要时可用附录、附图的形式给出。

（8）索引。根据需要，可以编写索引。

2.使用维护说明书

使用维护说明书主要内容和编写顺序如下（根据产品特点、复杂程度和使用要求，可以对编制内容进行剪裁）：

（1）概述。简要说明产品的用途、组成及在系统中与其他产品的关系等。

（2）引用文件。列出使用维护说明书中直接引用的标准和文件，按国家标准、国家军用标准、行业标准、企业标准和文件顺序，并按标准顺序号大小递增排列。

（3）主要技术参数。说明产品的主要技术指标和使用环境条件。

（4）设备组成、结构特征及其工作原理。从产品的使用出发，通过必要的简图（原理图或其他示意图）简要说明产品的组成、结构特征及其工作原理。一般包括以下内容：

1）产品结构组成及其工作原理、工作特征；

2）主要部件或功能单元的结构、作用及其工作原理；

3）各单元结构之间的机电连接、系统工作原理、故障告警系统；

4）辅助装置的功能结构及其工作原理、工作特征；

5）外形及安装尺寸（也可分开）；

6）重量。

（5）安装及调试。说明产品在使用场地进行安装和调试的方法及其注意事项。一般包括以下内容：

1）开箱检查及注意事项；

2）设备安装前的准备、安装条件及安装的技术要求；

3)安装程序、方法及注意事项；

4)安装、调试后的验收试验项目、方法和判据；

5)试运行前的准备、试运行启动、试运行。

(6)使用及操作。说明正确使用产品的方法和程序，一般包括以下内容：

1)使用前的准备和检查；

2)使用前和使用中的安全防护、安全标志及说明；

3)启动及运行过程中的操作程序、方法、注意事项及容易出现的错误操作的防范措施；

4)运行中的检测和记录；

5)开机、停机的操作程序、方法及注意事项。

(7)维护、保养。说明产品的维护、保养方法，一般包括以下内容：

1)维护、保养时机；

2)维护、保养项目和内容；

3)维护、保养周期；

4)维护、保养程序及方法。

(8)故障检测、定位、隔离。一般包括以下内容：

1)故障检测和定位方法；

2)故障隔离措施；

3)故障检测设备及使用说明。

(9)故障分析与排除。一般包括以下内容：

1)故障现象；

2)故障原因分析；

3)故障排除方法及注意事项。

推荐采用表7.1形式。

表7.1　故障分析与排除

故障现象	原因分析	排除方法	备注

(10)安全保护措施及事故处理。一般包括以下内容：

1)安全保护措施及注意事项；

2)出现故障时处理程序和方法。

(11)运输、贮存。

1)产品的运输和贮存按照产品技术条件中的规定执行；

2)产品的运输等内容一般包括：

①产品分解步骤、方法及注意事项；

②产品装箱方法；

③吊装、转载方式及要求；

④运输方式(铁路、公路或水运)；

⑤运输中的固定方法(可以用简图示意)、要求及注意事项;

⑥运输中固定所需的材料、附件(如铁丝、垫木、扒钉等);

⑦安全要求。

3)产品的贮存一般包括:

①储存的基本要求;

②储存保管方法;

③储存的防护措施;

④储存过程中产品的维护及检测要求。

(12)其他。需要向用户说明的其他事项。

3.产品履历书

产品履历书的编写一般包括以下6部分:

(1)任务由来。

1)批准战术技术指标的部门、时间、文号;

2)下达研制任务书的部门、时间、文号;

3)研制合同的名称、编号、签订时间;

4)军事代表室正式参与产品研制质量保证工作的依据、起止时间、参加人员等。

(2)产品简介。

1)产品名称、简要组成及作战使命;

2)主要研制及协作单位等。

(3)重要文件内容摘要及文件索引。重要文件主要指由使用部门、研制主管部门或总师系统下发而构成项目研制工作依据的文件、批复等。如"研制任务书""研制合同";鉴定、评审、审查会议纪要;鉴定定型批复;重大设计更改及重要战技指标调整批复;上级有关指示及重要电话通知;其他有关文件内容摘要等。

(4)重要研制活动纪实(有照片的要配照片)。

1)重大技术质量问题的分析、协调和处理情况;

2)原理样机试验及关键技术攻关情况;

3)初样机试制、鉴定试验及评审情况;

4)正样机鉴定及质量情况说明;

5)定型试验情况;

6)制造与验收规范的审查情况;

7)生产条件审查情况(在工厂鉴定前对工装、设备、工艺、图纸资料等情况进行检查);

8)定型审查情况及对遗留问题的说明;

9)其他重要研制活动情况等。

(5)军事代表室意见。

1)对研制工作能否转段的结论性意见;

2)参加主要鉴定、评审及审查会意见;

3)对"研制任务书""产品可靠性保证大纲""标准化大纲""产品规范"等有关文件的审查意见;

4)对是否具备申请定型试验条件和是否具备申请定型条件、生产条件鉴定、生产定型条件等进行审查的意见；

5)研制过程质量监督报告(型号总体军事代表室要注意收集成员单位军事代表研制过程质量监督报告)；

6)其他对研制工作需要说明的意见或建议等。

(6)产品照片。

产品照片要收集齐全，要求清晰、明了并配文字说明。

(二十一)各种配套表、明细表、汇总表和目录

各种配套表、明细表、汇总表和目录主要包括产品技术文件、产品图样、产品相册、录像片和电子文档。主要内容有：

(1)总目录；

(2)产品设计图样；

(3)产品零件目录；

(4)关重件汇总表、外购外协件汇总表、进口件汇总表、标准件汇总表等；

(5)软件文件(一般包括软件研制总结、软件产品规范、软件代码、软件配置状态报告、软件质量管理文档、软件需求规格说明、接口需求规格、软件设计文档、软件测试文档、软件用户手册)；

(6)制造与验收规范；

(7)设计计算书(含尺寸链计算)；

(8)技术说明书；

(9)使用维护说明书、随产品工具使用说明书、产品履历书、临时射表(必要时)等；

(10)研制总结；

(11)主管军事代表室对产品研制过程质量监督报告；

(12)质量分析报告；

(13)可靠性分析报告；

(14)维修性分析报告；

(15)测试性分析报告；

(16)保障性分析报告；

(17)安全性分析报告；

(18)电磁兼容性分析报告；

(19)经济性分析报告；

(20)产品标准化大纲和标准化审查报告；

(21)产品相册；

(22)产品录像片；

(23)二级定委要求的其他文件。

(二十二)产品相册和录像片

1.产品相册

(1)适用范围。一级、二级定型产品及三级、四级鉴定产品均应制作产品相册。

(2)内容要求。产品照片为彩色照片。要选用能反映产品全貌、主要侧视面、主要组成部分、行军状态、操作使用状态、飞行姿态、主要试验项目和主要试验场面的照片(其中,反映产品形状的照片中不应出现人物)。幅面为 120 mm×90 mm 或 240 mm×180 mm,每幅照片应配有文字说明(文字说明格式见图 7.1)。

单 元 说 明

单元名称		照片数量		拍摄时 间范围	
		密 级			
单元内照片主题范围:					
整理人		整理时间		备注	

编号		内容			
底片 规格					
拍摄 时间		拍摄地点		拍摄者	

图 7.1　文字说明格式

产品照片应特点突出,轮廓分明,色调适中,没有严重的阴影和杂乱无章的前景和背景。

(3)数量要求。一级定型产品照片数量不少于 25 幅;二级定型产品照片数量不少于 15 幅;三级鉴定产品照片数量不少于 10 幅;四级鉴定产品照片数量不少于 5 幅。

若产品较为复杂,以上数量要求不能全面反映产品情况时,可酌情增加。

(4)幅面、冲印、装订要求。照片幅面尺寸为 6 英寸,应装入统一的相册。传统相机拍摄的应采用冲印方法制作照片;数码相机拍摄的应采用专业相纸激光数码打印制作照片(照相馆制作),并制作光盘归档。

2.产品录像片

(1)适用范围。一级、二级定型产品及三级鉴定产品。四级鉴定产品不要求制作录像片。

(2)内容要求。产品录像片要着重反映产品的概况、技术状态和质量状况、主要研制过程及重要的试验攻关情况等内容,并附解说词文本。解说词要简明扼要,通俗易懂;各种名词、术语符合标准要求;画面要清晰,背景要协调。解说词应有普通话配音。片头应有产品名称、代号(片头为蓝底红字),片尾落款(片尾为蓝底红字)为研制单位及驻厂军代室及制作时间(××××年××月××日)。

(3)时间要求。一级定型产品录像片时间 15～20 min;二级定型产品录像片时间 10～15 min;三级鉴定产品录像片时间 5～10 min。

若产品较为复杂,以上要求不能全面反映产品全貌时,可酌情增加。

(4)格式要求。采用数字 miniDV(或更高质量数字格式)的摄像机,制式为 PAL-D,录像带选择为格式录制,并刻录成 DVD-5 格式不可擦写的光盘。

(二十三)二级定委要求的其他文件

二级定委要求的其他文件按有关要求编制。

二、生产定型文件的编写

《军工产品定型程序和要求》(GJB 1362A—2007)规定,生产定型文件通常包括 22 个文件。由于许多文件要求的内容与设计定型文件相似,以下仅对与设计定型不同的文件的写作予以讨论。

(一)生产定型审查意见书

产品通过工艺和生产条件考核、部队试用、生产定型试验,承研承制单位认为已达到生产定型的标准和要求时即可向二级定委申请生产定型。申请生产定型报告由承研承制单位会同军事机构或军队其他有关单位联合提出,并抄报有关单位。

生产定型审查意见书由生产定型审查组讨论通过,审查组全体成员签署。通常包括以下内容:

(1)审查工作简况;

(2)产品简介;

(3)试生产工作概况;

(4)工艺和生产条件考核、部队试用、生产定型试验、标准化工作概况;

(5)达到生产定型标准和符合部队作战使用要求的程度;

(6)审查结论意见。

审查结论意见可对下列内容适当剪裁和扩充:

经部队试用、生产定型试验考核证明,用于产品制造的工艺、工装、设备、检测设施和仪器等生产条件满足批量生产的要求,产品质量稳定,性能满足批复的主要战术技术指标及使用要求,生产过程中暴露的问题已得到解决;产品图样和技术文件贯彻了标准化要求,统一、完整、准确;配套设备和零部件、元器件、原材料、软件等有稳定的供货来源;承制单位具备国家认可的装备生产资质。

审查委员会一致建议:批准生产定型(或改进完善后生产定型)。

审查组成员若有不同意见时,可以书面形式附在审查结论意见后。

(二)生产定型申请报告

产品通过工艺和生产条件考核、部队使用、生产定型试验后,承研承制单位认为已达到生产定型标准和要求时,即可向二级定委申请生产定型,申请报告由承研承制单位会同军事代表室联合提出,并抄送有关单位。

1. 生产定型申请报告

生产定型申请报告应包括下列内容：

(1)产品试生产概况及生产纲领；

(2)试生产产品质量情况；

(3)试生产过程中解决的重要生产技术问题；

(4)工艺和生产条件考核、部队试用、生产定型试验情况；

(5)设计定型和部队试用提出的技术问题的解决程度；

(6)产品批量生产条件形成的程度；

(7)生产定型意见。

2. 生产定型申请报告附件

生产定型申请报告后，还应附下列附件：

(1)产品试生产总结。

(2)军事代表机构质量监督报告，包括内容：

1)具备成套、批量生产条件、生产工艺和质量符合规定标准的情况；

2)达到设计定型要求和满足部队作战使用与保障要求的情况；

3)生产与验收的图样（含软件源程序）和相关文件资料完整、准确情况；

4)配套设备、配套软件及相关部件、器件、原材料质量可靠，并有稳定的供货来源的情况；

5)承制单位具备国家认可的装备科研、生产资质情况；

6)产品生产定型的意见。

(3)质量分析报告。

(4)价值工程分析和成本概算报告。

(5)工艺标准化工作报告。

(6)可靠性、维修性、保障性、测试性、安全性评估报告。

(7)生产定型文件清单。

(8)二级定委规定的其他文件。

以上文件可参考设计定型文件写作。

(三)产品试生产总结报告

产品试生产总结报告包括以下内容：

1. 产品试生产的主要过程

(1)批准设计定型的单位、日期、议事与文件名称；

(2)试生产批采购合同签订情况和试生产批的批次、数量及其确定依据；

(3)产品承制单位及生产任务分工；

(4)试生产的过程。

2. 产品工艺和生产条件考核情况

(1)工艺文件编制、专用仪器设备购置和工艺装备设计制造情况；

(2)首件鉴定、工艺评审、新工艺、检验试验设备设施考核情况；

（3）生产工艺和生产条件鉴定情况，批量生产能力。

3.设计定型图样、技术文件变更情况

（1）变更数量；

（2）有变更的技术文件名称；

（3）影响性能的变更的原因、内容及验证情况；

（4）履行变更审批手续情况。

4.设计定型时遗留的问题及解决情况

设计定型时遗留的问题及解决情况主要写设计定型及试生产过程出现的问题及解决措施，包括技术问题描述，原因分析、解决措施和验证归零情况。

5.生产过程出现的技术质量问题及解决情况

生产过程出现的技术质量问题及解决情况包括生产过程出现的技术质量问题的现象、原因、解决措施及解决措施的效果验证情况。

6.部队试用、生产定型试验情况

（1）部队试用的试验大纲编制、批准情况；

（2）试用部队代号（番号）、时间、地点及试用结论；

（3）试验部队提出的问题及解决情况；

（4）生产定型试验大纲编制、批准情况；

（5）生产定型试验的承试单位、时间、地点及试验结论；

（6）生产定型试验中出现的问题及解决情况。

7.配套产品、新材料、元器件的质量和定点供应情况

配套产品、新材料、元器件的质量和定点供应情况包括主要配套成品、设备、专用元器件、特种原材料的名称、承制单位、质量、供货情况以及对分供方的评价情况。

8.检测设备情况

检测设备情况包括主要检测设备的分类、质量以及满足要求的情况。

9.试生产产品质量情况

试生产产品质量情况包括对产品质量的基本评价，综合良品率、交验合格率等质量指标达到情况。

10.对产品生产定型的意见

对产品生产定型的意见产品达到装备产品生产定型标准的情况，提出对产品生产定型的意见。

（四）军事代表室对产品试生产过程的质量监督报告

（1）试生产过程质量监督工作概况。产品设计定型的时间以及批复文号，参加试生产过程检查、评审、验收情况等。

（2）质量管理体系运行及试生产过程质量受控状况。

（3）设计定型时提出问题以及试生产过程出现的问题解决情况。

（4）部队试用、生产定型试验暴露问题以及生产定型试验承试单位和试用部队提出改进意见落实情况。

（5）定型准备工作检查的简要情况。主要内容写对生产条件以及定型图样和技术检查情况。

（6）对产品生产定型的意见。产品达到装备产品生产定型标准的情况以及是否具备生产定型的条件。

（五）部队试用大纲和试用报告

部队试用大纲由试用部队根据装备部队试用年度计划，结合部队训练装备管理和维修工作实际拟制，并征求有关部门、研制总要求论证单位、承研承制单位、军事代表等单位意见后，报二级定委批准实施。

1. 部队试用大纲

（1）试用目的和性质；

（2）试用内容、项目、方法；

（3）试用条件和要求；

（4）试用产品的数量、质量、批次、代号和技术状态；

（5）试用应录取和收集的资料、数据及处理的原则和方法；

（6）试用产品的评价指标、评价模型、评价方法及说明；

（7）试用部队、保障分队编制和要求；

（8）试用的其他要求及有关说明。

2. 部队试用报告内容

部队试用报告由试用部队提出，试用报告应由试用部队报二级定委，并抄送有关部门、研制总要求论证单位、军事代表机构或军队其他有关单位，内容包括：

（1）试用工作概况；

（2）主要试用项目及试用结果；

（3）试用中出现的主要问题；

（4）试用结论及建议。

（六）工艺标准化综合要求

工艺标准化综合要求包括以下内容：

1. 产品概述

产品概述包括产品批准设计定型的时间、产品用途、产品组成和特点、产品配套情况、生产批量等。

2. 工艺标准化工作的主要原则

工艺标准化工作的主要原则包括以下内容：

（1）应贯彻的方针、政策、法规，主要指导思想；

（2）开展工作、技术协调的策略和途径；

（3）对重大标准化问题的原则规定，如采用和贯彻标准的原则规定；

(4)贯彻公英制问题的原则规定;

(5)标准贯彻时条件不足等问题的解决途径或处理原则等。

3.工艺、工装标准化目标

工艺、工装标准化目标包括以下内容:

(1)工艺标准化要达到的水平;

(2)采用的国际标准和国外先进标准及国产化目标;

(3)预计达到的工装标准化系数及标准化经济效果。

4.工艺、工装标准化要求

工艺、工装标准化要求包括以下内容:

(1)工艺标准化要求;

(2)工装标准化要求;

(3)生产过程质量保证、质量监督的标准化要求;

(4)计量、测试标准化要求;

(5)处理设计定型遗留标准化问题的原则和要求;

(6)工装图样、工艺文件的完整性、正确性等要求。

5.重大标准的贯彻实施意见

重大标准的贯彻实施意见包括以下内容:

(1)贯彻实施主要难点及其涉及的范围;

(2)贯彻实施前的技术准备;

(3)贯彻实施前的物质准备;

(4)主要难点的解决途径;

(5)计划和经费安排意见;

(6)有关问题的协调要求。

6.标准化工作范围

标准化工作范围包括标准化工作涉及的质量、计量、可靠性等专业领域,和需要组织预先研究、设计或攻关等工作项目。

7.各阶段的工作任务和计划安排

(1)编制标准化文件;

(2)确定标准贯彻实施方案;

(3)标准化评审;

(4)工艺、标准化审查。

8.标准化工作的经费和保障条件

标准化工作的经费和保障条件包括以下内容:

(1)经费预算;

(2)机构和人员;

(3)设备、设施和物资等。

9.标准化工作的协调要求

标准化工作的协调要求包括协调范围、协调原则、协调程序等。

(七)工艺标准化工作报告和审查报告编写

1.工艺标准化工作报告

工艺标准化工作报告包括以下内容：

(1)产品类别、主要用途和生产批量。主要包括：产品代号和命名是否符合上级规定，并简要说明产品的主要用途，必要时还应说明生产批量。

(2)产品图样及设计文件的完整性。主要包括产品图样及设计文件的完整性是否符合产品图样及设计文件管理制度，产品图样及主要设计文件的完整性的标准规定要求及企业补充规定。

(3)工艺文件的正确性、完整性和统一性。主要包括工艺图样的幅面、绘制、编号原则、结构要素和工艺文件的格式等是否符合有关标准。工艺文件的完整性是否符合工艺图样管理制度以及工艺资料的完整性的标准规定要求，可列表说明。

(4)工艺、工装的标准化情况及其继承性。工艺、工装的标准化情况及其继承性可参照下列方法计算，也可根据实际情况计算系数。

1)标准工装系数：

$$标准工装系数 = \frac{标准工装总种数}{工装总种数} \times 100\%$$

2)工装继承性系数：

$$工装继承性系数 = \frac{借用工装总种数}{工装总种数} \times 100\%$$

3)工艺继承性系数：

$$工艺继承性系数 = \frac{借用工艺总数}{工艺总数} \times 100\%$$

注：工装总种数＝新设计工装种数＋借用工装种数＋标准化工装种数

(5)工艺、工装贯彻和编制标准的情况和目录。主要包括工装设计和工艺编写时贯彻标准项目和编制企业标准及有关规定的项目。可列表说明。

(6)标准化经济效果分析。标准化经济效果分析和计算方法可按《标准化效益评价 第1部分：经济效益评价通则》(GB/T 3533.1—2017)进行。

(7)对设计定型时标准化方面提出意见的执行情况。

(8)产品工艺、工装标准的制定情况。主要写经过批量生产的考核，制定及执行产品标准情况的说明。

(9)工艺、工装标准化方面存在的问题及解决措施。主要写工艺、工装质量方面和生产中尚存在哪些有关标准化方面的问题，并提出解决措施。

(10)工艺、工装标准化审查结论。从标准化角度提出该产品工艺、工装文件是否符合有关标准，是否具备生产定型时必备的工艺文件，并提出是否可申请生产定型的意见。

2.工艺标准化审查报告。

(1)概述。

1)对产品进行简要说明(产品批准设计定型的时间、主要性能和用途);

2)标准化组织机构的设置和运行情况(对大型复杂产品);

3)工艺标准化综合要求的制定情况。

(2)标准化综合要求的制定情况。

1)标准化工作组织管理概况(标准化工作的层次关系、组织关系和相应的工作制度,以及标准化组织协调工作情况);

2)标准化工作任务的开展和落实情况(工艺标准化综合要求规定的标准化工作任务的开展情况,包括主要工作项目及其做法、解决的主要问题、取得的主要成效)。

(3)标准及标准化要求的贯彻和实施情况。

1)有关标准的采用及剪裁情况,说明未予贯彻标准的主要原因;

2)编制产品标准情况及目录;

3)工艺、工装贯彻标准的情况。

(4)标准化审查情况。

1)标准化审查的依据;

2)标准化审查的主要内容;

3)对标准化及标准化工作的监督审查情况;

4)设计定型时在标准化方面提出意见的处理情况;

5)工艺文件的正确性、完整性和统一性;

6)工艺、工装标准化系数的计算;

7)标准化方面存在的问题及解决情况。

(5)标准化经济效果分析。主要写评价和计算贯彻国家标准、专业标准(部标准)、企业标准及采用国际标准和国外先进标准的经济效果。包括选择基准及基准年度,考虑的主要因素,评价指标体系,计算公式与数据收集,计算与评价结果等。

(6)标准化审查结论。

1)标准化情况的综合评价(工艺文件的完整性、统一性和质量水平的评价,实际达到标准化系数情况的差距,标准化方面尚存在的不足之处等);

2)从标准化角度提出产品是否可以定型的建议。

(八)产品质量管理报告

1. 生产定型批产品概况

(1)批准设计定型的单位、日期、文号、文件名称;

(2)生产定型批产品合同签订、数量及批次;

(3)产品承制单位任务分工;

(4)生产过程质量保证工作的重点和难点。

2. 质量管理体系与文件

(1)质量管理体系运行与认定、审核情况;

(2)质量工作文件编制情况;

(3)质量文件的执行情况。

3. 产品试生产质量控制情况

(1)工艺文件、作业指导书编制执行情况；

(2)生产、试验设备和工艺装备的齐备及检定情况；

(3)原材料、元器件、在制品和成件的质量控制情况；

(4)关键件、重要件特性和关键工序、特种工序的质量控制情况；

(5)首件鉴定及批次管理执行情况；

(6)操作人员培训、上岗情况。

4. 质量问题解决情况

(1)设计定型时遗留问题及解决情况；

(2)试生产过程出现的质量问题及解决情况；

(3)部队试用及生产定型试验过程中出现的问题及解决情况。

5. 技术状态更改及技术控制情况

(1)图样技术变更及审签情况；

(2)试生产过程不合格品处理以及原材料、元器件借用情况。

6. 质量分析和评价

质量一致性、稳定性分析，交验合格率、可靠性指标达到情况。

7. 对产品生产定型的意见

可参考设计定型质量分析报告模式写作。

对生产定型的其他文件，如：产品全套图样，工艺、工装文件，软件(含源程序、框图说明等)，软件需求分析文件，软件设计、测试、使用、管理文件)，可靠性、维修性、测试性、保障性、安全性评估报告，配套产品、原材料、元器件及检测设备的质量和定点供应情况报告，产品价值工程分析和成本核算报告，产品规范，技术说明书，使用维护说明书，各种配套表、明细表、汇总表目录等的内容可参考设计定型文件写作内容。

第三节　质量问题"双五归零"工作及报告的编写

在装备研制过程中，还经常用到其他有关质量监督文件。质量问题归零报告、归零评审报告是常用的质量文件，本节对其写作予以讨论，而其他有关装备研制文书，本章第五节将给予示例供参考。

一、质量问题"归零"的概念

对于装备研制(生产)过程中出现的重大、严重以及重复出现的一般质量问题，《装备质量问题处理通用要求》(GJB 5711—2006)规定，要进行"质量问题归零"，即对在设计、生产、试验、使用中出现的质量问题，从技术上、管理上分析产生的原因、机理，并采取纠正措施、预防措施，以避免问题重复发生。对承研承制单位提出的技术归零报告和管理归零报告，要由同行专家及军事代表组成的审查组，对质量问题处理情况进行归零审查，以确认承研单位对质量问题定位的准确性,机理分析的正确性及采取措施的有效性。若归零评审未通过,军事代表应监督承研承制单位按照专家意见对质量问题重新归零。为此,承研承制单位必须撰写技术归零和管理归零报告,而评审组要对其进行评审并写出"归零"评审报告。

二、质量问题技术归零和管理归零

在质量管理尤其装备产品的质量管理中,经常用到质量问题"技术归零"和"管理归零"概念(简称"双五归零")。

1. 质量问题技术归零

质量问题技术归零是指对在设计、生产、试验、服务中出现的质量问题,应做到"定位准确,机理清楚,问题复现,措施有效,举一反三",以便从技术上分析产生的原因、机理,并采取纠正措施、预防措施,以避免问题重复发生的活动。

"定位准确"是指根据实际情况和需要,对发生的质量问题,要准确确定发生问题的部分。"机理清楚"是指质量问题一旦定位后,要通过试验、分析等多种手段,弄清问题发生的根本原因。"问题复现"是指在定位准确、机理清楚后,通过模拟试验、仿真试验或其他试验方法,复现问题发生的现象,从而验证定位的准确性和机理分析的正确性。"措施有效"是指在定位准确、机理清楚的基础上,制定有针对性的、具体可行的纠正措施及实施计划,并且措施要经过评审和验证。"举一反三"是把发生的质量问题的信息反馈给本单位、本系统、本型号或其他单位、其他型号、其他系统,从而防止同类事件的发生。

技术归零五项原则是一个有机的整体。定位清楚是前提,是处理质量问题的基本条件;机理清楚是关键,只有弄清问题的根本,才能对症下药,制定切实可行的措施;问题复现是手段,只有通过质量问题复现,才能验证定位是否准确,机理分析是否正确;措施有效是解决质量问题的核心,真正有效的措施不仅仅是消除现存的缺陷,还应确保不再发生重复性质量问题;举一反三是延伸,只有做到举一反三,才能从根本上达到防止质量问题重复发生的目的。

2. 质量问题管理归零

在研制生产及使用过程中出现的质量问题,有管理原因的,应在完成技术归零的同时,还要严格按照"过程清楚,责任明确,措施落实,严肃处理,完善规章"逐条落实并形成管理归零报告和相关文件,要求做好质量问题管理归零工作。

"过程清楚"就是要查明质量问题发生发展的全过程及产生的原因,从中找出管理上的薄弱环节或漏洞。"责任明确"就是要根据职责分清问题的性质以及各环节上有关单位和人员的责任并分清责任的主次和大小;"措施落实"就是要针对出现的问题,落实相应具体的纠正和预防措施,举一反三,堵塞管理漏洞,堵塞责任问题重复发生;"严肃处理"就是按照规章对有关单位及人员做出严肃、恰当、及时的处理;"完善规章"就是针对管理上的薄弱环节或漏洞,修订和健全规章制度,经细化分解后,落实到每个岗位和管理工作的每个环节。

在处理研制、生产、试验各阶段发生的质量问题时,都要按上述五条标准认真做好在管理上的管理归零工作,产品的责任单位在产品交付时,要向上一级主管部门提交归零报告,型号出厂评审前要完成组织的质量问题管理归零工作。

三、"双五归零"报告及评审报告

(一)"双五归零"报告

1. 技术归零报告

技术归零报告内容由承研承制单位完成,并经军事代表认可,主要内容包括:

(1)问题概述;

(2)问题的定位;

(3)机理分析;

(4)问题的复现;

(5)措施及验证情况;

(6)举一反三情况;

(7)结论。

2. 管理归零报告

管理归零报告由承研承制单位完成,并经军事代表认可,包括的内容主要有:

(1)问题过程概述;

(2)原因分析;

(3)措施及落实情况;

(4)处理情况;

(5)完善规章情况;

(6)结论。

(二)"双五归零"评审报告

技术归零评审和管理归零评审由同行专家及军事代表组成的评审组,对归零报告进行评审,并形成评审报告。

1. 技术归零评审报告

技术归零评审报告主要内容包括:

(1)质量问题现象是否清楚;

(2)质量问题定位是否准确,是否具有唯一性;

(3)产生质量问题的机理是否明确,是否有不确定因素;

(4)问题是否严重,复现试验的条件与发生问题时是否一致;

(5)纠正措施是否经过有效验证,是否已落实到产品设计、工艺或试验文件中,具体落实到哪些文件中;

(6)在本单位的本型号范围内举一反三,改进措施和预防措施是否得到落实;

(7)归零评审内容是否符合标准规定。

2. 管理归零评审报告

管理归零评审报告主要内容包括:

(1)质量问题的发生过程是否清楚。

（2）发生问题的主要原因和问题性质是否明确。

（3）主要责任单位和责任人是否明确，相关单位是否认可应承担的责任并采取了改进措施。

（4）是否结合出现的质量问题对人员进行了教育，教育形式是否与应承担的责任相适应。需要对责任单位和责任人进行处罚的是否进行了处罚，处罚妥当否，是否有文字记录或通报。

（5）属无章可循或规章制度不健全的问题是否已完善规章。

（6）归零报告内容是否符合标准规定。

（7）资料归档情况。

在完成技术归零和管理归零评审后，应按上述评审内容写成归零评审报告。

随着高新武器装备的快速发展，质量问题归零概念已被大家普遍接受，但在具体实施过程中，可以根据装备的复杂程度、问题的严重程度等情况进行灵活处理。如对严重、重大质量问题，必须按照规定程序完成归零报告和归零评审，形成闭环控制；对于一般质量问题，只要求其机理分析清晰明确、处理措施有效，即可完成质量问题归零处理。

第四节　装备研制常用科技公文的写作

科技公文是在科技工作中，上级机关与下级单位以及兄弟单位之间都经常使用的一种固定格式的科技应用文。在装备研制工作中，上级机关与承研承制单位之间，各承研承制单位之间以及军事代表室与工厂之间，无论请示和联系工作，或者下达指示、批复报告等，都经常使用到科技公文。

一、科技公文的一般体式

公文的体式也称公文的格式，是指公文的组成部分及其在公文中的位置，包括文件的结构，各种附加标记和格式安排。体式是公文的形体规范化、标准化的标志，也是公文语言的视觉表现，更是公文与其他文体（如科技论文、科技报告等）的根本区别之一。

公文有一定规格要求，这是为了保证文件结构的完善、识别标记的准确和文件的有效性以及便于处理工作和提高工作效率。

科技公文格式是指公文的组成项目、标识位置，以及书写、字体、用纸的规格和样式等。

科技公文的组成项目主要包括：发文机关标识、发文字号、份号、密级、签发、公文标题、主送单位、正文、无正文说明、附件、署名、印章、成文日期、发文说明、主题词、印发说明域等项目。

1.发文机关标识

发文机关标识有两种：一种是"固定格式公文"，即"机关名称＋文件"形式，另一种称为"标明文种的公文"，由"发文机关名称＋圆括号"组成，圆括号内为文种标称，如（报告）、（请示）等。其形式如："中国人民解放军驻 × × × 厂军事代表室（　）"，套红印制，中国人民解放军七个字为上四下三双行小字。

按写公文的要求，使用这种标识时有两种规格。一种是向上级请示、报告工作，作上行文使用的格式,其特点是天头大,标题下方有一条横线,横线右上方有签发、已阅位置,发文字号位于横线上、发文机关标识之下的左方。另一种是用于向下级和同级行文、作下行和平行文使用的格式,其特点是没有横线,天头较小,发文字号位于发文机关标识之左上方。

2. 发文字号

发文字号由发文单位代字和发文顺序号组成。发文年度要写全称,并用方括号。发文代号没有具体规定,例如,用"厂军字第"代表,发文顺序数字前不再加 0,用自然数排序。如:[1993]厂军字第 7 号。若两个单位,如驻厂军事代表室与工厂联合行文时,发文字号有两种办法表示,一是用联字标一个号,如[1993]厂军联字第 5 号。另一种是分别标两个号,上下对齐排在规定位置,如:[1993]厂质字第 15 号,[1993]厂军字第 8 号。

3. 公文份号

公文份号是印刷份数的顺序编号,位于公文首页左上角,发文字号上方。可用号码机打印。

4. 密级

密级按文件内容与保密法规划分为"绝密""机密""秘密",标注于公文首页右上角。

5. 签发

上行文应在发文字号右侧(即横线右上方)标注"签发"公文者姓名,若需要,也可标注"已阅"者的姓名。

6. 公文标题

标题应能准确、简要地概括主要内容,需要时还应标明发文单位和文种。标题在发文机关标识下方居中位置。

7. 主送单位(抬头)

主送单位是指收受、办理或执行公文的单位,位于公文标题左下方。

8. 正文

正文是公文的主体,在主送机关下方另提行书写。

9. 无正文说明

当公文正文结束语与公文署名、印章不在同一页时,在署名页左下方标注:"(此页无正文)"。

10. 附件

附件是指随文转发的文件、附表、图表等,如工作计划、提纲、报表等说明材料。附件是公文的组成部分,和公文本身有同样重要的作用。缺少了附件,会使公文缺少内容和说服力。在有些情况下(如转发性报告),附件实际上成了公文的核心。附件可以是单位署名,也可以是个人署名,如某人受委托处理某个问题或考察结束写给单位的汇报,单位可以作为附件向上级机关报送。

公文如有附件,应在正文结束语之后,署名之前写明所附材料的顺序和名称,并将附件依次附在后面。如遇(此页无正文)标注时,附件列在(此页无正文)的下一行。有几件附件时,每个附件题目各列一行。

11. 署名

署名即注明发文单位,一般是该单位全称。联合行文时,各有关单位联合署名。署名位于正文或附件的右下方。

12. 印章

正式发送的文件都应当盖印。印章必须与署名、公文套红标识名称相一致。如果是代替用印,应在署名下方印一"代"字,用圆括号括住。

盖印应端正、清晰,盖于署名正中央,上不压正文,下不压成文日期。

13. 成文日期

成文日期以领导批准时间为准,会议纪要以通过该文件的会议日期为准,有时也可以用打印日期。成文日期应完整写出年、月、日,标注在署名下方。成文日期用汉字写出。

14. 主题词

公文应按有关规定标引主题词,其位置在成文日期下方,印发说明域横线的左上方。主题词使用黑体字。

在标引主题词时,应先进行主题分析,即通过阅审公文的标题、摘要或全文内容,分析公文具有检索意义的主题概念(或称中心意思),以及与这一主题概念密切相关的其他因素,在此基础上再查主题词表选词,将主题概念转换为表中的主题词,再将主题词印在公文印发说明域前的适当位置。

有几个主题词时,要考虑其概念组配,即组配的几个主题词之间,存在着概念相交或概念限定的关系,选用与主题关系最密切或最邻近的主题词进行组配,使组配的结果达到概念清楚、确切。选定的主题词应依公文所表达的主题内容依次标注。

15. 印发说明域

这是公文的最后一个部分,包括抄送单位、印发说明、联系人等。通常在主题词下方的横线以下。通常在这一部分最主要的是抄送单位、联系人及电话,印刷份数、印发说明、承办单位等可以不写。

除主送单位已有标注外,其他需要了解公文内容的上级、同级或不相隶属单位,均附于抄送单位之列。

以上是公文格式中各组成项目的说明。此外,公文用纸、字体规格也要按规定要求和国家有关规定办理。正文字体没有专门要求,但字号应依公文单位标识、标题、正文的顺序由大到小用字,或用字体区别。标点等应符合规定。

二、科技公文的行文规则

科技公文行文时,必须掌握以下原则。

1. 根据公文内容确定行文关系

公文分主送和抄送两种行文关系(在以前的规定中,还有抄报一类),公文主送单位是行文的主要对象,也就是要求主办和答复该公文的承办单位。准确地确定主送单位是公文发出后能否得到及时办理的一个关键问题,主送单位应根据本单位的隶属关系和职权范围来确定。公文的主送单位一般只应是一个,主送单位过多会造成责任不明,本该甲单位处理的事情却把文件发到乙单位,那甲单位就无法插手办理,使办理的事情落空。

抄送单位是指和公文有关的单位,也就是协助承办或者需要知道了解公文内容的单位。确定抄送单位要考虑确有需要,否则不但不解决问题,还会影响别人的工作。抄送的目的不是要求这些单位办理,而是告知这些单位的意思,这是和主送的区别所在。

常用公文中,"请示"只送与内容有关的单位,一般不抄送。"报告""会议纪要"除主送外,还可抄送有关单位,特别是总结经验一类的报告,可以让更多的单位了解推广。"函"一般抄送上级机关。

2.联合行文

联合行文是有工作关系但互不隶属的同级单位(或相当同级的单位)共同承办对双方都有关系的事情时使用。在驻厂军事代表室,如:共同报价,联合反映同一问题,或上报对某一问题的协商结果等,一般和工厂联合行文。

联合行文多用于"请示"和报告。其主送单位可能是一个(多用于"请示"),也可能是双方各自的上级(多用于"报告")。有的联合行文是上级指定的,有的是双方自愿写的。联合行文可以写双方的共同认识,也可以写双方的不同认识或者分歧点。

联合行文的公文标识是双方名称的并列,分别盖印,可共同编号,也可分别编号。联合行文的抄送单位由行文双方各自确定,其原则与上述相同。

3.公文一般不得越级行文

"请示"的公文也应逐级上报,因特殊情况必须越级行文时,应说明理由并抄报被越过的单位。

"请示"只报上级主管单位,不得多头上报,必须报两个以上单位的应同时分送。

公文是机关的行文,一般不直接上报领导个人。

4.规范称谓

行文时,对主送、报送单位的称谓必须正式规范,具体明了。

三、科技公文的写作要则

科技公文写作时一般要经过写作前的准备、精心拟题、严密安排正文三个过程。

(一)写作前的准备

科技公文写作前的准备是写好科技公文的重要工作,它一般包括了解和掌握所要写作的内容的全过程,掌握有关政策,准备好业务知识,选择好文件的种类、名称等过程。

1.了解将要叙述内容的全过程

了解全过程,就是通过对全过程的了解,进行全面考虑,以便正确、准确地起草文件。

2.掌握有关政策

起草文件必须在国家或军队有关方针、政策指导下,为实现既定目标起草行文,如:要起草某新产品申请设计定型的请示报告,就要先学习《装备产品定型工作条例》,与条例的各项规定进行对照,该向哪级定委申请就向哪级定委申请。

3.业务技术知识的准备

在起草文件时,一定要了解有关业务知识,以免出现业务、技术内容方面的错误。

4.选好文件种类和名称

对文件的种类、名称要选择适当,否则会影响到收文机关对文件意图的准确理解。例如向上级机关请示工作,只使用"报告"这一名称,就会使收文机关误认为不需答复,以致延误时机,影响对文件的及时处理。因此,必须要用"请示"或"请示报告"。又如,同不相隶属的机关联系工作,不能使用"指示""批复""批转"一类名称。一般来说,文件名称的选择要考虑本单位的职权范围和所处的位置,又要考虑发文与收文机关的关系,还要考虑发文的具体目的和要求,使文件名称能概括表明文件的性质、发文意图,并符合发文机关的地位。

(二)精心拟题

标题的作用在于使收文机关能尽快了解文件的主要内容,而不需要读完全文才清楚其内容,同时,好的标题还便于文书人员登记、分送、阅读、批办、整理立卷和查找。

1.标题的组成

标题组成有四种形式:

(1)发文单位＋事由＋文件名称,如:总参兵种部关于组织整理历史资料的通知、中国人民解放军驻×××厂军事代表室关于购置微机的请示报告等。

(2)发文单位＋文件名称,如:中国人民解放军空军装备部×××军事代表局通知等。

(3)事由＋文件名称,如:关于××－×发射制导装置设计定型申请报告、关于60迫击炮弹出现近弹问题的联合请示报告。

(4)文件名称,如:《布告》《报告》。

从实践经验来看,以采用第一种和第三种形式拟写标题为好,事由清楚,便于使用。若科技文件都采用第二种、第四种方式,不仅事由不清,而且在归档后的目录上,全是"报告""通知",就无法区别不同的文件了。

2.拟写标题的要求

标题应简练、明白、准确。

(1)简练。标题不得过于冗长,使用语言不得过于烦琐。

如:《关于×××厂使用××铜厂生产的铜材生产的航空30 mm 杀爆弹出现非金属夹杂的严重疵病处理的联合请示报告》。这个标题虽然事由清楚,但过于冗长(达40余字),语言也很烦琐。可改为《关于×××厂生产的航空30 mm 杀爆弹弹带出现严重非金属夹杂问题的请示报告》就比较好。

(2)明白。标题事由一定要写清楚,使收文机关一看就明白,便于处理。如:《关于申请解决微机的请示》,这个标题就不十分明白,因为"解决"这个词的含义不明确。是怎么解决法? 是让收文机关(主报机关)购置配发微机,还是自购需要机关批准呢? 从标题上就无法分清。因此,标题可改为《关于申请购置微机的请示》或《关于申请配发微机的请示》。

(3)准确。准确包含两层含义:一是文件名称要准确,是"请示"就不能写成"报告";二是事由的内容要准确,如《××-×航空火箭弹出现严重质量问题的请示》,因为质量问题的范围广,所以标题必须准确,一目了然。

(4)注意标点符号的使用。标题一般不用标点符号,但有些文件标题不用标点符号,就会造成歧义和难以理解。

(三)严密安排正文

正文就是叙述文件的具体内容,是文件的主体和最重要的部分。正文写作有如下要求:

1.政治上要正确

要求文件内容准确地体现党和国家的各项方针政策。

2.业务上要科学

科技公文处处都涉及科技知识,技术性、专业性很强,在写作中不能有错误。

3.态度要实事求是

文件内容一定要切合实际,实事求是地说明问题,以达到批准的目的。例如,军事代表在上报请示处理产品质量问题时,若将质量问题的严重程度夸大,不该牵连的批次也牵连进去,易使上级产生误解,一旦批复就将给国家财产造成不必要的损失。若缩小质量问题的严重程度,避重就轻,该涉及的批次不涉及,其后果也不堪设想,一旦投入使用,将会贻误战机,造成严重的后果。

4.文字要简明通顺

文字表达要求简单、明了、通顺,条理清楚,合乎语法和逻辑,用词准确,标点符号使用恰当。

四、科技公文的写作过程

科技公文具体写作过程包括:拟稿、定稿、打样、校对、打印装订、分发6个阶段。

1.拟稿

拟稿即公文起草,拟稿的文种和内容要求由单位主管决定。起草之前,要认真领会发文的目的、对象、具体内容和要求、依据。同时,还要对有关政策、指示和所反映的问题进行深入细致的了解,全面客观地反映实际情况,实事求是地提出解决问题的措施和建议。

2.定稿

拟稿人在充分领会发文意图之后,经过认真起草和修改,在达到重点突出,观点鲜明,结构严谨,层次清楚,文字精练、通畅,用词准确、规范,篇幅力求简短的要求后,按规定格式打出初稿,交单位主管审核。经签字后送交打印,发文号要记入序号登记本,防止重号。

3.打样

文件打出清样的目的是供校对。清样应按正式文件形式套用单位的标识,符合上行文、平行文格式。

4.校对

校对的目的是消除差错,保证文件原稿的质量。清样校改后打出印样,印样校对是最后一次校对,尽量达到不删句、加句。如遇有加、删句时,改样后应再校一次。

校对时,校样上需要改正的部分要用红笔牵出版心,不要在原文处添加更正符号。要用统一标准的校正符号,不要自造。

校对完毕付印前应作一次全面复查,从头至尾检查有无错漏,再签字付印。

5.打印装订

打印应按规定份数打印。装订时,应在公文左侧装订,不得超越装订线。

6.分发

对打印好的公文盖上公章,做好登记,按需要发往各有关单位,留原稿及 1~2 份正式公文存档。

在公文写作中还应注意:

(1)公文中层次序数的编写。第一层为"一",第二层为"(一)",第三层为"1",第四层为"(1)"。

(2)公文中的数字写法。成文日期、专用称谓、结构层次序数和词、词组、惯用语、修饰语,以及不确切代表数量含义的数字必须用汉字,其余均应用阿拉伯数码。

五、常用科技公文写法

前面已对公文的种类作了介绍,结合科技工作实际,本节对"请示""报告""函""会议纪要"写作的有关概念做一叙述。

(一)"请示"的写法

1."请示"的应用范围

"请示"是向上级机关请求批准、裁决、解答和审核某项工作时使用的公文。凡是单位无权决定而又必须办的事,或者有权决定处理但由于问题重大、政策界线不明确、估计会对相关单位产生大的影响而难以处理的事,需要上级机关裁决、批准的都应当用"请示"来行文。"请示"是一种陈述性文体,使用时比较严肃、慎重、正规。"请示"一般在下列情况下使用:

(1)本单位在工作中有困难和问题,请求上级机关给予解决的;

(2)对上级机关的某项政策、要求、规定、指示等不了解、有疑问,或者在理解上有分歧,需要上级明确解释的;

(3)在实际工作中出现新情况、新问题,但上级又无明文规定可循,需要上级机关审定的;

(4)因本单位情况特殊,对执行上级统一规定有困难,需要变通或灵活处理而需上级认可的;

(5)对开展工作有新的设想希望得到上级支持的;

(6)上级机关规定不经请示不允许办,本单位又需要办而必须得到上级机关批准的。

2."请示"的写作要则

(1)"请示"是一种陈述性文体,因此在公文的气氛中应有"请"和"求"的意向和意图,以促使所求之事早日获准,因而在语气各方面要把握住。当然这种"请"与"求"应以促进工作顺利开展为前提。

（2）"请示"必须是下级向上级行文。上级包括直接上级和业务主管上级。但"请示"只能向有权解决并能够解答、决定所请求内容的上级行文，不能多头抄送，以防造成责任不明，反而使请求的问题无着落。即"谁能办，就向谁请示"。

（3）请示的内容应当是自己职权范围以内无法肯定处理的事。要防止越权和矛盾上交。不是自己职权范围内的事而去请示就是越权，有明文规定本单位又有条件处理而去请示就是矛盾上交。请示的事若涉及其他部门，要预先协商或征求意见。

（4）必须事前行文，而且还要给上级机关留有足够的研究考虑时间，不能"先斩后奏"。较重大问题的请示要事先协商，使上级机关有准备，然后再正式行文。

（5）"请示"是要上级机关解决某个问题而行文。因此，请示的问题必须是能够回答的问题。"请示"中若有两种以上方案时，都要写上，但应写出本单位的倾向性意见和理由。

（6）请示必须一事一报，一般应逐级上报。不要把几个单位办的事综合在一起请示，也不要把"请示"与报告混在一起。

（7）请示的问题要有紧迫感，不要请示时间间隔太长远的事情。

（8）请示的事应当是本单位要办的事。请示不能去试探、摸底，或者无把握、来回变更，请示后又不办等。

3."请示"的一般写法

"请示"公文一般由下列几个部分组成：标题、抬头（请示原因、请求事项、肯定性要求）、请示单位、行文日期。

（1）标题。标题要把请示的问题点清楚，使人一看便知道要请示的问题是什么。标题的写法有三种：

1）"请示"加问题，如："请示购买运输车"。

2）问题加"请示"，用介词"关于"连接，如："关于产品价格调整的请示"。

3）直接提出问题，如："销毁过期文件"。这一种不常用。

（2）抬头。抬头应写明上级机关单位，即有权批准回答请示问题的单位。要写全称，不要随意简化。

（3）请示原因。扼要讲明请示问题的背景和依据，这一部分是一般请示文件不可缺少的。在陈述时，要有充分的事实和理论政策根据，使人感受到所请示问题的必要性与迫切性。在写法上，这一部分没有一定的格式，通常是先扼要地申述情况，将需要与可能之间的矛盾反映出来，然后再说明自己的建议、打算和方案。申述时不要过于烦琐，以说明问题为妥，例如不要过多地说明研究讨论过程，怎么样开会，如何研究，有什么争论以及如何统一看法等内容。如确实需要强调一下，也只宜几句话带过。有些"请示"是在上级示意下写的（通常在口头请示之后），这时，此部分便应注意简明扼要。对有些业务性的工作请示，这一部分也可相对简化一些。

（4）请示事项。把需要上级机关审批和解答、裁定的问题提出来，或者在具体分析之后提出切实可行的意见供选择。通常对比较简明易批的问题可直接写在请示文件上；对比较烦琐、需详细研究审查的问题（如计划、方案之类），则应作为"请示"的附件制发。

（5）肯定性要求。一般常用的句式是："以上意见是否妥当，请批示""如无不当，请批准""是否妥当，请指示""当否，请示"，或"请予审批""请批复""请核示"，等等。虽然字不多，但都是请示中绝对不可缺少的内容。

(6)请示单位。即本单位。

(7)日期。即行文日期。

(二)"报告"的写法

1."报告"的应用范围

"报告"主要用于向上级机关汇报工作,反映情况,答复询问,报送材料等,是最常用的公文形式,属于叙述性文体。通过报告的呈送,可以使上级机关了解掌握各个单位的情况,便于指导工作。"报告"的使用要比"请示"广泛、灵活。常用的报告形式有下列几种:

(1)总结报告。主要用于报告工作,即对上级机关报告本单位的工作进展或工作经验。总结报告可从内容和时间上分类。从内容上可分为综合性报告(如"工作报告")和单项报告(如"订货合同执行情况的报告""关于×××产品质量情况的报告")。从时间上分有全年、半年、季度等报告。总结报告一般都是事后报告,如:"关于质量整顿工作情况报告"等。在每某项工作完成后,经过检查、总结,认为有经验、有教训和有下一步打算的,都可以用这种报告形式反映上去。

(2)备案报告。主要用于反映情况,叙述事情进展,陈述意见,说明理由。备案报告又可称情况报告,例如,最常见的"调查报告"。这种报告多用于事情发展中间或结束以后向上级机关报告情况,多用一事一报。科技工作在工作开展到一定阶段,要向上级汇报某项工作进展情况,有什么成绩与不足,困难与问题,下一步打算等,以求得到上级机关及时指导与支持。例如:某个产品质量问题的妥善处理;某次质量外访经过;落实上级机关布置的某个专题学习内容;或者在计划管理、财务成本、质量监督、人才培养等方面有比较成熟的经验等,都可以用这种形式向上级汇报,供上级机关掌握。另外,工作中发生缺点、失误、问题、错误以致工作受到挫折、批评后,也可以写成检讨报告,说明问题真相,从中吸取教训,以便其他单位引以为戒。

(3)答复报告。主要用于回答上级机关的询问时的回复。这种报告一般是上级机关问什么,报告什么,不涉及别的什么问题。写这一类报告前,要首先搞清上级机关主要询问什么,要了解什么,了解到什么程度。报告中回答的问题要准确肯定,以消除疑虑。行文前最好先和上级机关联系一下,问明情况后再复文,因为答复报告往往会成为上级机关处理问题的依据。

(4)转送报告。转送报告主要用于报送文件和物品(如产品样品、报废、故障产品样件),这是一种最简单的报告,有时只有几句话,如:"现送上我室一九九二年工作计划一份,请审"。一般报送文件和物品时,最好在报告中有一段说明话,讲明报送的背景和目的,这种报告有传递信息作用。报送工作计划、规划、安排等要事前报。

在这类报告中,报送的文件和物品称为主体。主体文件和材料应当正规、完整,可以是报告式的,也可以是论文式的;可以是单位写的,也可以是个人写的。主体材料和报告说明语应当有区别,报告的说明语只表达转送的目的,有介绍和推荐的作用。有时为了引起上级机关重视,也可以在报告中归纳出报送材料的主要观点和前后背景等。

(5)例行报告。例行报告是上级要求必须呈报的一种被动式的报告,而前面几种属主动式报告。上级机关在布置了一项阶段性的、比较重要的工作以后,一般都会写上这样一句话"以上情况(或执行情况)望×月×日前报告我部(处)",这就要求在工作完成后要把落实的情况写成报告呈送上去,原文件要求报告什么内容,就应当上报什么内容。这种报告通常都有时限要求,这便是和前面几种报告不同之处。延误了时间,将影响上级机关对情况的汇总和准确掌握。

以上对"报告"种类的划分只是一种大致的划分,有的报告内容较多时,也很难具体说明属哪一类。但无论如何,报告和请示是有严格的区分,报告有较大的自由度。

2."报告"的写作要则

报告是供上级机关及领导了解、掌握工作情况而使用的,它的写作要注意以下几点:

(1)"报告"可向上级有关部门分别呈送。"报告"是下级向上级呈送的,为使上级机关各部门广泛了解情况,除特殊报告外,可以向各有关上级分别呈送,特别是具有价值的经验性报告。

(2)"报告"应求真。报告要如实反映本单位的实际情况和事情的本来面目。不要任意拔高夸大,有意迎合上级意图,不能把预想写成事实,搞"超前报告",也不能以偏概全,把局部写成整体,更不能报喜不报忧,或者说假话,有意掩盖事实。

(3)"报告"应求精。报告在写法上有较大的自由度,但不能漫无边际地任意发挥,拉大篇幅。要力求最准确切实地反映出最根本的问题,反映出本单位取得的经验和存在的问题,特别是对别人有启发的经验和具体做法。能不能把报告写得很精练,不仅反映了文风,也反映了工作作风,报告不在长而在精,精练的报告比冗长的报告更能给人以深刻的印象。

(4)"报告"应求实。要防止"报告"空洞无物,要有针对性,防止一个模式乱套。要尽量用事实和数据说话,特别注意人、时间、地点、过程、结果五大要素齐全。是什么就报告什么,到什么程度就写到什么程度,驻厂军事代表室要在科技报告中体现出科技工作的严谨、认真、实事求是、一丝不苟的态度,以实取信于人。

(5)"报告"应求顺。顺一方面指文字要顺,另一方面指思路、逻辑要通顺清晰。要防止思路混乱和逻辑混乱。思路混乱主要是写报告的人对事情发展并不十分了解,或者对涉及的技术问题知之甚少,只知其一,不知其二,结果把几个不相关的事情纠缠在一起,让人看不明白。逻辑混乱主要是因果关系不对,把没有内在关系的事拉在一起,使发生问题的原因、解决问题的办法、最后的效果不能令人信服。特别是有科学技术内容的报告,更应防止这一点。

(6)"报告"应求新。"报告"要有特色,要反映出具有本单位特点的实际工作来。不要来回报告那些老生常谈的、没有新意的事情。一个好的"报告"应当有情况、有分析、有结论、有观点。单位所处的环境不同,工作对象不同,工作关系不同,人员素质不同,构成了各自的工作特点,"报告"应当能够体现出本单位区别于其他单位的特殊性,给人以耳目一新之感。要做到这一点,除了对实际工作有深入了解之外,还要学会科学地归纳分析,不能别人怎样写,我也怎样写,结果千篇一律。在写作时,尽可能不用或者少用"大家一致认为""同志们都说"这样一类的套话,缺乏新意,也就失去了指导性。

(7)"报告"不要求上级答复。"报告"是下级向上级的行文,对"报告"的处理,是上级机关的权限,下级不能干预。因此,报告中不能强求上级转发,或者一定要对报告作出评价和回答。报告和请示有一个最大的区别是:请示中要有肯定性要求,即上级要对请示问题表示出明确意见,是否执行,是否理解的正确,产品是否出厂,技术条件是否适宜等等,上级都要明确表态,否则,事情就进行不下去。而"报告"中不能要求上级给予肯定答复,这和有些领导部门的"报告"不同。

3."报告"的一般写法

报告一般由标题、抬头、正文[包括概述(报告缘由))、事实(问题分析、情况陈述)]、措施(打算、结果、结束语)、单位、日期等几部分组成。由于报告的形式与内容不同,有的报告上述某个部分可以省略,但一般情况下都应具备。

(1)标题。"报告"的标题常用的有两种写法。一种是用介词"关于"组成"关于……报告"的句式,如:"关于开展军民共建活动的报告",这种标题多用于具体事情的报告。另一种是直接提出问题,如:"全年工作总结""三季度工作简报""坚持技术与经济相结合,严把产品质量关""×××同志发现重大质量问题的报告"等。标题要把事情的主体点清楚,要使人看到标题后就能决定报告归类和送给哪个部门、哪位主管领导办理阅示。

(2)抬头。只写"报告"的主送单位,有些联合行文的报告,抬头可写两个单位,但一般不超过两个。

(3)概述。要将报告的事情缘由、简略经过先叙述一下,使受文者对事情的来龙去脉有个大概了解,便于阅读下文。概述要将中心意思点明,如:

"今年×月×日,我室×××同志,在机动检查中发现×产品的重大质量问题,详情如下";

"我室于×月份组织了一次质量外访,现将情况报告如下";

"按××部要求,我室于×月×日进行了×××专题学习,情况如下"。

(4)事实。这是"报告"的主要部分。由于"报告"内容类型不同,这一部分可能是问题分析(如某个产品质量问题),也可以是情况陈述(如发现重大质量问题的经过);可以是主要成绩、效果和缺点(如开展某项活动后的总结),也可以是经验介绍(如开展质量评审工作的做法)。一般"报告"重结论不重过程,但有些"报告"(如处理纠纷、发现和处理质量问题)过程必不可少,因为从过程中可以反映出认真细致的工作作风。为了充分列举事实,这一部分可分成若干部分来写。

(5)措施。说明今后的打算、努力方向、落实上级布置的任务的具体安排、对已发生问题的处理意见等。这是通过"报告"争取上级指导和帮助的主要部分,要有针对性,措施要切实可行。如果有建议性内容,也可以写上。

(6)结束语。一般在最后写上一句作为结束语。常用的有:"以上报告、请阅示""特此报告""请指正"。不能写"请批示""当否,请指示"。

(7)单位与日期。"报告"单位、日期写法与请示相同。

(三)"函"的写法

1."函"的应用范围

函以前称公函,主要用于同工厂联系反映比较重大、比较严肃的事情时使用。"函"是同级和具有平行关系的单位之间使用的行文,具有备忘录的性质,是为了以后留下文字根据和凭证。主要用于兄弟单位联系反映比较重大、比较严肃的事情时使用。

"函"主要在下列情况下使用：

（1）通报、转告本系统发生的和有关单位有直接或间接关系的事情，以便让有关单位了解，如订货计划、价格、内部组织工作关系变动等。

（2）向有关单位反映某些意见和建议，如反映生产过程中某方面问题、用户意见，建议工厂开展某种活动和工作，如文明生产、青工培训等等。

（3）向有关单位询问或者协商某些需要书面回答的问题。

（4）答复有关单位提出的问题。

2."函"的写作要求

（1）根据内容，"函"可分为"去函"和"复函"。"去函"主要用于商洽、询问和请示、告知，提出问题，是主动性行文。"复函"是针对来函所做的答询和回复，回答问题，是被动性行文。"函"的正文应写明去函的原因或复函的依据，然后开门见山地说明具体问题。

（2）"函"是一种协商性行文，不表现指挥、指示的用意，因而函使用的语气应恳切、平等，体现出协商意图，叙事要明确，办什么事，有什么建议，都要写明白。提的问题要切合实际，提的建议要有建设性，而且切实可行。

（3）"函"不等于"便函"。"函"在公文格式上（包括标识、标题、公文编号、签署盖章等）都与公文的要求相同，比较严肃、郑重。而"便函"书写与普遍信件差不多，不编号，也不一定留存归档。

（4）在使用"函"时，应根据内容表达出不同的气氛来。对于有争议的问题（特别是技术标准、质量、价格、出厂条件等）必须表现出坚持原则、据理力争、毫不含糊和不退让的严肃气氛来，当然也要有理有节。对有些建议、鼓励和祝贺等内容的"函"，应表达出支持和团结友好的热烈气氛。

3."函"的写法

函的构成一般有标题、抬头、正文（事件主体、结束语）、发函单位与日期。

（1）标题。标题要标明问题的类别与性质，一般可以直接写明，如："建议召开质量工作研讨会""质量外访情况""抓好备件生产，保证按期交付""外配套件的质量问题不容忽视"等。也可以用介词"关于"组成标题，如"关于××质量问题的处理意见""关于加强检验工作的几个问题"。通常复函一般采用后一种，还要标明"复函"二字，如"关于产品外场改装问题的复函""关于××产品出厂期的复函"等。如果来函询问的事较多，标题不可能一一表达出来时，可只列出一个问题，再加一个"等"字，如："关于××产品低温低气压试验等问题的复函"，有的干脆用来函日期做标题，如："关于八月二十四日（或简写为 8.24）来函的复函"。

（2）抬头。若对相关单位行文，抬头就写该单位。给某厂发函，可写工厂或者工厂负责人。有的单位指定某个部门代表单位与有关部门进行联系，则抬头可写明该部门。如"厂总工程师办公室"（厂总办）、"厂长办公室"（厂办）。抬头写厂长的函，发文时应发至"厂长办公室"。

（3）主体部分。说明要联系、协商或办理的事情。如果事情较多，应当用序号分开。如果提出建议，应当具体一些。如果反映情况，要写明事实根据，必要时要有证明材料附后。

（4）结束语。根据内容不同，常见的结束语有：

1)建议性函："此致敬礼""请大力协助"。

2)转告性函："特此函告""特此函达"。

3)回复性函："特此函复"。

4)询问性函："特此函,请查明,并函复"等。

5)单位与日期。发函单位及日期与请示报告同。

(四)会议纪要的写法

"会议纪要"是根据会议的目的要求,以简要的文字,系统而又集中地把一次会议的主要议程和主要精神,作重点、概要记录的公文。

1."会议纪要"的特点

(1)会议纪要是对会议成果的记录和整理,因此,它是会议的产物。

(2)会议纪要的内容多是专题性的,但涉及的部门或单位较为广泛,需要通过会议形式加以研究解决。

(3)会议纪要所涉及的工作既有明显的研究探讨性质,起着参谋或参考作用,又可作出规定,提出措施,经批准后即起指导和规范作用。

2."会议纪要"的种类

在科技工作中常用的会议纪要主要有以下几种:

(1)质量评审会议纪要;

(2)新产品定型鉴定会议纪要;

(3)技术鉴定会议纪要;

(4)座谈会议纪要;

(5)质保体系会议纪要;

(6)学术会议纪要。

3."会议纪要"的使用范围

(1)"会议纪要"是公文的一种,而公文是行使职能的手段,但不是唯一手段。

(2)"会议纪要"是会议的主持组织单位的行文,参加别人组织的会议后需要向自己的上级机关汇报情况时,应当用"报告"形式。

(3)"会议纪要"对会议参加者有约束力,对上级机关没有这种约束力,对部属也无约束力。如果要部属执行,则上级机关应发通知,成为上报机关的文件,要求部属照办。因而,会议纪要是一种平行文,对上对下都无约束力。

(4)"会议纪要"只用来记载和传达重要会议和会议的主要精神,特别是需要与会者贯彻执行的事,因而会议纪要应讲求权威性和指导性。

(5)会议因性质、任务不同而有多种类型,从会议纪要方面来看,会议主要有例会和座谈会两种。例会是在固定的时间和固定人员参加的情况下召开的,多以时间为界,研究的问题有时单一,有时庞杂,这种会议纪要,较少使用。座谈会常为专门研究解决某一两个重要问题而召开,这在行文中较多见,即座谈会纪要是科技公文中常用的会议纪要形式。

4."会议纪要"的写作要则

(1)会议纪要要纪实。会议纪要是一种纪实性文件,纪实是会议纪要的最大特点,也是最基本要求。纪要必须忠于会议的内容和最后结论。撰写者只能取舍、概括、提炼与会者的发言，不能以主观愿望或某方面某个人的意图任意增添会议没有涉及的内容。也不能采用"变换角度"、断章取义的手段改变与会者的观点，变更会议的中心议题，这是应遵守的职业道德问题。

（2）会议纪要必须真正摘其"要"。"会议纪要"要抓住会议中心议题，会议没有议及的事情和内容不能写入，不是会议中心议题的也尽量不写或一笔带过。对于中心议题也要提纲挈领，紧紧围绕和反映会议的重要成果，反映出会议的最后结论。不要主次颠倒，喧宾夺主，要把重点放在统一认识的结论及必要的论述上。即使没有统一认识，也要把双方的基本观点、依据以及主要分歧表达出来。

（3）会议纪要应注意说理性。会议的参加者不少是凭记忆即兴发言，难免有不准确的地方，如果不加核实就写在文件上，有可能会产生副作用。也有的与会者发言时可能表达得不够完善，有片面性。起草会议纪要的人要对发言者的观点认真加以研究，对他们引用的材料加以核实，或在会下给以提醒，使其完善准确，要完整地反映出与会者的态度、观点和意向，对每个与会者负责。

（4）要区别"会议纪要"与"会议简报"。纪要与简报的区别主要有以下四点：第一，纪要对阅读对象具有指导和约束作用，纪要中的结论是与会者开展工作的指导，因而纪要具有一定权威性。简报主要是交流情况，供有关方面考虑，没有硬性要求。第二，纪要只是纪实，忠于会议本身，不允许纪要撰写者对会议发表评论。简报撰写者可以旁观者角度对会议发表看法，可以肯定，也可以否定。第三，简报主要表现在"简"，即一般文字不长。而纪要则依会议内容而定，不受文字限制。第四，纪要可以作为一种情况反映，缩写成简报，而简报却不能起到纪要的作用。

（5）会议纪要不同于"会议决议"。纪要与决议同样都是反映会议结果，但二者有严格区别。一般情况下，决议反映出来的事情较重大、影响面大，而纪要的内容可轻可重。决议反映出来的是经大多数人通过的统一的观点，而纪要可以列出不同的认识和观点。决议反映的问题较集中、单一，纪要可以同时写出几项毫不关联的事来。决议必须经表决后才生效，而纪要经与会者认可后即可发出。决议形成后必须严格执行，它比纪要更具有权威性和强制性。决议也属公文文种。

（6）"会议纪要"也不同于"会议记录"。会议记录是最原始的材料，与会者怎样说就怎样记，口语化特征显著，理论性、连贯性、逻辑性都不一定顾及。纪要是在记录的基础上，经过综合和理性加工，摘其要点，经过整理和抽象思维以及书面化语言加工而形成的，不一定遵从原来发言次序和受其口语限制，主要是从阅读者的社会效果出发来决定的。

5."会议纪要"的写作要求

"会议纪要"一般包括标题、开头部分、正文、结尾、落款等部分。

（1）标题。会议纪要的标题一般采用会议名称加纪要，或会议的主要内容加纪要两种格式。例如：《×××产品设计定型鉴定会议纪要》《×××厂和驻厂军代室联席会议纪要》《关于加强××产品质量保证工作座谈会会议纪要》等。

会议名称可以简称，也可以用会议地点作为会议名称。例如《军械军事代表工作会议纪要》等。

（2）开头部分。这部分主要写清以下问题：

1）会议召开形势和背景；

2）会议指导思想及目的要点；

3）会议的名称、时间、地点、与会人员、主持者；

4）会议主要议题或解决什么问题；

5）对会议的评价。

（3）正文。正文部分是对会议讨论的主要问题、基本结论、遗留问题以及今后如何处理等作出具体的综合和阐述。在科技会议纪要中，还要对会议所讨论的问题在学术领域中所处的地位，以及该问题提出的有关学术背景等有所记载。

正文部分的写作形式一般有"概括论述式""分裂标题式"和"发言记录式"三种。

前两种方式都是将会议的主要内容按问题的性质分类，不受原来发言顺序的限制，综合成几条。这几条就是会议的结论。对会议讨论的过程就不写进会议纪要了。在写作时一般用"会议认为：……"来作为一个自然段的开始。

"发言记录式"是按会议发言顺序，摘录发言的重点内容所组成的会议纪要。但若会议较大，发言人多，讨论过程长，最后才得出结论的会议，不适宜用这种形式。

有的纪要可以按与会各方阐述的观点来叙述，如：甲方认为……，乙方认为……。这样的纪要，各方的观点可以一致，也可有差异。在纪要的最后，应当有一个各方都认可的结论，特别是意见不一致时，如："由于各方意见未能统一，决定于下月再开会研究"等等。

会议纪要中对个人的发言可以直接提出，如："×××反映""×××认为""×××表示"等等，但一般情况下不采用这种方法。如果某位与会者的观点、见解、建议或反映的情况的确出人意料、有独特之外，也可以单独写出。

纪要正文的写作风格应当与会议的气氛相吻合。有的会议气氛是热烈的、诚挚的，有的会议气氛是严肃的，要通过正文的写作反映出相应的气氛来。

（4）结尾。结尾一般简短地提出今后的任务或希望。有时在结尾时对会议组织者和会议所在地的接待单位要表示感谢。

（5）落款。"会议纪要"没有专门的落款要求，有的落款是纪要的撰写单位，有的落款是时间，有的落款是会议的名称，有的则没有落款。有的会议纪要把时间放在标题的下一行，有的会议名称在标题中已有体现，因而也就没有专门的落款。有的会议纪要为严肃起见，在落款上要署名盖章，以示重视。

名称在标题中已有体现，因而也就没有专门的落款。有的会议纪要为严肃起见，在落款上要署名盖章，以示重视。

第五节　装备研制科技文件示例

本节列举装备研制工作中常用的几种文件示例，供参考。主要有设计定型审查报告、备案报告、请示报告、鉴定意见、设计定型意见。

▶示例1　设计定型审查报告

《×××火箭弹设计定型审查报告》

××产品定型委员会：

×××年12月3日至4日，××在西安主持召开了×××火箭穿甲爆破弹设计定型审查会，参加会议的共34个单位的82名代表。

会议成立了以××为组长单位，×××为副组长单位的设计定型审查组。审查组观看了产品研制录像，听取了×××作的"×××火箭穿甲爆破弹研制工作总结"、"××××火箭穿甲爆破弹可靠性分析报告"、"×××火箭穿甲爆破弹质量分析报告"、"×××火箭穿甲爆破弹标准化审查报告"以及总装××基地的设计定型试验情况汇报，驻××厂军代表室的质量监督报告。

审查组依据《装备产品定型工作条例》及有关标准，对设计定型进行了全面审查，审查情况报告如下：

一、产品简介

×××航箭是一种空对地穿爆型火箭弹，用于攻击地面、水面各类硬目标和半硬目标，如加固的野战指挥所、半地下工事掩体、飞机掩蔽库、机场跑道；装甲运输车辆、自行火炮、水面小型舰船、运输登陆舰艇等。

该弹由战斗部、火箭发动机、飞行稳定系统和卡弹系统4部分组成。战斗部由两级组成，第一级战斗部具有较强侵彻能力，第二级以杀爆为主。战斗部装药采用分步压装，具有较高的装药密度和装药质量，以满足侵彻时的高过载环境要求。两级战斗部的结构使全弹具有较强的攻击硬介质目标的能力，对××兆帕混凝土靶标，侵彻深度不低××米。为减少发射时的尾焰，推进剂中含有特殊消焰剂。为适应装机要求，发火系统进行了电磁兼容设计，具有一定的防静电、防射频能力，满足挂机使用时电磁环境的要求。

二、产品研制、试验概况

×××火箭穿甲爆破弹是×××火箭弹的仿研产品。×××年×月通过研制总要求及方案评审，转入工程研制阶段；×××年×月总装备部正式批复×××航箭研制总要求；×××年×月该产品通过初样机评审；×××年×月完成了正样机评审，转入设计定型阶段。

在方案论证阶段，承研单位重点对××弹的主要性能进行了分析，并对仿研航箭的外弹道飞行参数、弹体强度、飞行稳定性、立靶密集度、尾焰情况等作了对比验证试验。在初样机研制阶段，承研单位继续改进设计，完善工艺，并重点验证了仿研航箭的动态威力、杀爆性能和内弹道性能，先后解决了发动机内壁超温、尾焰超标、触发器上膛拔脱等技术问题，共试验用弹××枚，顺利完成初样机研制。在正样机研制阶段，针对设计定型的试验要求，对仿研航箭的各项性能进行了摸底试验，共试验用弹×××枚，试验结果表明，各项性能数据已达到战术技术指标的要求，对前期出现的质量故障进行了归零处理，产品技术状态已固化,达到了开展设计定型试验的要求。

××××年×月×日,根据×××批复的×××—1航箭设计定型试验大纲,总装××基地组织完成了地面及空中设计定型试验,共用弹×××枚。试验结果证明,×××航箭各项性能全面达到战术技术指标要求。

三、设计定型试验情况

依据××定委〔2003〕第××号文批复的×××火箭穿甲爆破弹设计定型试验大纲",××××年×月×日至×月×日,在×××基地进行了××航箭设计定型试验。

试验分地面和空中挂飞两部分,共14项。地面试验包括:高温性能、低温性能、温度冲击、振动、立靶精度、地面弹道一致性、威力、引信弹道安全性、引信保险距离、引信延期作用时间、引信高低温对地面作用可靠性。试验用弹道炮1门,火箭弹×××发,其中仿研弹×××发,×弹××发。

空中挂飞试验包括:机载机动飞行与带弹着陆安全性、引信对地面作用可靠性、弹道一致性、空射散布精度。试验用××型飞机1架,飞行5架次,用火箭弹88发,其中仿研弹实弹50发、砂弹20发,×样弹18发。

试验结果表明:仿研弹满足国军标和战技指标中有关环境的要求;引信机载机动飞行与带弹着陆安全、发射安全;最大射程、地面立靶精度、侵彻威力、空射散布精度、引信延期作用时间、引信保险距离、引信可靠性满足战技指标要求;与×弹弹道一致。

四、主要战术技术性能以及达到程度

设计定型试验结果表明,火箭弹全面达到了《×××火箭穿爆破弹研制总要求》中有关的战术技术指标(有关指标对照情况见下表,略)。

五、设计定型审查结论

通过对产品研制、试验情况以及提交的设计定型技术资料的全面审查,审查组得出如下意见:

1.××航箭是一种具有侵彻爆破功能的航空火箭弹,它填补了国内打击硬介质、半硬介质军事目标航空火箭弹的空白。设计定型试验结果表明××航箭的各项性能达到了战术技术指标要求。可以替代×制××火箭弹。

2.在该弹的研制过程中,承研单位按照"标准化大纲"要求,贯彻了国标、军标、行业及有关标准,产品符合标准化、系列化、通用化要求。

3.产品设计图样和技术文件完整、准确、协调,验收技术条件和使用说明书齐备,可以指导试生产。

4.构成该弹的零部件、元器件、原材料配套齐全,全部立足国内生产,有稳定可靠的供货来源。

综上所述,审查组一致认为,××火箭杀伤爆破弹符合装备产品设计定型标准和要求,建议批准设计定型。

×××火箭××弹设计定型审查组

××××年××月××日

▶**示例2　备案报告**

秘密

中国人民
解放军　　　　××××　军事代表室　　（报告）

上　海　××××　研　究　所

[2007]军所联字第 12 号

上报《×××-1武器系统×××-A电源车
设计鉴定靶场外试验报告》

××××部：

　　根据装械[2007]××号《批准＜×××-1武器系统×××-A电源车设计鉴定靶场外试验大纲＞》的批复，已按大纲要求组织实施了×××-A电源车设计鉴定靶场外试验，试验结果满足大纲要求，现将试验报告呈上，请批示。

　　附件：《×××-1武器系统×××-A电源车设计鉴定靶场外试验报告》。

上海××××研究所　　　　　　　　　　××××军事代表室

　年　月　日　　　　　　　　　　　　　　年　月　日

　　主题词：设计鉴定　电源车　报告

抄送：××××基地，××××军事代表局，存档(2)

（共印5份）

承办单位：××××军事代表室　　联系人：×××　　电话：×××××××

▶示例3 请示报告

秘密

中国人民
解放军　　　　×××× 军事代表室　　　（请示）
　　　　　上海 ×××× 研究所

[2007]军所联字第 12 号

关于《×××-1 武器系统×××-A 电源车
设计定型技术状态》的请示

××××部：

根据 2007 年 3 月 15 日，××××部在上海主持召开的，《×××-1 武器系统×××-A 电源车设计定型技术状态》评审会的结论，×××-A 应急电源车设计定型技术状态已具备冻结条件，现上报。

妥否，请批示。

附件：1、×××-1 武器系统×××-A 电源车设计定型技术状态。

　　　　2、×××-1 武器系统×××-A 电源车设计定型技术状态评审意见。

中国人民解放军
×××× 军事代表室　　　　　　　　　　　　上海××××研究所

年　月　日　　　　　　　　　　　　　　　　年　月　日

主题词：设计鉴定　电源车　状态　请示

抄送：×××军事代表局份　　　　　　　　　　存档（2）（共印 4 份）

承办单位：××××军事代表室　　　联系人：×××　　　电话：×××××××

▶示例 4　《军事代表室对××产品初(正)样机鉴定的意见》

根据××装字×××号文《关于×××武器系统立项研制事》文件和(×××)装字××
×号文批准的《×××武器系统研制总要求》,我室从型号×××阶段开展了×××型号研
制过程的质量监督工作,现将主要工作情况报告如下:

1. 产品概况

×××型号是我国目前××武器中自动化程度高、快速反应能力强,射程远、威力大的
压制武器,用于打击敌战役、战术纵深内的各种集群目标和面目标,可在各级指挥车的指挥
下,通过数传完成作战任务,同时也能具有自动选取射击诸元、飞行任务参数,完成射击任务
的独立自主作战能力。该武器系统含战斗装备和保障装备两部分。战斗装备由××、××
和××组成,保障装备由×××、×××和××组成。该武器系统于××年开始研制,××
年进入方案阶段,××年完成方案评审,××××年完成初样机鉴定,××××年××月经
初样机(正样机)设计评审,武器系统进入初样机(正样机)研制,××××年××月完成了初
样机(正样机)研制,产品研制符合程序规定要求。

2. 军事代表质量监督工作简况

针对型号技术特点和研制过程质量监督的任务,我室组织军事代表及时了解掌握了承
研单位正样机研制阶段的工作计划和节点要求,督促研制单位落实《质量保证大纲》《可靠性
大纲》《维修性大纲》《软件研制工作计划》,进一步完善产品的可靠性、维修性、安全性和保障
性等设计;参加承研单位开展正样机设计评审、工艺评审、产品质量评审和软件评审等,了解
专家提出的质询意见,并提出了意见和建议;组织人员对方案(初样机鉴定)评审时的专家意
见落实情况逐一进行了监督检查,并会同对研制过程的质量问题统计、分析、改进及验证情
况进行了监督确认;依据《制造与检验验收规范(初稿)》对初样鉴定(正样鉴定)样机××台
(套)实施了符合性检验,并签署了样机质量证明文件;参加审查并会签了初样机(正样机)研
制过程的各类试验大纲,并签署认可,适时参加了承研单位对总体、分系统和设备进行的性
能试验、环境试验、可靠性试验及其他有关的试验,并对试验结果进行评价、认可;联合督促
承研单位加强了正样机研制阶段的技术状态管理和关键(重要)件特性及工序的控制,使所
有技术状态项目及其技术状态文件的更改履行了签字确认手续,确保 技术状态管理受控;
监督督促承研单位按有关规定编制成套技术资料,重点对《制造与验收规范(初稿)进行了审
查认可,会同研制单位对初样机(正样机)鉴定准备工作进行了检查和评价。

3. 对初样(正样)阶段研制工作的基本评价

3.1 研制过程质量受控情况

在××××型号的工程研制过程中,研制单位针对型号研制工作进展需要,适时成立了
可靠性、标准化、弹道解算等各种专项组,进行关键技术攻关,有效促进了型号研制工作的开
展。通过督促研制单位在落实《质量保证大纲》《可靠性大纲》《维修性大纲》《软件研制工作
计划》方面开展了有效的工作,进一步完善产品的可靠性、维修性、安全性和保障性等设计,
确保了设计、工艺、技术和管理质量始终处于受控状态。在型号研制过程中,严格落实设计
评审、工艺评审、质量评审,会后针对专家意见进行了认真研究,及时制定落实措施,确保了

完善设计工作扎实有效。研制系统对技术状态更改,采取技术协调单的形式,严格履行更改手续,并及时发往相关单位,形成闭环,促进研制工作顺利展开。认真组织试验大纲制定,对试验步骤、试验方法、环境条件,测试仪器鉴定、测试方法、数据处理等重点高度关注,确保了考核标准的全面和正确。严格执行软件工程化管理要求,××项软件通过了第三方(内部)测试,软件测评试验中暴露的×××问题均已改进并进行了回归测试,得到有效解决并固化形成了软件的第×.××版本。

3.2 方案评审(初样机转段)遗留问题和初样机(正样机)研制过程暴露问题的解决情况

针对方案评审(初样机转段)遗留的电源供电不可靠、子弹引信瞎火率高等问题,设计师系统高度重视,制定了电源供电不可靠、子弹引领瞎火率高等问题的改进措施,制定了验证方案,其贯彻落实的结果已经质量师和军事代表确认,并会同质量师系统、军事代表系统联合进行了监督检查,确保每个问题得到切实彻底解决。

初样机(正样机)鉴定试验中出现的×××、×××问题原因分析准确,经验证效试验有效,并已在图样和技术文件中落实。

3.3 分系统或单体鉴定审查情况

为做好各子系统和单体的初样机(正样机)鉴定工作,我室按照型号军事代表系统与"四师"系统联合下发的管理办法,明确了各子系统和单体的初样机(正样机)鉴定项目、提供鉴定审查的图样、文件资料,参与制定了详细的鉴定试验大纲,并上报审批。型号军事代表系统各成员单位依据批准的试验大纲,全过程参加了鉴定试验;在正样机鉴定审查前,各成员单位认真分析试验结果,审查了承制单位提供的图样、文件资料,出具了初样机(正样机)鉴定意见,各子系统和单体顺利通过了鉴定。

3.4 产品达到的战术技术性能情况

在初样机(正样机)研制过程中,军事代室督促承制单位编制了《武器系统初样机(正样机)及软件鉴定试验大纲》并进行了审签和上报,依据批准的《武器系统初样机(正样机)及软件鉴定试验大纲》,军事代表室全程参与了试验。试验结果表明:武器系统总体性能满足指标和作战使用要求×××项,基本满足的××项,部分满足×项,已基本达到《武器系统研制总要求》所规定的主要战术技术指标和作战使用要求。产品达到战术技术性能情况对照表见附表1(略)。

3.5 尚未解决和需要研究的问题

虽然武器系统初样机(正样机)已基本达到《武器系统研制总要求》,但从目前有关试验考核情况看,还存在一些问题和不足。尚未解决问题主要有:一是射击准确度有待进一步验证。二是全武器系统进行了点对点通信检测,但通信组网验证不充分,需要进一步考核。三是×××分系统的考核方法有缺陷,不能满足全系统的要求,需要上级机关专题研究确定;军事代表室与研制单位在××问题上意见尚未取得一致,……,需要提交会会议研究。

4. 对初样机(正样机)鉴定的意见

根据初样机(正样机)鉴定试验(软件测试)考核和初样机(正样机)鉴定准备工作检查情况,我们认为:×××型号主要功能已基本达到《武器系统研制总要求》规定的战术技术指标和作战作用要求;方案评审(初样机转段)遗留问题已得到解决,初样机(正样机)研制过程暴露问题已得到改进并经补充试验证明有效,图样和技术文件完整、齐全,基本符合标准化要求;原材料、元器件和各种配套产品质量可靠,有稳定来源,采用的新材料和新工艺通过了技术鉴定;各分系统、单体(含软件)已分别通过初样机(正样机)鉴定审查。××××型号武器系统已经基本具备正样机鉴定条件。

我室同意提交正样机鉴定审查。

××××军事代表室

××××年×月×日

▶示例 5 《军事代表室对××软件设计定型的意见》

××软件是××型号××系统的重要组成部分之一,是充分发挥××系统作战效能的关键。××软件是在 Windows 操作系统下执行的多任务处理软件,由××个模块组成,具有××等功能。

××软件是为适应××武器系统的××需求而全新研制的×级×类软件,由××单位设计开发。软件的研制工作依据研制任务书的要求,严格按照《软件产品保证大纲》实施了工程化管理。××军事代表室依据《装备产品定型工作规定》和《军用软件产品定型管理办法》等要求,全程参与了该软件的研制工作,督促承制方分别建立了开发库、受控库和产品库,对软件研制过程生成的配置项实施了配置管理,并对其方案设计、模型确定、需求分析、概要和详细设计、程序编制与调试、软件测试、单车对接、武器系统对接、设计定型试验等工作进行了跟踪和监督,保证了软件开发过程始终处于受控状态。

××软件的研制工作从××年××月开始,××年××月××日通过了由××组织的模型评审。在软件完成编制与调试后,由××软件评测中心对该软件进行了定型测评。测评工作依据评审过的软件测试计划和大纲进行,××年××月××日通过了由××组织的定型测评报告评审。××软件全程参加了武器系统设计定型试验,软件功能、性能得到了充分验证。现对该软件的定型工作意见如下:

1.××软件经过单车对接、武器系统对接和设计定型试验,工作稳定可靠,软件功能性能满足研制任务书的要求;

2.××软件的研制采用软件工程化管理办法,按照《软件产品保证大纲》的要求实施,软件开发阶段清晰,研制过程受控,通过了定型测评,无遗留问题;

3.××软件源程序和相关资料齐套,文件签署完整,满足有关标准和文件要求。

鉴于上述情况,我室认为××软件满足设计定型条件,可以进行设计定型。

××××军事代表室

××××年××月

参 考 文 献

[1] 秦英孝,等.质量管理与质量管理体系概论[M].北京:解放军出版社,2004.

[2] 龚源,等.军品质量工程[M].北京:国防工业出版社,2008.

[3] 秦英孝.可靠性·维修性·保障性概论[M].北京:国防工业出版社,2002.

[4] 梅文华,罗乖林,黄宏诚,等.军工产品研制技术文件编写指南[M].北京:国防工业出版社,2010.

[5] 秦英孝.可靠性、维修性、保障性管理[M].北京:国防工业出版社,2003.